(PAUL ESTIENNE)

HISTOIRE COMPLÈTE

DU MARÉCHAL

DE MAC-MAHON

PRÉSIDENT DE LA RÉPUBLIQUE FRANÇAISE

PARIS
LIBRAIRIE UNIVERSELLE D'ALFRED DUQUESNE
16, RUE HAUTEFEUILLE, 16

HISTOIRE COMPLÈTE

DU

MARÉCHAL DE MAC-MAHON

CE VOLUME A ÉTÉ DÉPOSÉ

au

MINISTÈRE DE L'INTÉRIEUR

(section de la librairie)

CONFORMÉMENT A LA LOI

Tous droits de reproduction et de traduction réservés.

Paris. — Typ. de Rouge et Cie, r. du Four, 43.

(PAUL ESTIENNE)

HISTOIRE COMPLÈTE

DU MARÉCHAL

DE MAC-MAHON

PRÉSIDENT DE LA RÉPUBLIQUE FRANÇAISE

PARIS
LIBRAIRIE UNIVERSELLE D'ALFRED DUQUESNE
16, RUE HAUTEFEUILLE, 16

AVERTISSEMENT

DE L'ÉDITEUR

—

L'ouvrage que nous publions n'est pas une simple biographie, mais une *Histoire de Mac-Mahon*.

De biographie, il n'en existe pas. On ne peut du moins donner ce nom aux notices très-sommaires, et la plupart fort inexactes qui ont paru dans ces derniers temps. Ce livre comble donc une lacune importante. Aucune part, nous tenons à l'affirmer, n'y a été laissée à la fantaisie. L'auteur n'a rien écrit qui ne fût appuyé sur des témoignages certains, sur des documents officiels; il a écarté tous les renseignements dont l'authenticité ne lui a pas paru démontrée.

Toutes les erreurs commises ont été rectifiées ; un grand nombre de faits curieux, peu connus, ou complétement ignorés ont été recueillis et remis en lumière. L'auteur enfin n'a eu d'autre souci que celui de la vérité, d'autre désir que celui de donner au public un récit *fidèle et complet* d'une vie glorieuse entre toutes, certain qu'il lui suffirait d'être clair et exact pour intéresser ses lecteurs.

Alfred Duquesne.

TABLE DES MATIÈRES

CHAPITRE PREMIER

1691—1808—1855

Les mélodies irlandaises.— Les Mac-Mahon d'Irlande.— Emigration des Mac-Mahon.— Le château de Sully.— Naissance de Maurice de Mac-Mahon.— Sa famille.— Son père.— Le petit séminaire d'Autun.— L'école militaire.— Expédition de Blidah et Médéah.— Le lieutenant Mac-Mahon au téniah de Mouzaïa.— La brigade Achard.— Le siége d'Anvers.— Le capitaine Mac-Mahon aide de camp du duc de Nemours.— Première expédition de Constantine.— Retraite désastreuse.— Deuxième expédition de Constantine.— Mort de Damrémont.— L'assaut.— Le général d'Houdetot.— Création des chasseurs à pied; leur organisation.— Retour de Mac-Mahon en Afrique.— Encore le col de Mouzaïa.— Le 10ᵉ bataillon de chasseurs.— Combat de Bab-el-Thaya.— Expédition de Ziban et de Biskara.— Le Deïra d'Abd-el-Kader.— Mac-Mahon général.— Nouvelles campagnes en Algérie.— La grande guerre.— Une scène digne du *Cid*... 15

CHAPITRE II.

1855—1856

La question d'Orient.— Politique française, politique russe.— La guerre déclarée.— Le projet du maréchal de Saint-Arnaud. — L'expédition de Crimée résolue.— Bataille de l'Alma.— Mort de Saint-Arnaud. — Le général Canrobert. — Ouverture des tranchées devant Sébastopol. — Bataille de Balaclava.— Bataille d'Inkermann.— La Tour Malakoff. —Mort du czar Nicolas.— Le général Pélissier prend le commandement en chef de l'armée — Assaut infructueux du 18 juin.— Bataille de la Tchernaïa. — Mac-Mahon en Crimée.— Situation de l'armée. — Nos travaux devant Malakoff.— Il faut en finir ! — L'assaut est décidé. — L'artillerie ouvre le feu. Positions des troupes.— Le général Bosquet.— C'est Mac-Mahon qui doit prendre Malakoff. — Il est midi.— Intrépidité de Mac-Mahon.— « J'y suis, et j'y reste !»— L'explosion — Le Kourgane Malakoff. —Une découverte providentielle.— Prise de Sébastopol. — Ce que la victoire nous coûtait. — Pélissier maréchal. — Mac-Mahon commandant l'armée de réserve.— Conclusion de la paix.— Mac-Mahon sénateur. — Les enfants de Mahon.......... 42

CHAPITRE III.

1857—1858

Mac-Mahon simple divisionnaire. — La grande Kabylie. — Les Beni-Raten. — La division Mac-Mahon prend Tacherahir, Belias, Afensou, Imaïseren et Bou-Arfaa. — Une escalade. — Le Bordj de Souk-el-Arba.— La Kabylie va mourir.— Les Beni-

Menguillet. — Combat d'Ichériden. — Mac-Mahon et Bourbaki. — La 2ᵉ légion étrangère. — Le commandant Mangin. — Une dangereuse conversation. — Prise d'Aguemoun-Iseu. — Les tribus du rocher. — Les Ithouragh et les Illilten. — L'expédition est finie. — La médaille militaire. — Mac-Mahon au Sénat. — Attentat d'Orsini. — Loi de sûreté générale. — Une seule voix s'élève pour la repousser. — Discours du général de Mac-Mahon. — Ce qu'il faut attendre de lui. — Retour en Algérie.... 70

CHAPITRE IV.

1858—1860

La question italienne au congrès de Paris. — Napoléon III et le baron de Hübner. — Le comte de Cavour. — Négociations rompues. — La guerre est déclarée. — L'armée des Alpes. — Combat de Montebello. — Marche de l'armée. — Combat de Turbigo. — Action d'éclat du général Auger. — Bataille de Magenta. — Plan de l'ennemi. — Mouvement du général de Mac-Mahon. — La garde au pont de Buffalora. — Le canon de Mac-Mahon. — Situation critique et anxiété de l'empereur. — Tout est perdu. — Mac-Mahon arrive! — Ce qu'il était devenu. — Ses deux divisions menacées d'être coupées. — Un temps d'arrêt. — Une course fantastique. — Marche sur Buffalora et Magenta. — Prise de Cascina-Nova et de Marcallo. — Jonction d'Espinasse et de La Motterouge. — Attaque de Magenta. — Mort du général Espinasse. — La victoire est à nous! — Résultats de la bataille. — Maréchal et duc de Magenta. — Entrée de Mac-Mahon à Milan. — Combat de Marignan. — Bataille de Solferino. — Situation du corps de Mac-Mahon. — Danger que court sa droite. — Prise de Casa-Marino. — Prise de San-Cassiano. — Cavriana est enlevé. — Déroute des Autrichiens. —

Paix de Villafranca. — Entrée à Paris de l'armée victorieuse................................... 98

CHAPITRE V.

1860—1869

Mort de Frédéric-Guillaume IV, roi de Prusse. — Le roi Guillaume Ier à Compiègne. — Le maréchal de Mac-Mahon lui est présenté. — Le maréchal ambassadeur extraordinaire de France en Prusse.— Couronnement du roi Guillaume à Kœnigsberg. — L'ambassade française. — Curiosité qu'excite le vainqueur de Magenta. — L'ordre de l'Aigle-Noir. — Discours du roi Guillaume. — Les fêtes de Berlin.— Le bal de l'ambassade française. — Un souper royal. — Une revanche à prendre. — Le baiser de la reine.— Retour en France. — Mac-Mahon gouverneur général de l'Algérie. — Insurrection des tribus. — Le colonel Beauprêtre. — Situation de la colonie ; réformes qu'elle réclame.— Proclamation du maréchal.— Combats de Teniet-el-Rihh, Aïn-Dermel et Aïn-Malakoff. — Si-Lala et Si-Mohamed-ben-Hamza. — Napoléon III en Algérie. — Ses projets. — Proclamation aux Arabes.— L'œuvre du maréchal de Mac-Mahon.— La famine en 1868.— La maréchale de Mac-Mahon ; sa bonté, sa charité. — Pacification de l'Algérie...... 137

CHAPITRE VI.

1870

La période douloureuse. — Déclaration de guerre à la Prusse.—L'armée du Rhin.—Position des divers corps. — Le corps Mac-Mahon. — Combat de Wissembourg ; mort d'Abel Douay. — Composition du 1er corps. — Bataille de Wœrth. — Les cuirassiers de Reichshoffen. — La retraite. — Défaite du général Frossard à Forbach. — Le camp de Châlons. — Situation de l'armée de Metz. — Mac-Mahon marchera-t-il sur Metz ou sur Paris ? — Le plan Palikao. — Les responsabilités. — Mac-Mahon et la politique. — L'armée de Reims. — La marche sur Paris est décidée. — M. Rouher et le maréchal. — Récit du Maréchal. — Récit de M. Rouher. — Projet de décret et proclamation. — La dépêche fatale. — Marche vers l'Est. — Le ministre de la guerre — L'expédition de Sedan et M. Thiers. — M. Jérôme David. — La catastrophe. — Combat de Beaumont. — Bataille de Sedan. — Le maréchal blessé grièvement. — La capitulation. — Le maréchal prisonnier.................................... 160

CHAPITRE VII.

1871—1874

Retour du maréchal en France. — Insurrection du 18 mars. — Les illusions. — L'armée de Versailles. — Mac-Mahon général en chef. — Forces des insurgés. — Les forts. — Ducatel au Point-du-Jour. — Entrée des troupes dans Paris ; la guerre des rues. — Fin de la lutte ; proclamation du maréchal. — L'épée d'honneur. — Etat des esprits. — Les partis dans l'Assemblée. — La « politique du message ». — La crise décisive. — M. Thiers donne sa démission. — Le maréchal de Mac-Mahon président de la République. — Le ministère du 25 mai. — Premier message du président ; sa ligne de conduite. — Comment la Bourse accueille son élévation. — Le Shah de Perse à

Paris. — La fusion. — Les projets monarchiques. — L'armée et la politique. — Le devoir du soldat. — La royauté est faite. — Manifeste du comte de Chambord. — Le « Bayard des temps modernes ». — La proposition Changarnier. — Nécessité de créer un pouvoir stable. — La prorogation pour sept ans et les lois constitutionnelles. — Déclaration du président de la République. — Séance du 18 novembre. — MM. Bertault et Prax-Paris. — Discours de M. de Castellane. — M. Jules Simon et les *dix* voix de majorité. — MM. Rouher et Naquet. — Discours de M. Depeyre. — La séance de nuit du 19 novembre. — M. de Broglie. — Le vote. — Le maréchal de Mac-Mahon président pour sept ans. — Message du 21 novembre. — Le nouveau ministère.................... 194

CHAPITRE VIII.

1874

Le Septennat devant la nation. — Le Septennat et les partis. — Le maréchal au Tribunal de commerce. — Son discours. — Une revue à Longchamp. Ordre du jour à l'armée. — Le maréchal, c'est la paix!.............................. 237

CHAPITRE IX.

NOTES, RÉCITS, SOUVENIRS, ADDITIONS.

Portraits. — Equitation. — Les chevaux du maréchal. — Le 3 septembre à Sedan. — L'homme. —

Le maréchal chez lui. — Mac-Mahon et l'armée. — Histoire d'un drapeau. — Discipline et bonté; la folie de la soif. — Les humbles. — L'omelette. — Une commission. — Des gens heureux. — Les modistes de Pont-de-Cé. — Le chasseur. — Deux heures de réflexion. — *Punch*. — Le complot d'Autun. — Madame la maréchale de Mac-Mahon. — Conclusion. — *Pour la France!* 256

HISTOIRE COMPLÈTE
DU
MARÉCHAL DE MAC-MAHON

CHAPITRE PREMIER

1691—1808—1855

Sommaire. — Les mélodies irlandaises. — Les Mac-Mahon d'Irlande. — Émigration des Mac-Mahon. — Le château de Sully. — Naissance de Maurice de Mac-Mahon. — Sa famille. — Son père. — Le petit séminaire d'Autun. — L'école militaire. — Expédition de Blidah et Médéah. — Le lieutenant Mac-Mahon au Téniah de Mouzaïa. — La brigade Achard. — Le siège d'Anvers. — Le capitaine Mac-Mahon aide de camp du duc de Nemours. — Première expédition de Constantine. — Retraite désastreuse. — Deuxième expédition de Constantine. — Mort de Damrémont. — L'assaut. — Le général d'Houdetot. — Création des chasseurs à pied; leur organisation. — Retour de Mac-Mahon en Afrique. — Encore le col de Mouzaïa. — Le 10ᵉ bataillon de chasseurs. — Combat de Bab-el-Thaya. — Expédition de Ziban et Biskara. — La Deïra d'Abd-el-Kader. — Mac-Mahon général. — Nouvelles campagnes en Algérie. — La grande guerre. — Une scène digne du *Cid*.

« N'oubliez pas les champs où ils sont tombés, les derniers, les plus fidèles des braves; ils ne sont plus et notre espérance a péri sans retour avec eux.

« Oh! si nous pouvions reconquérir sur la mort ces cœurs qui bondissaient pour la patrie! S'ils se relevaient à la face du ciel, pour renouveler le combat de l'indépendance!

« En un instant serait brisée la chaîne que la tyrannie nous impose; ni hommes, ni dieux n'auraient le pouvoir de la renouer.

« C'en est fait, l'histoire grave sur ses tables le nom de celui qui nous a vaincus; mais maudite est sa renommée, maudit est son char de triomphe, qui roule sur les têtes des hommes libres.

« On aimera mieux la tombe, on aimera mieux le cachot illustré par un nom patriote, que les trophées de ceux qui marchent à la gloire sur les ruines de la liberté (1). »

Qui parle ainsi? Qui donc a composé des chants qui semblent faire revivre nos malheurs et nous en consoler? Est-ce écrit d'hier? Est-ce un Français qui a écrit ces strophes?

Non, ce chant n'est ni d'hier, ni de demain, il est de tous les siècles qui ont vu un grand peuple souffrir. Le poëte est de tous les pays qui ont, à une heure marquée, vu leur sol foulé par un conquérant, et leur indépendance menacée. Ce poëte s'appelle Thomas Moore, et il est né en Irlande.

C'est de l'Irlande, c'est de cette terre peuplée par les frères de nos pères, c'est de cette nation si fière et si opiniâtre dans l'amour de son indépendance, c'est d'elle que nous sont venus les ancêtres de celui dont nous avons à raconter l'histoire.

(1) Thomas Moore, *Mélodies irlandaises*.

Les Mac-Mahon descendent d'une des plus anciennes familles de l'Irlande, à laquelle, à l'origine, ils ont fourni plusieurs toparques, rois locaux ou chefs de territoire. Leur nom a été illustré dans toutes les luttes soutenues pour l'indépendance irlandaise; il tient une large place dans le martyrologe de ce malheureux peuple toujours persécuté, toujours accablé, jamais désespéré.

Quand, après la bataille de la Boyne, Jacques II vaincu dut se retirer en France, près de quinze mille Irlandais émigrèrent et trouvèrent un asile dans notre pays. Les Mac-Mahon furent de ce nombre.

Leur noblesse fut vérifiée, reconnue et confirmée par le roi, et leur famille s'établit en Bourgogne.

A peu de distance d'Autun, au bord d'une petite rivière qu'on appelle la Drée, s'élève le château de Sully. C'est le domaine patrimonial des Mac-Mahon. C'est là qu'est né, le 13 juin 1808, Marie-Edme-Patrice-Maurice de Mac-Mahon, le seizième des dix-sept enfants du marquis Charles-Laure de Mac-Mahon. Les premières années de son enfance s'écoulèrent dans cette demeure seigneuriale qui, entre parenthèse et soit dit en passant pour les biographes du maréchal, n'a de commun que le nom avec le château où le grand ministre de Henri IV écrivit ses Mémoires. Sully, en effet, tirait son nom du bourg de Sully-sur-Loire (Loiret), qui est, on l'avouera, à une distance respectable d'Autun.

Le château de Sully est encore habité aujourd'hui par madame la marquise de Mac-Mahon, qui faillit être victime d'un complot dont les auteurs furent récemment jugés à Autun.

Le marquis de Mac-Mahon, frère aîné du maréchal, s'est tué, nous a-t-on dit, en tombant de cheval dans une course. Un autre de ses frères, grand chasseur comme lui, était plus particulièrement désigné sous le nom de Mac-Mahon de Rivault. Aujourd'hui il ne reste plus au maréchal que deux sœurs.

Son père avait été fait maréchal de camp en 1814. Il servit en cette qualité sous la Restauration et resta l'ami intime du roi Charles X, qui l'appela à siéger à la Chambre des Pairs en 1827. Le marquis Charles-Laure de Mac-Mahon avait épousé une demoiselle de Caraman ; par cette union sa famille, qui comptait déjà d'illustres alliances, se rattacha aux maisons des Caraman et des Chimay, descendants du fameux Riquet qui, en 1666, ouvrit le canal de Languedoc.

Quand le jeune Maurice de Mac-Mahon fut en âge de commencer ses études, il fut placé au petit séminaire d'Autun. De cet établissement religieux, véritable pépinière d'hommes supérieurs dans tous les genres, sont sortis monseigneur Landriot, mort récemment archevêque de Reims, et le cardinal Pitra. Tous deux, nés dans les environs d'Autun ont pu être, quoique un peu plus jeunes que le maréchal, ses condisciples au petit séminaire, alors dirigé par un homme vénérable et aimé, l'abbé Léveillé.

Les anciens élèves du séminaire n'ont point oublié leurs visites au château des Mac-Mahon et la paternelle hospitalité qu'ils y trouvaient. En effet, c'était une habitude depuis longtemps consacrée, lorsque les promenades du mercredi étaient dirigées de ce côté, de s'arrêter à Sully ; un gracieux accueil y attendait la jeune bande qu'on ne laissait point partir sans avoir pris une légère collation. C'était alors une habitude, disons-nous, et sans doute l'usage s'en est perpétué jusqu'ici.

Maurice de Mac-Mahon fit dans cet établissement des études brillantes, rapidement poussées, qu'il vint terminer ensuite dans une institution de Versailles.

En 1825, à peine âgé de 17 ans, il fut admis à l'école militaire de Saint-Cyr ; il en sortit dans les premiers rangs et entra le 1ᵉʳ octobre 1827 à l'école d'application d'Etat-Major.

L'Algérie, dont la conquête fut bientôt entreprise, ouvrit à cette nouvelle génération d'officiers une longue carrière de batailles, de combats, d'actions générales ou partielles, où ils devaient trouver de nombreuses occasions de se distinguer. Le sous-lieutenant de Mac-Mahon y fut envoyé dès les premiers temps. Il était détaché au 4ᵉ hussards pour y faire le stage auquel sont astreints les officiers d'état-major. Nous savons qu'il assista au débarquement de Sidi-Ferruch et à la prise d'Alger.

Il prit part ensuite à l'expédition de Blidah (novembre 1830) (1). Déjà le général Achard (2), qui commandait une brigade de l'armée expéditionnaire du maréchal Clausel, s'était attaché le jeune officier en qualité d'aide de camp.

---

(1) Voir l'excellent ouvrage de M. Léonce André : LES CAMPAGNES D'AFRIQUE, *récits populaires et anecdotiques*. — Paris, 1 vol., Alfred Duquesne, éditeur.

(2) Et non Allard, comme l'ont écrit quelques biographes.

Sûr de ses troupes et se confiant dans leur valeur, le maréchal Clausel voulut signaler son commandement par des entreprises glorieuses pour lui et pour l'armée.

A ce moment, le bey de Titery, Bou-Mezrag, après avoir fomenté en secret la rébellion parmi les tribus kabyles, venait de jeter le masque et de se déclarer ouvertement. L'insurrection avait gagné la Mitidja. Il importait de la réprimer et surtout d'en châtier l'instigateur.

Le 17 novembre 1830, une colonne composée de trois brigades commandées par les généraux Achard, Monck d'Uzer et Hurel, sous les ordres du général Boyer, se porta vers Blidah.

Une première rencontre eut lieu à environ deux kilomètres de cette ville. La brigade Achard dispersa les Arabes qui s'opposaient à notre marche; les hauteurs qui entourent Blidah furent occupées; bientôt la ville même fut attaquée et enlevée. L'armée campa hors des murs, et le 19 la brigade Achard fut assaillie de front par une nuée d'Arabes, tandis que les Kabyles de la montagne l'attaquaient sur son flanc gauche. La cavalerie repoussa les premiers, tandis que l'infanterie, 20º et 37º de ligne, dispersait les Kabyles groupés sur toutes les pentes du petit Atlas. Dans ces divers engagements, le lieutenant de Mac-Mahon se fit remarquer par son incroyable entrain et sa fougueuse bravoure.

A la suite de ce succès, le maréchal Clausel, laissant un détachement à Blidah, reprit sa marche et se porta sur Médéah. L'armée franchit l'Oued-el-Kebir à son confluent avec la Chiffa, et campa à la ferme de Mouzaïa. A cet endroit, la route de Médéah pénètre dans le petit Atlas par une gorge profonde et fort resserrée. Le général Achard avec sa brigade se porta en avant-garde et s'établit à trois kilomètres environ de la ferme de Mouzaïa.

Un marabout nommé Sidi Mohammed Ben-Fékir parut le lendemain au camp français, accompagné de cinq des principaux cheiks de la contrée. Ils venaient protester de leur esprit de soumission et réclamer, pour les populations placées sous leur autorité, la clémence de notre général en chef. On les rassura; ils fournirent des renseignements sur les moyens de communication les plus favorables à la marche de la colonne expéditionnaire.

On pouvait suivre deux routes pour parvenir à Médéah : l'une, assez facile et commode pour les troupes, c'était la plus longue ; l'autre, plus courte, était abrupte, périlleuse, semée d'obstacles ; ce n'était, à vrai dire, qu'un sentier, serpentant sur les flancs de la montagne, et sur la largeur duquel deux hommes à peine pouvaient marcher de front. Ce chemin venait aboutir au fameux col ou Téniah de Mouzaïa. Tous les obstacles dont cette route était semée ne firent pas hésiter le maréchal Clauzel. Il s'agissait de frapper avec vigueur et décision : ce fut le chemin le plus direct qu'il choisit.

Le 21 novembre, dès l'aube, l'avant-garde commença à escalader les pentes du petit Atlas ; on arriva bientôt sur un vaste plateau d'où l'on domine, à ses pieds, la Mitidja, au loin la Méditerranée. Ce fut là qu'on fit halte, et le drapeau français, hissé pour la première fois sur ces hauteurs, fut salué de vingt-cinq coups de canon.

La brigade Achard, guidée par les officiers d'état-major du général, le lieutenant de Mac-Mahon en tête, continua à avancer. Bientôt la vue d'un pont récemment brisé fit prévoir la rencontre prochaine de l'ennemi. En effet, peu d'instants après, on le voyait couronner toutes les crêtes environnantes ; une vive fusillade commença, tandis que deux pièces, qui défendaient le Téniah de Mouzaïa, canonnaient nos troupes. La situation de celles-ci ne laissait pas d'être critique ; suivant un sentier escarpé et glissant, dominé de chaque côté par de forts mamelons et surplombant au-dessus d'un large ravin, nos soldats avançaient lentement, exposés à tous les coups des Kabyles. On dut successivement et à travers bien des périls s'emparer des crêtes et refouler les assaillants, tandis qu'une partie de la colonne continuait à suivre la route. Il fallait se hâter ; le jour tirait à sa fin. On donna l'ordre au capitaine Lafare de franchir le ravin avec une compagnie du 37ᵉ et de couvrir la droite, tandis que la colonne se porterait au pas de charge vers le col pour l'enlever. Cette manœuvre s'exécuta rapidement ; la brigade Achard s'élança au pas de course ; l'ennemi fut culbuté, la victoire était à nous. Ce fut le lieutenant de Mac-Mahon, qui, après avoir toujours combattu à la tête de nos soldats et les avoir plusieurs fois entraînés, parvint le premier au col de Mouzaïa, sous une grêle de balles.

Ce beau fait d'armes avait été accompli avec une telle rapidité qu'il ne nous coûta que trente morts et soixante-douze blessés.

Ce fut après cette affaire et sur la position même dont il s'était emparé, que Mac-Mahon reçut la croix de chevalier de la Légion d'honneur.

L'armée, toujours précédée par la brigade Achard, poursuivit sa route, et bientôt, après de nouveaux combats, put entrer dans Médéah. Le bey de Titery lui-même fit sa soumission et vint se remettre entre nos mains comme prisonnier de guerre.

Le maréchal Clausel, ayant obtenu tous les résultats qu'il attendait de cette expédition, laissa dans Médéah une garnison de trois bataillons sous le commandement du colonel Marion. Le 26, il reprenait la route d'Alger, avec les brigades Achard et Hurel.

La garnison de Médéah fut bientôt attaquée par les Arabes. Elle fit une défense qui est restée célèbre, défense où elle s'épuisa ; il fallut d'abord la ravitailler, puis, comme on réduisait l'armée d'Afrique, on dut abandonner cette place. Le général Danlion, qui en avait pris le commandement après le colonel Marion, ne se crut pas suffisamment en force pour traverser l'Atlas sans danger. Aussi, avant d'évacuer Médéah, demanda-t-il qu'on envoyât au-devant de lui des troupes chargées de l'appuyer. Ce fut encore le général Achard, que Mac-Mahon n'avait point quitté, qui fut chargé de cette mission. Il se porta avec sa brigade jusqu'au col de Mouzaïa où il attendit Danlion et le ramena jusqu'à Alger (4 janvier 1831).

Le 21 février, le maréchal Clausel quittait l'Algérie, annonçant, par un ordre du jour, que, réduite comme elle l'était, l'armée d'Afrique prendrait, jusqu'à nouvel ordre, le nom de division d'occupation ; son effectif, d'ailleurs, n'était plus que de trois mille neuf cents hommes.

Nommé lieutenant le 20 avril, Mac-Mahon fut rappelé en France.

Bientôt il allait prendre part à une campagne d'un tout autre genre que celles qu'il avait faites jusqu'ici, et, après s'être battu en Afrique, au milieu des montagnes, contre une armée irrégulière, il allait venir dans le Nord, en Belgique, assister à une série d'opérations pratiquées suivant toutes les règles de l'art militaire, contre des troupes intrépides, disciplinées et bien commandées.

Le 5 août 1831, les Hollandais, ayant à leur tête Guillaume et Frédéric d'Orange, fils du roi, ainsi que le prince de Saxe-Weimar, envahissent la Belgique : le roi Léopold ne peut leur opposer que des forces insignifiantes qui sont bientôt repoussées. Mais la France envoie au secours des Belges 50,000 hommes, sous les ordres du maréchal Gérard. Les Hollandais se retirent ; des négociations sont ouvertes ; mais l'entente avec la Hollande ne peut s'établir ; l'Angleterre et la France se décident à agir de nouveau contre eux. Tandis qu'une flotte anglo-française va bloquer l'Escaut (8 novembre 1832), une armée française, commandée encore par le maréchal Gérard, se rend en Belgique (15 novembre) et ouvre le siége devant Anvers, que les Hollandais refusent d'évacuer.

C'est dans l'armée assiégeante que nous retrouvons le général Achard, et auprès de lui son fidèle aide-de-camp, le lieutenant de Mac-

Mahon. Là encore celui-ci trouva l'occasion de se distinguer. On sait ce que fut le siége d'Anvers. Le général Chassé, qui commandait les troupes hollandaises, fit une belle défense, et ne rendit la place que le 23 décembre.

Mac-Mahon rapporta d'Anvers la croix de l'ordre de Léopold. Un an après, il fut nommé capitaine d'état-major (20 décembre 1833), et fut quelque temps détaché au 1er régiment de cuirassiers. Mais les loisirs de la paix et la vie de garnison ne pouvaient longtemps lui suffire. Bientôt il est, sur sa demande, renvoyé à l'armée d'Afrique, où de nouveaux dangers et de nouveaux exploits l'attendent.

Pendant les années 1834 et 1835, il prend part à presque toutes les entreprises qui sont tentées contre les Arabes, toujours acharnés dans leur résistance. Aide de camp du général Bro, il se distingue encore une fois dans une expédition heureuse contre les Hadjoutes et les Beni-Kalil. Il donne en toutes circonstances de telles preuves de son courage déjà si admiré, de ses talents militaires et de ses qualités personnelles, que, lorsque le roi Louis-Philippe envoie son fils, le duc de Nemours, combattre parmi nos soldats, c'est le capitaine de Mac-Mahon que l'on choisit, avec le colonel Boyer, pour remplir auprès du prince les fonctions d'aide de camp. Ce choix dit assez l'estime que l'on avait de son caractère et la confiance qu'il avait su inspirer.

L'année 1836 avait débuté par l'expédition de Tlemcen, qui avait suivi celle de Mascara, dont le duc d'Orléans avait fait partie. Le maréchal Clausel avait projeté une grande expédition contre Constantine ; le roi Louis-Philippe voulut que le duc de Nemours y prît part. Le prince débarqua en Algérie dans les premiers jours d'octobre.

L'armée, sous les ordres du maréchal, partit de Bone le 13 novembre. Dès les premiers jours de marche, les mauvais temps vinrent l'assaillir. La pluie, la neige, la grêle, le froid, décuplèrent ses fatigues; l'état sanitaire des troupes fut gravement compromis.

Commencée sous d'aussi tristes auspices, cette campagne devait être malheureuse jusqu'au bout. On n'arriva devant Constantine que le 21 novembre. Dès le 24, en dépit de la bravoure de nos troupes, en dépit de tous les efforts, il fallut se résigner à la retraite. Elle s'accomplit dans les conditions les plus déplorables.

Pendant trois jours, l'ennemi ne cessa de harceler dans sa marche cette armée décimée par les maladies, démoralisée par son échec, épuisée par les combats et par les intempéries de la saison.

Enfin, le 27, après quelques engagements forts vifs, on croyait que l'ennemi avait enfin lâché prise, et l'on espérait franchir sans obstacle le col de Ras-el-Akhba, quand soudain les Kabyles vinrent se placer devant la colonne pour lui fermer la retraite. Il fallait frayer un passage à l'armée. Le capitaine de Mac-Mahon s'en charge ; il prend avec lui les lieutenants Baichis et Bertrand, officiers d'ordondance du maréchal, se met à la tête des spahis, et s'élance le premier au galop de charge. Il enfonce les rangs des Kabyles, renversant tout, sabrant tout ; frappés d'épouvante à ce choc foudroyant, ils fuient dans toutes les directions. Le col de Ras-el-Akhba est libre ; la colonne peut achever sa route douloureuse. Le 28, elle arriva à Guelma, et entra à Bone le 1er décembre. Dans cette triste expédition, elle avait eu quatre cent cinquante-trois morts ou disparus et trois cent quatre blessés. Ceux qui avaient échappé au feu de l'ennemi périrent ensuite en si grand nombre dans les hôpitaux, qu'on peut, d'après certains rapports, estimer à deux mille hommes le chiffre de la perte totale.

A la suite de cet échec, le maréchal Clausel fut remplacé par le général de Damrémont (12 février 1837), qui vint prendre possession de son poste le 3 avril.

Le revers essuyé par nos armes avait produit en France un déplorable effet : il fallait en obtenir réparation. Une nouvelle expédition fut résolue ; il fallait à tout prix s'emparer de Constantine.

On était décidé cette fois à réunir toutes les forces nécessaires pour assurer le succès. Le duc de Nemours, qui avait partagé, dans la première campagne, les souffrances et les déceptions de notre armée, voulut cette fois encore combattre avec elle. Il revint en Algérie.

On tenait, dans cette entreprise, à ne rien livrer au hasard ; aussi, dès l'arrivée du prince, un conseil fut-il tenu chez lui, afin de décider s'il valait mieux commencer immédiatement les opérations ou les renvoyer au printemps suivant. Le départ fut résolu pour le jour le plus prochain et des ordres furent donnés pour hâter les derniers préparatifs.

Le général de Damrémont devait prendre le commandement en chef. Le duc d'Orléans l'avait vivement sollicité auprès de son père; mais des considérations de famille décidèrent le roi à garder son fils près de lui.

La petite armée expéditionnaire comptait dix mille hommes; elle était munie de dix-sept pièces de siége et emmenait avec elle dix-huit jours de vivres. Elle formait quatre brigades : la première sous le commandement du duc de Nemours; les autres placées sous les ordres du général Trézel, du général Rulhières et du colonel Combes.

Le 1er octobre 1837, les brigades Nemours et Trézel quittèrent le camp de Merdjez-Amar à sept heures et demie du matin. Le duc de Nemours vint camper au col de Raz-el-Akhba, tandis que le général Trézel établissait son bivouac près des ruines romaines d'Anouna. Une pluie violente ayant assailli nos soldats dans cette première journée, on trembla que cette expédition ne s'accomplît dans les mêmes conditions que la première.

Les deux autres brigades s'acheminaient un peu en arrière avec le convoi, formant ainsi une colonne parfaitement distincte de la première.

Le lendemain on eut à repousser quelques Arabes; le 5 on était en vue de Constantine, et le 6 les deux premières brigades campaient sur le plateau de Mansourah.

Le duc de Nemours reçut le commandement des troupes de siége. Il visita tous les travaux le 7 au point du jour.

Ce ne fut que le 9 que l'on put commencer

à bombarder la ville. Bien que nos pièces tirassent sans relâche, on n'obtint tout d'abord que de médiocres résultats. Il fallut changer toutes les dispositions prises.

Enfin, le 14, une nouvelle batterie de brèche fut établie à cent vingt mètres de la ville; l'artillerie ennemie fut en grande partie éteinte; mais les remparts résistaient sans qu'on réusît à les entamer, lorsque, vers deux heures, un capitaine du génie fit tirer quelques boulets sur une saillie de l'enceinte; un éboulement se produisit.

Ce coup heureux fut salué par une acclamation générale. Le général Valée, qui commandait l'artillerie de l'armée, se trouvait alors auprès de cette batterie. Il vint au jeune officier :

— Capitaine, lui dit-il, je vous proposerai aujourd'hui même pour le grade de commandant.

— Mais, mon général, je suis le plus jeune des officiers de mon grade; il en est de plus anciens, de mieux méritants.

— Ont-ils ouvert la brèche ?

— Mais, mon général, c'est que je ne suis pas encore décoré, et...

— Bah ! repartit le général Valée, vous saurez bien gagner la croix sans moi, commandant, et, si je vous ai bien jugé, vous serez un jour de ceux qui les donnent (1).

Ce capitaine s'appelait Niel. Il se chargea de réaliser la prédiction du général. Vingt-deux ans plus tard il était nommé maréchal de

(1) *Les Campagnes d'Afrique*, Léonce André.

France sur le champ de bataille de Solferino.

Le lendemain 12, la brèche fut ouverte sur une largeur assez grande pour livrer passage aux colonnes d'assaut. Le général de Damrémont vint examiner les effets produits sur ce point par notre artillerie; il s'était placé sur un terrain découvert et fréquemment balayé par les projectiles de l'ennemi. Son état-major lui fit de pressantes observations sur le danger auquel il s'exposait. Il n'en voulut tenir aucun compte. Un boulet parti de la place l'atteignit en pleine poitrine. Le capitaine Mac-Mahon, qui se tenait à ses côtés, releva lui-même le corps du général en chef, tandis qu'auprès de lui le général Perregaux tombait frappé d'une balle entre les deux yeux.

Le général Valée, le plus ancien en grade, prit alors le commandement de l'armée et annonça pour le lendemain l'assaut que nos soldats réclamaient à grands cris.

Le 13, à trois heures et demie, on envoya les capitaines Boutault, du génie, et Gardarens, des zouaves, reconnaître la brèche. Ils s'acquittèrent de leur mission avec un grand sang-froid, malgré la vive fusillade qu'on dirigeait sur eux. Ils déclarèrent que cette brèche était praticable.

Les colonnes d'assaut, que le duc de Nemours devait diriger, furent donc disposées. La première était commandée par le lieutenant-colonel Lamoricière, la seconde par le colonel Combes, la troisième par le colonel Corbin.

A sept heures, le prince donna le signal. Lamoricière s'élance avec ses zouaves. Le capitaine de Mac-Mahon s'est déjà précipité en avant; quoique déjà blessé la veille à la poitrine par un éclat d'obus, il escalade la brèche sous un feu épouvantable et parvient un des premiers au sommet du rempart. Et l'on sait ce que fut cet assaut; il est devenu presque légendaire. Le colonel Lamoricière, le commandant du génie Vieux, le chef d'escadron Dumas, le capitaine Richepanse, le capitaine Lagrave, des zouaves, le capitaine Pothier, du génie, et tant d'autres y furent blessés. Le colonel Combes, le chef de bataillon Sérigny, le capitaine du génie Hacket moururent sur la brèche.

Enfin, la journée du 13 coûta à l'armée quarante officiers tués ou blessés, deux cents soldats tués et six cents blessés.

La victoire fut due en grande partie, en ce jour glorieux, à l'héroïque exemple que donnèrent les officiers, au courage et à la confiance qu'inspirait la présence du duc de Nemours, de ce prince qui, partout, en de telles circonstances, donna des preuves de la plus grande bravoure et d'une remarquable intelligence des choses de la guerre.

Les noms de Nemours, de Lamoricière, de Mac-Mahon, de Niel ont depuis cette fameuse journée brillé d'un éclat toujours plus vif, et ils ont justifié toutes les espérances que leur conduite en cette occasion avait pu faire concevoir.

Quant au capitaine de Mac-Mahon, sa fortune militaire date vraiment de cette époque.

Peu de temps après l'expédition de Constantine, qui excita en France un si vif enthousiasme, le capitaine de Mac-Mahon quitta l'Algérie. Il fit successivement partie de plusieurs états-majors jusqu'au moment où le général d'Houdetot, aide de camp du roi Louis-Philippe, l'attacha à sa personne.

A cette époque, le général d'Houdetot fut chargé de diriger les études qui devaient avoir pour résultat la création d'un nouveau corps de troupes, destiné à une juste célébrité. Nous voulons parler de l'organisation des chasseurs à pied.

Ce projet remontait à l'année 1833, alors que le maréchal Soult préparait, sur tous les détails du service des armées, en quelque situation qu'elles se trouvassent, ces excellents règlements qui sont encore en vigueur aujourd'hui et dont la stricte observation a tant contribué à maintenir dans l'armée la discipline et l'unité d'action.

A cette époque donc, le maréchal Soult avait remarqué que l'organisation de notre infanterie présentait une importante lacune. Les opérations effectuées jusqu'alors en Algérie en avaient fait ressortir tous les inconvénients.

En maintes occasions, on avait dû, dans nos expéditions d'Afrique, pour organiser des colonnes mobiles, peu nombreuses, mais devant comprendre des détachements de toutes les armes, morceler les régiments et en disperser les bataillons. Or, ces bataillons, étroitement unis entre eux, se trouvaient en quelque sorte dépaysés, dévoyés, dès qu'il leur fallait vivre isolément, s'administrer eux-mêmes, vivre de leur vie propre.

Le maréchal Soult voulait organiser des bataillons indépendants, s'administrant isolément, pouvant subsister par eux-mêmes, facilement mobilisables, très-aptes à la formation de colonnes restreintes, et qui, adjoints aux divisions de l'armée, pussent être employés à certains services spéciaux et dans des circonstances déterminées.

Ces bataillons devaient recevoir un armement particulier, une instruction exceptionnelle et tout appropriée à l'usage auquel ils étaient destinés.

Le projet du maréchal Soult fut examiné, discuté, puis accepté en principe. Enfin, on résolut de le mettre à exécution.

Ce ne fut tout d'abord qu'un essai, et l'on ne forma au début qu'une seule compagnie dite de tirailleurs. Cette désignation indique suffisamment à quel emploi on les réservait.

Le général d'Houdetot fut chargé de diriger l'organisation de cette compagnie qui avait été placée sous les ordres du capitaine Delamarre. On procéda par tâtonnements ; mais peu à peu l'idée se développa, s'agrandit, à mesure que l'expérience se poursuivait. On voulut que les tirailleurs eussent des armes spéciales ; une carabine d'un nouveau modèle leur fut donnée ; on songea alors à faire de cette troupe un corps de tireurs émérites qui devait être précieux dans les cas, fréquents en campagne, où la précision du tir doit être recherchée. C'est à Vincennes que ces études se poursuivaient. Bientôt les résultats obtenus parurent si satisfaisants qu'au lieu d'une compagnie ce fut un bataillon qu'on forma.

Le duc d'Orléans, le roi même, s'intéressaient extrêmement à cette création. Le général d'Houdetot y donnait tous ses soins ; il était, il faut le dire, très-heureusement secondé par son aide de camp, le capitaine de Mac-Mahon, qui eut certainement une grande part dans cette œuvre.

Une fois l'instruction de ce bataillon achevée, on en éprouva l'excellence dans des manœuvres répétées. Mais cette expérience pouvait n'être pas concluante ; il s'agissait de savoir ce qu'une troupe ainsi constituée pouvait exécuter devant l'ennemi. Ce premier bataillon de chasseurs, placé sous les ordres du commandant Grosbon, fut donc envoyé en Algérie.

Le duc d'Orléans, le général d'Houdetot, et le capitaine de Mac-Mahon partirent aussi pour l'Afrique, et purent assister aux premiers exploits de cette nouvelle troupe. Ce fut au col de Mouzaïa que les chasseurs de Vincennes firent leurs preuves. Le duc d'Orléans, que le duc d'Aumale avait accompagné, avait pris le commandement d'une division ; et il avait réclamé pour lui et pour les siens l'honneur d'enlever la position qu'Abd-el-Kader avait rendue formidable.

Le prince divisa ses forces en trois colonnes : l'une sous les ordres du général Duvivier, la seconde sous ceux de Lamoricière, la troisième commandée par le général d'Houdetot.

Le 12 mai, à la pointe du jour, le duc d'Orléans donna le signal de l'attaque et, montrant à ses soldats le sommet de Mouzaïa : « Allons, enfants, s'écria-t-il, les Arabes nous attendent et la France nous regarde! » Les hommes, électrisés, s'élancèrent ; ils arrivèrent d'abord jusqu'au premier plateau. Il y eut là un court repos. Puis l'escalade recommença, pour enlever la position capitale. Elle fut défendue avec acharnement par les Arabes et les Kabyles.

Il n'y avait encore qu'une seule colonne engagée; mais le prince ayant donné l'ordre d'appuyer le mouvement, tout le reste de l'armée entra en action. A ce moment, il était environ deux heures, le soleil illumina les crêtes que jusque-là d'épais nuages environnaient. Ces crêtes étaient toutes hérissées de retranchements d'où partait un feu formidable. Nos soldats s'aidant, pour gravir ces escarpements, des aspérités du roc, bravèrent tous les périls. Pendant que la première colonne avançait toujours, enlevée par l'intrépide Changarnier qui, froid et calme, son sabre sous le bras, faisait attaquer à la baïonnette, le duc d'Orléans s'était mis à la tête des deux autres colonnes et les entraînait vers ces hauteurs presque inexpugnables. Vers trois heures, comme il venait de gagner une pente boisée, il fit mettre sacs à terre, et lança ses troupes en avant. Un ravin se présenta derrière lequel les Arabes étaient fortement établis. On les attaque à la baïonnette; la résistance est opiniâtre, sanglante. Aux côtés du prince tombent le général Schramm et le commandant Grosbon, dont le bataillon des nouveaux tirailleurs fait des prodiges de valeur.

Ceux-ci, exaspérés, tentent un effort suprême et culbutent tout ce qu'ils rencontrent sur ce passage. Bientôt la victoire est complète, et les trois colonnes atteignent presque en même temps le sommet du col. Le capitaine de Mac-Mahon sut encore faire admirer sa bravoure sur ces mêmes sommets où naguère il avait si vaillamment gagné sa croix de chevalier.

Cette fois, il y gagna l'épaulette de commandant, et fut quelque temps attaché à l'état-major du général Changarnier. Quelques jours après cette prise du col de Mouzaïa, il se distinguait encore au combat des Oliviers. Mais le bruit d'une guerre européenne, crainte pour les uns, espérance pour les autres, avait commencé à circuler. Certaines complications s'étaient élevées; la situation devenait menaçante; enfin, en vue des éventualités qui pouvaient surgir, la France s'arma. Le duc d'Orléans fut rappelé en France; Mac-Mahon y revint lui-même.

Ces tirailleurs, à l'instruction et à l'organisation desquels il avait pris une si large part, venaient de faire leurs preuves, et avaient montré dans une première victoire tout ce que l'on pouvait attendre d'eux. On résolut d'en créer dix bataillons, au lieu d'un.

Un vaste camp avait été établi à Saint-Omer; c'est là que les nouveaux bataillons, composés d'hommes d'élite choisis dans les régiments, devaient être formés. Le premier bataillon, dont on avait lieu d'être si satisfait, fut rappelé d'Afrique et dirigé sur Saint-Omer, afin d'y servir de type pour la constitution des corps semblables qu'on allait y instruire. Le duc d'Orléans fut chargé de présider à cette création. Il la poussa avec une activité remarquable.

La succession du commandant Grosbon avait été donnée au capitaine de Ladmirault qui sortait des zouaves. Le commandement de huit autres bataillons fut confié à des officiers éprouvés entre tous : MM. Faivre, Camou, de Bousingen, Mellinet, Forey, Clère et Uhrich.

Quant au 10e, il échut à Mac-Mahon. Il en est, on le sait, de l'état-major comme de tous les corps spéciaux, l'avancement y est lent et difficile, et l'on avait voulu ouvrir au jeune commandant une carrière moins pénible et où il pût déployer, dans toute leur étendue, les qualités exceptionnelles qu'on avait remarquées en lui.

Faisons observer en passant que, des chefs qui commandèrent ces premiers bataillons de chasseurs (ils prirent ce nom dès cette époque), deux seulement n'arrivèrent pas au grade de général : Uhrich qui prit sa retraite, et Clère qui fut tué en Algérie.

Le commandant Mac-Mahon retourne bientôt en Afrique. Jusqu'en 1855 il n'en doit plus sortir, si ce n'est pour faire à des intervalles fort éloignés de rares apparitions en France.

A dater de l'année 1841, nous le retrouvons à chaque pas de cette guerre de conquêtes, toujours le même, d'une intrépidité déjà proverbiale dans l'armée, d'un sang-froid et d'une décision admirables, d'un coup d'œil sûr, d'un esprit fécond en ressources, et ne se déconcertant jamais dans les circonstances les plus critiques et les plus graves.

Nous ne retracerons pas ici les innombrables expéditions entreprises dans un pays difficile, sous un climat dévorant, contre un ennemi toujours renaissant. Toutes ces luttes se ressemblent, et pour les raconter il faut sans cesse recourir aux mêmes mots, retracer des péripéties presque identiques, donner les même détails; il semble que cette guerre d'Afrique, qui s'est prolongée jusqu'à nos jours, se résume dans une seule campagne recommencée sans cesse et toujours à refaire. Elle offre peu de ressources à la plume du narrateur qui chercherait la variété. Mais les luttes qui se prêtent le plus au récit ne sont pas toujours les plus héroïques, et celles qui se déroulèrent de 1840 à 1848 sur la terre africaine furent toutes remplies des belles actions de nos soldats. Nous leur devons plusieurs générations d'officiers illustres et habiles qui s'y préparèrent aux grandes guerres de notre temps.

Mac-Mahon poursuivit avec éclat sa carrière si magnifiquement commencée. Il se distingue en 1841 au combat de Bah-el-Thaya. L'année suivante il est nommé lieutenant-colonel de la 2e légion étrangère, qu'il organise fortement, et qu'il dirige dans plusieurs campagnes. En 1844 sa belle conduite dans l'expédition de Ziban et de Biskara le fait citer à l'ordre du jour de l'armée. Le 24 avril 1845, il est nommé colonel et prend le commandement du 41e de ligne. Cette année lui fournit encore de belles occasions d'illustrer son courage et il se montre plus brillant que jamais aux combats de Djebel-Alhra, d'Aïdoussa et d'Ain-Kebira.

Deux ans après, il est à la tête du 9e régiment de ligne; il n'a pris le commandement de ce régiment que pour rester en Algérie et continuer cette existence glorieuse de fatigues incessantes et de luttes perpétuelles qui est sa vie, et qui seule peut offrir un aliment suffisant à son étonnante activité. Pendant ces deux années il dirige plusieurs colonnes mobiles. C'est lui qui, à Djemma-Ghazouat, accueille les onze captifs survivants des trois cents prisonniers faits par Abd-el-Kader à Sidi-Brahim et Aïn-Temouchen. Ces onze infortunés, échappés à la mort et rachetés par la France, reçoivent à leur arrivée à Djemma-Ghazouat les honneurs militaires dus à leur malheur. C'est encore le colonel Mac-Mahon qui, à la fin de décembre 1847, avec le général Lamoricière, ferme, sur les frontières du Maroc, toute issue à l'émir et à sa Deira. Abd-el-Kader dut se rendre et vint se remettre entre les mains de Lamoricière. Peu de temps après Mac-Mahon était nommé général de brigade.

Il prend part à la répression de nombreuses insurrections qui, dans les quatre années suivantes, se succèdent en Algérie. Il dirige diverses expéditions, ou y coopère tantôt contre les Zouaouas, tantôt contre les tribus de Collo. Presque tous les champs de bataille de la petite Kabylie sont illustrés par son courage et les faits d'armes de ses soldats. Il se distingue particulièrement au combat de Kalaâ, et réduit les tribus de Collo, qui ne se soumettent qu'après lui avoir opposé la résistance la plus opiniâtre, la plus acharnée. Nul, du reste, ne connaissait comme lui tous les secrets de cette guerre de montagnes, pleine de ruses et d'embûches; déjà, en 1849, il avait dompté les tribus de la frontière marocaine et porté, en 1850, les couleurs nationales jusque chez les Msida.

Enfin, le 16 juillet 1852, il est élevé au grade de général de division et se signale peu de temps après dans l'expédition entreprise dans la région située au sud de Biskara,

C'est par ces éclatants services, sur une terre ingrate, dans ces luttes sanglantes, mais où les actions les plus héroïques restaient parfois obscures, que le général de Mac-Mahon se préparait à la gloire plus éclatante et plus durable que devait lui donner la grande guerre.

Résumons cette première période de la vie de Mac-Mahon.

Il est général de division; il a quarante-quatre ans à peine; il a déjà près de vingt-sept ans de services, dont vingt-trois ans passés presque tout entiers sous le climat ardent et dans les guerres incessantes de l'Afrique. Les campagnes, les actions d'éclat et les citations à l'ordre du jour de l'armée sont nombreuses sur ses états de services.

Son prestige militaire est grand devant l'armée; les soldats le connaissent, l'aiment et l'admirent. Il n'est pas moins connu des tribus arabes et kabyles; la plupart ont éprouvé ce que peut sa valeur. Parmi ces populations superstitieuses, une sorte de légende s'est formée sur lui : il est si impunément téméraire, qu'on le croit invulnérable; il compte tant de victoires, qu'on le croit invincible. Son nom a pénétré jusque par delà les crêtes des monts kabyles; ce nom redouté, on se le répète, et l'on tremble dès qu'on apprend l'approche du vaillant chef qui le porte. Il suffit parfois qu'il soit prononcé pour que les plus ardents des rebelles inclinent vers la soumission.

On nous rapporte, à ce propos, une anecdote à la fois touchante et sublime, naïve, sauvage, pleine de grandeur. On croirait, à l'entendre, une scène du *Cid*, oubliée par Corneille et que lui seul sans doute eût pu conter dignement :

En 1845, le colonel de Mac-Mahon, à la tête d'une forte colonne, s'avançait dans la Kabylie orientale. Après une marche pénible et pleine d'obstacles, il arrive devant un mamelon escarpé, d'où l'ennemi, fortement retranché, faisait pleuvoir sur ses troupes une grêle de balles. Il fallait enlever cette position. Le colonel s'y prépare ; il donne l'ordre d'attaquer; mais la colline est si escarpée, l'accès en est si difficile, la situation de l'ennemi est si avantageuse et notre succès si douteux, que Mac-Mahon hésite à poursuivre une entreprise où tant de braves gens vont trouver la mort, peut-être inutilement.

Doit-il continuer l'attaque? Doit-il battre en retraite? Battre en retraite, lui !...

Tout à coup, trois Kabyles, des vieillards, des chefs, se montrent sur la hauteur, agitant en l'air des haillons blancs. Mac-Mahon ordonne de cesser le feu. Les Kabyles s'approchent. Alors le plus vieux, le plus vénérable, prend la parole et, s'adressant au colonel :

« Jamais, dit-il, jamais notre pays n'a été soumis à qui que ce fût. Nous étions décidés à ne pas nous rendre et à nous faire tuer, tous, ici, jusqu'au dernier. Mais ce n'est pas un ennemi que nous avons devant nous : c'est un frère ! Comme nous, tu descends de Mahon. Notre montagne s'appelle Bou-Mtà-Mahon, ce qui veut dire *le père des Mahon*, et nous, nous sommes comme toi, Mac-Mahon, les enfants de Mahon. C'est pourquoi nous te livrons nos personnes, nos familles et nos biens (1). »

(1) Voir la gravure à la fin du volume.

CHAPITRE II

1855-1856

SOMMAIRE. — La question d'Orient. — Politique française, politique russe. — La guerre déclarée. — Le projet du maréchal de Saint-Arnaud. — L'expédition de Crimée résolue. — Bataille de l'Alma. — Mort de Saint-Arnaud. — Le général Canrobert. — Ouverture des tranchées devant Sébastopol. — Bataille de Balaclava. — Bataille d'Inkermann. — La Tour Malakoff. — Mort du czar Nicolas. — Le général Pélissier prend le commandement en chef de l'armée. — Assaut infructueux du 18 juin. — Bataille de la Tchernaïa. — Mac-Mahon en Crimée. — Situation de l'armée. — Nos travaux devant Malakoff. — Il faut en finir! — L'assaut est décidé. — L'artillerie ouvre le feu. — Positions des troupes. — Le général Bosquet. — C'est Mac-Mahon qui doit prendre Malakoff. — Il est midi. — Intrépidité de Mac-Mahon. — « J'y suis, et j'y reste ! » — L'explosion. — Le Kourgane Malakoff. — Une découverte providentielle. — Prise de Sébastopol. — Ce que la victoire nous coûtait. — Pélissier maréchal. — Mac-Mahon commandant l'armée de réserve. — Conclusion de la paix. — Mac-Mahon sénateur. — Les enfants de Mahon.

Depuis des siècles la France a veillé avec un soin jaloux à maintenir intacte son influence en Orient; depuis des siècles la protection de nos nationaux, celle des intérêts catholiques a été un des objets les plus importants et les plus élevés de notre politique nationale.

Les droits des Latins à l'occupation des lieux saints en Palestine, avaient été formellement reconnus, et un article spécial du traité de 1740 (art. 33) les affirmait en ces termes :

« Les religieux latins qui résident présentement, comme de tout temps, en dehors et au dedans de Jérusalem et dans l'église du Saint-Sépulcre, dite *Camané*, resteront en possession des lieux de pèlerinage qu'ils ont, de la même manière qu'ils les ont possédés par le passé. »

Cependant les priviléges des Latins contestés par l'Eglise grecque avaient subi plus d'une atteinte, grâce à la complaisance et à la faiblesse de la Turquie, grâce aux intrigues de la Russie qui couvrait ouvertement les Grecs de sa protection.

Cette question, restée longtemps sans solution malgré les négociations entre la France et la Porte, prit tout à coup un caractère de gravité exceptionnelle. Les exigences de la Russie relativement aux Lieux Saints firent naître un conflit qui devait avoir les conséquences les plus considérables.

La question des Lieux Saints ne devait être pour le czar Nicolas qu'un prétexte pour soulever la question politique beaucoup plus importante, et s'assurer, à la faveur de complications éventuelles, cette absolue souveraineté de la mer Noire et du Bosphore depuis si longtemps ambitionnée. Enfin il poursuivait sa marche, lente mais ininterrompue, vers Constantinople, vers cette Turquie, qu'il tenait enserrée entre ses frontières russes et les provinces danubiennes d'une part, et la Grèce, à lui toute dévouée, d'autre part.

La France ne pouvait ni renoncer à son influence en Orient, ni laisser se poursuivre les progrès de la Russie. Les intérêts de l'Angleterre, au point de vue politique, se confondaient avec les nôtres. Et, quand la conduite hautaine du prince Menschikoff à Constantinople, les déclarations impérieuses du czar qui levait le masque, l'occupation des provinces danubiennes par les troupes russes, eurent fermé toute issue aux négociations diplomatiques, on se résolut à la guerre.

Déjà les flottes anglo-françaises ont pénétré dans la mer Noire et dans la mer Baltique. Une vaste expédition se prépare, et, le 29 avril 1854, le maréchal de Saint-Arnaud, général en chef de l'armée d'Orient, s'embarque à bord du *Berthollet* pour aller prendre possession de son commandement à Gallipoli. C'est là que sont concentrées toutes les forces françaises. On prépare d'abord une campagne sur le Danube; mais elle ne paraît pas devoir produire tous les résultats qu'on en attend. A ce moment le maréchal songe à porter la guerre sur le sol même de la Russie.

« Je suis entre deux projets, écrivait-il, tous deux contrariés par l'inaction de l'Autriche qui laisse libres les mouvements de la Russie. L'un, c'est Sébastopol et la Crimée qu'il faudra toujours finir par prendre, et dont la possession sourit plus encore à l'Angleterre qu'à la France; mais débarquer en Crimée et faire le siége de Sébastopol, c'est une campagne tout entière, ce n'est pas un coup de main ; il faut d'énormes moyens et être sûr du succès.

« Il nous faudra, ajoutait-il, plus d'un mois

e siége pour prendre Sébastopol parfaitement éfendu. Pendant ce temps-là les secours arrivent et j'ai deux, trois batailles à livrer. »

L'événement prouva combien les craintes du aréchal de Saint-Arnaud étaient fondées.

Cependant, après bien des hésitations, et algré les craintes qu'inspiraient les effroyables ravages du choléra qui décimait l'armée et la flotte, ce fut ce parti auquel s'arrêta le maréchal. Il motivait ainsi sa résolution :

« A peine les armées alliées étaient-elles debarquées à Gallipoli, que la défense héroïque de Silistrie prolongeait la lutte sur le Danube, au lieu de la transporter au centre de l'empire ottoman. Les généraux en chef crurent qu'ils auraient le temps d'arriver sur le théâtre de la guerre, de sauver peut-être la ville assiégée, ou du moins de venir en aide à l'armée turque, que les forces russes menaçaient d'écraser. L'imminence du péril commandait cette décision, comme aussi le devoir des deux nations, qui avaient réuni leurs drapeaux pour protéger l'intégrité de l'empire ottoman. Le courage de la défense et l'arrivée des armées alliées firent lever aux Russes le siége de Silistrie.

« Poursuivre l'ennemi dans un pays ravagé et infecté de maladies pestilentielles eût été un désastre certain.

« Pour la possibilité d'une campagne au delà du Danube et sur le Pruth, il eût fallu la coopération active, réelle de l'Autriche, dont les indécisions perpétuelles avaient créé aux généraux en chef des difficultés sans nombre.

« L'inaction était-elle possible aux armées campées à Varna ? Cette inaction ne pouvait-elle pas amener le découragement au milieu des épreuves qui leur étaient peut-être réservées si loin de la patrie ? Ni l'honneur militaire, ni l'intérêt politique ne la permettaient. Il fallait forcer l'ennemi à nous craindre. La Crimée était devant nous comme un gage. Frapper la Russie dans la Crimée, l'atteindre jusque dans Sébastopol, c'était la blesser au cœur. »

Les troupes furent embarquées dans les premiers jours de septembre, et le 14, elles foulaient enfin ce sol ennemi qu'elles allaient tremper du sang français et que leurs exploits devaient immortaliser.

Tel est le prologue de cette sanglante tragédie, dont les actes divers se sont personnifiés et se résument en quatre hommes, quatre grands noms : Saint-Arnaud, Canrobert, Pélissier, Mac-Mahon.

Nous avons rappelé brièvement les origines et les débuts de cette guerre, si longue et si meurtrière ; plus brièvement encore, il nous faut retracer les péripéties de la lutte et nous hâter vers le dénoûment qui appartient tout entier au général illustre dont nous avons entrepris de raconter la vie.

La campagne fut inaugurée par un succès éclatant. La bataille de l'Alma, qui consacra la renommée militaire du général en chef et fonda celle du général Bosquet, fut un des faits les plus glorieux pour les armes françaises dans les temps modernes. Le maréchal de Saint-Arnaud, presque mourant sur le champ de bataille, ne put ni jouir de son triomphe, ni en recueillir les fruits. Il succomba neuf jours après (29 septembre 1854).

Le général Canrobert lui succéda dans le commandement en chef.

Le 9 octobre, les troupes de siége ouvraient les premières tranchées du côté sud de Sébastopol, entre cette ville et Balaclava.

Le 17 octobre, un feu formidable fut ouvert contre la place; mais on avait été trop vite. La grande hâte qu'on avait mise à attaquer était, il faut le dire, suffisamment motivée. On espérait que les assiégés n'auraient pu réunir des moyens de défense suffisants, et il importait de ne pas leur laisser le temps de les compléter. L'attaque du 17 octobre démontra que les défenses de la place étaient beaucoup plus sérieuses qu'on ne l'avait pensé, et qu'on ne pourrait l'enlever qu'au prix d'un assaut meurtrier et après un siége en règle patiemment poursuivi.

Sébastopol avait eu bien peu de temps, en effet, pour se préparer à un siége; mais les talents militaires et l'activité d'un jeune capitaine du génie, Todtleben, avaient suppléé à tout. Prenant seul la direction des travaux, il les poussa avec une rapidité inouïe, et les difficultés que nos généraux rencontrèrent dans cette entreprise gigantesque valurent à Todtleben une réputation justement méritée et l'admiration de tous les hommes spéciaux.

Le maréchal Saint-Arnaud avait prédit ce qui devait arriver, si le siége se prolongeait : il faudrait livrer deux, trois batailles. La réalisation de cette prophétie ne se fit pas attendre. Les batailles vinrent, et des plus sanglantes, tandis que de part et d'autre les opérations de siége et de défense se poursuivaient à travers mille souffrances et au prix des pertes les plus cruelles.

Le 25 octobre, bataille à Balaclava.

Le 5 novembre, bataille à Inkermann, et bataille qui entraîna, pour les armées alliées, pour l'armée anglaise surtout, des pertes si cruelles, qu'on dut ajourner l'assaut projeté pour le lendemain.

Et pendant ce temps, les travaux de l'ennemi s'accroissent toujours, les batteries s'ajoutent aux batteries, les fortifications se réparent et se munissent. Le feu des Russes devient de plus en plus formidable. Le 28 novembre 1854, le général en chef écrivait : « Jamais on n'a vu une semblable consommation de poudre et de boulets : nos officiers d'artillerie calculent que les Russes ont tiré, depuis notre arrivée sous les murs de Sébastopol, 400,000 coups de canon et brûlé 1,200,000 kilogrammes de poudre. » Il y avait à peine quarante jours que le siége était commencé.

Les sorties de la place sont fréquentes et terribles ; les engagements partiels dans la campagne se multiplient. L'hiver sévit dans toute sa rigueur et accroît toutes les difficultés, toutes les souffrances des assiégeants. L'armée voudrait en finir par une attaque suprême ; elle demande à grands cris l'assaut. Mais le temps n'est pas encore venu, et le général en chef ne veut pas risquer inutilement la vie de tant de braves soldats.

Mais l'on savait déjà sur quel point l'effort du jour décisif devait se porter, le général Canrobert le premier l'avait désigné ; le général Niel, envoyé en mission par l'empereur pour s'assurer de la situation exacte, l'avait reconnu.

La « clef d'or » de Sébastopol, c'était Malakoff, ce que nous avons appelé *la tour* Malakoff, ce que les Russes appelaient le bastion Korniloff.

Celui qui devait s'emparer de cette clef d'or, ouvrir la ville, et la livrer à notre armée triomphante, n'avait pas encore touché les côtes de Crimée. Il était encore là-bas, bien loin, en Algérie, à guerroyer contre les tribus kabyles, déplorant sans doute cette fatalité qui le condamnait à d'ingrates et obscures escarmouches, tandis que ses frères d'armes cueillaient de nouveaux lauriers sur une scène plus grande. Il ne se doutait certes pas alors que la plus belle palme lui était réservée, et que c'était lui seul que la victoire attendait pour se donner tout entière à la France.

« Quel que soit le parti que l'on prendra au sujet de l'investissement, écrivait le général Niel, et malgré le danger d'étendre encore sur la droite des cheminements déjà si développés, il faut attaquer la place du côté de Malakoff. »

Le 1er février 1855, un conseil fut tenu entre les commandants en chef des armées anglaise et française, et il fut décidé que les opérations d'un siége direct seraient substituées à celles qui avaient été suivies jusqu'alors, un peu au jour le jour, mais que les circonstances n'avaient pas permis de conduire autrement. L'objectif principal devait être cette fameuse et terrible tour Malakoff.

Désormais tout l'effort de l'attaque se concentra sur cette position; l'ennemi devina promptement nos projets, et bientôt y concentra tout l'effort de la défense.

Les Russes se défendaient avec autant d'acharnement que nous en mettions à les attaquer, et, dans cette lutte gigantesque les deux adversaires se montrèrent dignes l'un de l'autre par leur courage, par leur courtoisie, par leur humanité.

Il se produisit ce fait extraordinaire, presque incroyable, que la guerre, implacable, funeste, mais loyale, établit entre les Français et les Russes des liens de sympathie tels qu'aucune alliance n'en eût pu nouer de semblables. Sympathie qui ne s'est point démentie, que le temps a confirmée et raffermie, estime mutuelle d'autant plus sincère et profonde qu'elle s'est formée sur ces champs de bataille où chacun des deux peuples a pu éprouver l'honneur et la loyauté de celui qu'il combattait.

Heureux et consolés sont les vainqueurs qui savent ainsi conquérir l'amitié des vaincus!

Le 2 mars 1855 l'empereur Nicolas était mort. Mais ce grand événement ne pouvait modifier les circonstances. D'une part le successeur du feu Czar ne pouvait songer à la paix 'après une victoire ou une défaite décisive. D'autre part la France et l'Angleterre ne pouvaient abandonner une entreprise aussi gigantesque que le siége de Sébastopol qu'une fois le succès obtenu.

La défense et l'attaque étaient toujours aussi vives, aussi opiniâtres de part et d'autre.

Cependant nos travaux étaient prêts; mais il s'en fallait que ceux de nos alliés le fussent; leur lenteur causa des retards dont l'ennemi sut profiter. Les obstacles et les difficultés s'accumulèrent devant nous ; nos soldats plus enthousiastes que jamais demandaient l'assaut, et, pour les préserver, il fallait toujours leur répondre par un refus. Le général Canrobert ne se dissimulait pas les désastreuses conséquences qu'un insuccès pouvait entraîner.

Sur ces entrefaites, un grave dissentiment s'éleva, au sujet du rappel de l'expédition de Kertch, entre notre général en chef et celui des forces anglaises. Bientôt le général Canrobert croyant qu'il pouvait être un obstacle à l'unité d'action des forces alliées, donna sa démission et transmit au général Pélissier le commandement de l'armée française. Ce dernier n'avait qu'à achever l'œuvre poursuivie sans relâche par son prédécesseur. Quant au général Canrobert, en qui les événements plus proches de nous ont montré l'un des plus nobles et des plus purs caractères de notre temps, il tint à honneur de continuer à servir, dans cette armée qui l'aimait, à la tête d'une simple division (19 mai 1855).

Diverses attaques sont tour à tour tentées contre les points des fortifications qui paraissent les plus vulnérables. Elles échouent. Enfin le 15 juin l'attaque de Malakoff fut décidée. La direction de cette entreprise fut confiée au général Regnault de Saint-Jean d'Angely. Cette triste et sanglante affaire commença dans la nuit du 16 au 17 vers trois heures du matin. Nous perdîmes dans la journée qui suivit plusieurs de nos plus braves, de nos meilleurs officiers. La violence de la défense répondit à la violence de l'attaque, et malgré les prodiges de valeur de nos soldats il fallut se retirer.

L'insuccès, l'échec, était aussi complet que possible.

La victoire remportée quelques jours après sur les bords de la Tchernaïa (16 juillet) réparait ce revers passager.

Mais déjà une nouvelle attaque contre Malakoff était décidée. La division Canrobert, la 1re du 2e corps, devait y prendre la plus large part. Mais l'ancien général en chef de l'armée d'Orient ne la commandait plus; il venait d'être rappelé en France par un ordre formel de Napoléon III qui ne voulait pas que cet illustre officier conservât un poste aussi modeste.

Cette division, la plus belle, la plus solide de l'armée, allait recevoir un nouveau chef digne entre tous de succéder à celui qu'elle perdait : le général de Mac-Mahon.

Rappelé d'Algérie en avril 1855, il avait d'abord reçu le commandement du 1er corps de l'armée du Nord ; au commencement du mois d'août il fut envoyé en Crimée, et vint prendre, sous les ordres du général Bosquet, le commandement de la division Canrobert.

Il semble vraiment qu'il ait été désigné par le sort pour assurer le gain définitif de cette colossale partie que quatre nations alliées jouaient depuis près de dix-huit mois contre la puissance des czars.

Voici, au moment de son arrivée, quelle était la situation de l'armée assiégeante, telle que l'a définie M. de Bazancourt, l'historiographe officiel de l'expédition de Crimée.

On est au 2 septembre. Nos cheminements

ont traversé les abatis de la tour Malakoff (ou bastion Korniloff); ces abatis ont été en partie incendiés. La contrescarpe de la tour est à peine à 25 ou 30 mètres de nous. De là on peut s'assurer de l'état de la courtine et du redan dont le parapet est fortement entamé et le fossé presque comblé. Il n'y a pas sur ce point d'obstacles invincibles. Mais à 40 mètres plus loin on trouve le roc vif. On se touche, pour ainsi dire. Assiégés et assiégeants sont si près l'un de l'autre que, pendant la nuit, quand les canons se taisent, ils s'entendent parler.

Le moment décisif, suprême, est venu. L'artillerie n'a plus que pour quatre ou cinq jours de munitions. Les mines creusées par les travailleurs russes gagnent nos approches; bientôt elles vont sauter. Les assiégés forment une nouvelle enceinte, dressent de nouvelles batteries qui vont être prêtes, qui vont foudroyer avec une nouvelle furie nos troupes de siége. Il faut en finir.

On ne se dissimule pas les périls de l'entreprise, les énormes sacrifices qu'elle doit coûter, les héroïques efforts qu'il faudra tenter pour en assurer le succès; mais il faut en finir.

D'ailleurs les assiégeants eux-mêmes ne peuvent plus tenir là où ils sont. Un feu perpétuel fait chaque jour dans leurs rangs des ravages considérables. Les divisions s'amoindrissent; les colonnes d'assaut sont décimées. Il fau. en finir.

L'armée est lasse, fatiguée; la laisser plus longtemps dans l'attente, c'est la décourager, la démoraliser; on ne peut plus ajourner cet assaut si souvent réclamé par les troupes, si souvent refusé par les généraux. Il faut en finir.

Tous ces arguments sont présentés au général Pélissier par les chefs de service dans un conseil de guerre tenu le 3 septembre. Le général Niel, qui commande le génie, précise en ces termes la situation réelle :

« Nous sommes à 25 mètres de la place; et, pour y arriver, nous avons fait des sacrifices immenses; de plus, le commandant supérieur de l'artillerie affirme que nous sommes presque à bout de munitions. Aujourd'hui, Malakoff est la seule issue du siége ; sa prise donnera le faubourg (Karabelnaïa) et le faubourg donnera la ville. L'assaut se présente dans des conditions plus favorables qu'il n'était permis de l'espérer. »

Les autres généraux consultés sont unanimes pour que l'assaut soit donné ; enfin, le général Pélissier se range à l'opinion de tous et décide qu'il aura lieu le 8 septembre à midi.

Ce projet devait être tenu secret jusqu'au moment de l'exécution ; le succès, en effet, n'était pas tellement assuré qu'on pût compter uniquement, pour l'obtenir, sur la bravoure et l'entrain de nos soldats ; il fallait encore agir avec une telle rapidité, que l'ennemi fût autant ébranlé par l'imprévu de l'attaque que par son impétuosité et sa puissance. On attendit la veille de l'assaut pour informer les chefs de corps de la résolution qui avait été prise et des dispositions qui avaient été arrêtées en conseil.

Mais, auparavant, l'artillerie avait un rôle considérable à jouer. Elle devait, par un feu formidable, éloigner autant que possible l'ennemi des ouvrages que nos colonnes étaient chargées d'enlever, entamer les défenses, empêcher la réparation des brèches, mettre ses pièces de gros calibres hors de service et en rendre le remplacement impossible.

Le 5 septembre, 807 bouches à feu vomissent la destruction et la mort sur les travaux des Russes. Le tir est tantôt intermittent et saccadé, tantôt général et incessant. 267 pièces canonnent Malakoff. Les pertes sont terribles de part et d'autre, et cet effroyable bombardement dure sans interruption pendant trois jours et trois nuits. Dans la matinée du 8 le feu redouble encore de violence.

Les emplacements des troupes d'attaque ont été fixés comme suit :

A la partie droite des tranchées, pour l'attaque du petit Redan, la division Dulac avec une réserve formée des chasseurs de la garde et d'une brigade de la division d'Aurelle;

Au centre, pour l'attaque de la grande courtine qui relie le Redan à Malakoff et aux *Batteries noires*, la division La Motterouge;

A gauche enfin, la première division du deuxième corps, ancienne division Canrobert, dont le général de Mac-Mahon vient de prendre le commandement. Elle a pour réserve les zouaves de la garde et la division de Wimpffen. C'est cette colonne qui doit enlever Malakoff, assurer la victoire et supporter le principal effort de la lutte.

Enfin, le reste de la garde impériale est gardé comme réserve suprême et doit, au moment décisif, assurer le succès de l'entreprise.

Le 7, dans l'après-midi, le général Bosquet

appelle auprès de lui ses divisionnaires, ses généraux de brigades, ceux de l'artillerie et du génie appartenant au deuxième corps ; il leur révèle alors dans tous ses détails le plan arrêté par le général commandant en chef, leur annonce que l'assaut aura lieu le lendemain à midi ; leur désigne les points qu'ils doivent occuper, ceux qu'ils doivent enlever, toutes les dispositions qu'ils ont à prendre ; il leur recommande d'agir avec les plus grandes précautions afin de ne point donner l'éveil, il leur fait promettre le secret ; enfin il termine par ces paroles :

« Je vous connais tous de longue date pour de vaillants hommes de guerre, aussi j'ai pleine et entière confiance en vous. Demain Malakoff et Sébastopol seront à nous ! »

Le général de Mac-Mahon, à qui l'on a fait l'honneur de lui confier le poste le plus périlleux, et de qui dépendra le sort de la journée, confère avec le général Niel. Celui-ci lui déclare que la chute de Sébastopol, la fin de ce siége terrible qui dure depuis une longue année, seront assurés si Malakoff est pris : «J'y entrerai, lui répond le vaillant soldat, et soyez certain que je n'en sortirai pas vivant !»

Les généraux se rendent dans les tranchées pour se rendre compte des positions. Leurs états-majors, les officiers supérieurs de l'artillerie et du génie vont reconnaître et marquer les emplacements désignés pour les trois colonnes d'assaut.

La nuit vient et s'écoule dans une impatience anxieuse, dans une attente fébrile pour le commandant en chef, pour tous ces généraux sur lesquels va peser une si redoutable responsabilité.

Enfin le jour paraît. A huit heures, lorsque les troupes, sous les armes, vont aller occuper leurs postes de combat, lecture est donnée, dans chaque bataillon, au milieu d'un silence imposant, de l'ordre du jour du général Bosquet. Il les exhortait en ces termes :

« Soldats du deuxième corps et de la réserve,
« Le 7 juin, vous avez eu l'honneur de porter fièrement les premiers coups droit au cœur de l'armée russe. Le 16 août, vous infligiez, sur la Tchernaïa, la plus honteuse humiliation à ses troupes de secours. Aujourd'hui, c'est le coup de grâce, le coup mortel que vous allez frapper de cette main ferme si connue de l'ennemi, en lui enlevant sa ligne de défense de Malakoff, pendant que nos camarades de l'armée anglaise et du premier corps commenceront l'assaut au grand Redan et au bastion Central.

« C'est un assaut général, armée contre armée ; c'est une immense et mémorable victoire dont il s'agit de couronner les jeunes aigles de la France. En avant donc, enfants ! A nous Malakoff et Sébastopol !! »

Le général de Mac-Mahon harangue sa division avec une concision toute militaire ; il expose à ses soldats ce qu'on attend de leur intrépidité tant de fois éprouvée. Ils s'empareront de Malakoff, et dans le combat ils auront pour mot d'ordre : *Honneur et patrie!* Les troupes lui répondent par des acclamations frénétiques. Puis, prudemment, en silence, l'arme basse, elles s'ébranlent pour gagner les emplacements qui leur sont destinés.

Les éléments qui, dans cette campagne, nous avaient été si souvent contraires, semblaient nous secourir. Un vent violent s'était élevé, faisant tourbillonner dans l'air d'immenses nuages de poussière, épais rideau qui dérobait à l'ennemi notre marche et nos préparatifs. On ne put faire si bien cependant qu'il n'en apprît quelque chose; car, si les assiégés ne pouvaient découvrir nos mouvements, le prince Gortschakoff, qui occupait, avec l'armée de secours, les positions élevées d'Inkermann, pouvait nous observer. Dès qu'il avait vu cette grande agitation se produire dans nos tranchées, il avait en toute hâte envoyé des officiers pour prévenir la place que quelque attaque se préparait.

Les Russes ne purent donc être pris absolument à l'improviste, comme on l'avait espéré. Cependant on n'a négligé aucune précaution, fût-ce la plus minutieuse. Nul signal n'annoncera aux trois colonnes d'assaut que le moment est venu de s'élancer. Le général en chef a fait régler sur sa montre celles des généraux qui doivent diriger l'attaque. A midi précis, ensemble, d'un seul geste, ils entraîneront leurs hommes!

L'heure approche.

Le général en chef a choisi comme poste d'observation la redoute Brancion; auprès de lui sont groupés les généraux Niel, Thiry, Martimprey; un nombreux état-major les entoure.

Le général Bosquet s'est établi dans la sixième

parallèle, endroit fort dangereux et très-découvert, mais d'où son regard peut embrasser tout le front d'attaque.

Le général de Mac-Mahon est à la tête de sa première brigade, tout près des ouvrages de Malakoff. Penché sur sa montre, il compte les minutes et attend avec impatience que la dernière soit écoulée.

L'instant est solennel. Tout le monde se tait; il semble que le souffle soit suspendu dans toutes les poitrines; c'est un immense recueillement, un spectacle admirable et poignant.

« Je n'oublierai jamais, écrivait le lendemain un des officiers attaché à l'état-major de Mac-Mahon, je n'oublierai jamais le quart d'heure qui précéda le moment décisif.

« Nous étions tapis dans une tranchée, à peine à huit mètres de Malakoff. Les zouaves, accroupis, avaient les yeux fixés sur le général, attendant son ordre muet. Lui semblait, au milieu d'eux, plus calme et plus tranquille que je ne le suis en ce moment.

« Jamais Mac-Mahon ne m'avait paru si beau, si grand. J'aurais voulu que l'armée entière pût le contempler, lorsque, tirant son épée et jetant des regards de flamme sur ses soldats, il donna enfin le signal de l'assaut.

« Midi venait de sonner.

« Un cri épouvantable s'élève, mêlé au bruit strident des clairons qui sonnent la charge.

« Tous s'élancent à la fois, et pêle-mêle, sur le retranchement.

« Les zouaves, Mac-Mahon en tête, arrivent sur le bord du fossé; ils s'y précipitent, remontent de l'autre côté, s'aidant de leurs pieds, de leurs genoux, de leurs ongles, se cramponnant aux moindres aspérités. Comment tout cela s'est-il fait, je ne puis encore l'imaginer. Je ne me rappelle qu'une chose, c'est que, deux minutes après, les Russes étaient chassés du parapet et que nous entrions dans la tour. »

Mac-Mahon, le plus exposé, le plus audacieux de tous ses soldats, ne les laisse point respirer. Il les pousse toujours plus loin, toujours plus avant. Les Russes, un instant surpris par cette attaque, surviennent nombreux, entraînés, eux aussi, par leurs officiers, qui déploient une rare intrépidité. Alors c'est la mêlée furieuse, homme contre homme, poitrine contre poitrine. Les fusils se brisent; on frappe avec les tronçons, avec des pierres, des outils, des débris de toutes sortes; tout devient une arme, tout blesse et tue. C'est une lutte sanglante, implacable, homérique.

(1) Mac-Mahon, toujours debout, impassible, sous une grêle de balles, dirige lui-même l'action, donne l'exemple et électrise tous les siens. Son héroïque attitude arrache au général en chef même des témoignages répétés d'admiration : « On n'est pas plus beau au feu ! » s'écrie-t-il.

Nos troupes ont enfin pénétré dans l'intérieur du réduit; le général de Mac-Mahon s'y est établi; mais on craint tout pour cette vaillante colonne, pour son glorieux chef; il peut être enseveli dans sa conquête; la tour peut sauter; des attaques incessantes et désespérées sont dirigées de la place sur les assaillants.

Pélissier tremble pour Mac-Mahon; il lui en-

(1) Voir la gravure à la fin du volume.

voie un aide de camp pour l'inviter à se ménager, à ne pas s'exposer autant, à se mettre du moins à l'abri d'une explosion probable.

« J'y suis, et j'y reste ! » fut la seule réponse du général.

L'ennemi qui, mieux que nous encore, comprend toute l'importance de la possession de Malakoff, y concentre ses efforts, y jette ses meilleures troupes et déchaîne contre la tour un ouragan de boulets, d'obus et de mitraille. Vingt fois repoussé, il revient vingt fois à la charge ; ce n'est plus du courage, ce n'est plus de la vaillance ; c'est de la fureur et de l'exaspération : ses généraux les plus braves, les plus éprouvés y périssent. Tout est inutile. Le général de Mac-Mahon a reçu des renforts successifs : les zouaves de la garde, les voltigeurs du colonel Douai, la brigade Wimpffen, les grenadiers de la garde, conduits par le colonel Bretteville. Ces secours lui permettent de briser toutes les résistances, de vaincre la dernière tentative.

A plusieurs reprises encore, les officiers du général en chef vinrent supplier Mac-Mahon de quitter le poste découvert d'où il affrontait tous les feux de l'ennemi. Fatigué enfin de ses instances réitérées, il ne put retenir une exclamation d'impatience : « Eh ! que diable, s'écria-t-il, je suis bien maître de ma peau ! » Vraie réponse de soldat, et sublime dans sa brusquerie.

« J'y suis, et j'y reste, » avait-il dit lorsqu'il était entré dans Malakoff ; il pensait sans doute maintenant : « Je l'ai, et je le garde. » Et, en effet, il le garda.

Ce point qu'il occupait, point capital, il est vrai, fut le seul sur lequel nos attaques eussent réussi.

Malgré des prodiges de valeur, des dévouements admirables, des pertes cruelles, nous n'avions pu conserver ni le petit Redan, ni le bastion Central. Les Anglais, de leur côté, avaient échoué à l'attaque du grand Redan.

C'était donc vraiment au général de Mac-Mahon que le commandant en chef et l'armée allaient devoir la victoire. Cependant on put, un instant encore en douter, alors même qu'on la croyait assurée.

Tout à coup une effroyable explosion se fait entendre. La tour Malakoff et les ouvrages qui s'y rattachent disparaissent dans les nuages d'une épaisse fumée : une atroce anxiété s'empare de l'armée tout entière ; il était évident pour tous que ce qu'on redoutait était arrivé, que Malakoff venait de sauter, avec Mac-Mahon, avec l'élite de nos soldats. Ce fut un moment de stupeur et de vrai désespoir, une minute d'angoisse inexprimable.

Mais la fumée se dissipant, l'on vit debout et intacte la tour, que nos soldats et leur général occupaient toujours. Une joie indicible succéda à l'angoisse. Un long cri salua le drapeau qui flottait sur le bastion.

C'était la gauche de la grande courtine, contiguë au bastion, qui seule venait de sauter, jonchant de victimes tous les ouvrages environnants. Quelques instants après, de nouvelles explosions se produisaient sur différents points, multipliant, hélas! le nombre des morts et des blessés.

Si la tour Malakoff n'avait point sauté, si Mac-Mahon et ses soldats étaient encore vivants, on le devait à une circonstance toute providentielle, car les Russes, hors d'état de prolonger leur résistance, s'étaient mis en retraite, et faisaient jouer les mines préparées dans les ouvrages qu'ils étaient contraints d'abandonner.

Comment, eux qui ne voulaient ne laisser que des ruines en notre pouvoir, auraient-ils négligé de détruire ce bastion, qu'ils regardaient, à juste raison, comme la position la plus importante de leurs lignes? Nous l'avons dit, ce fut un véritable miracle, et voici comment il s'accomplit :

Au moment où le général de Mac-Mahon venait de pénétrer dans l'intérieur du bastion, chassant devant lui tout ce qui l'arrêtait, un officier russe, un brave, se retrancha avec soixante hommes environ, dans le kourgane Malakoff, qui formait une sorte de réduit fortifié, assez élevé naguère, mais dont on n'avait voulu garder que le rez-de-chaussée, crénelé et protégé par de solides abris. De ce petit ouvrage, par les meurtrières et les embrasures, la faible troupe qui s'y était retirée faisait un feu bien nourri et fort dangereux pour nos soldats. Ceux-ci étaient entassés dans l'intérieur du bastion, et chaque coup portait dans cette masse pressée.

Déloger cet ennemi, qui tirait à couvert, dans une position avantageuse et forte, n'était pas chose facile. Le général de Mac-Mahon donna l'ordre d'allumer autour du réduit un grand nombre de fascines, dont la fumée, poussée par le vent, devait envelopper l'ennemi, l'aveugler, le forcer à la retraite.

On venait d'exécuter ce qu'il avait prescrit, quand la réflexion lui vint que la flamme des fascines était pour lui un danger bien supérieur aux inconvénients que la fumée pourrait causer aux Russes. Ce feu pouvait se communiquer aux magasins à poudre de la tour et causer un désastre irréparable. Aussitôt il ordonna d'éteindre en toute hâte les fascines; les soldats du génie se précipitent, les uns fouillant la terre à coups de pioche, tandis que d'autres la jettent en grande quantité sur ces broussailles enflammées.

Tout à coup, l'un des travailleurs, en creusant le sol, rencontre un fil métallique; le doute n'est plus permis, la tour est minée. Sur-le-champ, en quelques minutes, nos soldats comprennent l'imminence du péril, et s'aidant de tout ce qu'ils ont sous la main, ouvrent autour du réduit une profonde tranchée; ils mettent ainsi à découvert deux autres fils qui, évidemment, communiquaient avec les magasins établis dans le bastion.

Pendant ce temps, l'officier russe retranché dans le kourgane, ayant été informé par le général que la position était définitivement en notre pouvoir, se rendit.

Le lendemain et les jours suivants, on découvrait dans les diverses parties de la tour plus de 40,000 kilogrammes de poudre.

Nous l'avons dit, l'enlèvement de Malakoff devait être décisif; voici en quels termes s'exprimait à cet égard l'aide de camp du prince

Gortschakoff dans son *Journal des opérations militaires* :

« Le commandant en chef se porta à la deuxième ligne des retranchements devant le mamelon Malakoff, et, voyant la hauteur occupée par de grandes masses de Français, en arrière desquels se tenaient de puissantes réserves, se convainquit que la réoccupation du bastion Malakoff exigeait encore d'immenses sacrifices ; comme il était déjà décidé à évacuer la ville, il prit la résolution de profiter de ce que l'assaut avait été repoussé sur tous les autres points, et l'assaillant accablé de fatigue, pour exécuter sans obstacle cette opération de la plus grande difficulté. »

Le 11 septembre, l'empereur Alexandre annonçait ainsi, dans un ordre du jour, la prise de Sébastopol :

« Il y a une impossibilité, même pour les héros. Le 8 de ce mois, après que six assauts désespérés eurent été repoussés, l'ennemi parvint à se rendre maître de l'important bastion Korniloff (Malakoff), et le général en chef de l'armée de Crimée, voulant ménager le sang précieux de ses compagnons, qui, dans ces circonstances, n'aurait été répandu qu'inutilement, se décida à passer sur le côté nord de la forteresse, ne laissant à l'ennemi assiégeant que des ruines ensanglantées. »

D'un autre côté, le général Pélissier proclamait hautement que le succès de la journée était dû au général de Mac-Mahon et que lui seul avait décidé la possession de la ville. Il adressa, le 9 septembre, à l'armée l'ordre du jour suivant :

« Soldats,

« Sébastopol est tombé, la prise de Malakoff en a déterminé la chute. De sa propre main l'ennemi a fait sauter ses formidables défenses, a incendié sa ville, ses magasins, ses établissements militaires, et coulé le reste de ses vaisseaux dans le port. Le boulevard de la puissance russe dans la mer Noire n'existe plus.

« Ces résultats, vous les devez, non-seulement à votre bouillant courage, mais encore à votre indomptable énergie et à votre persévérance, pendant un long siége de onze mois. Jamais l'artillerie de terre et de mer, jamais le génie, jamais l'infanterie n'avaient eu à triompher de pareils obstacles; jamais aussi ces trois armes n'ont déployé plus de valeur, plus de science, plus de résolution. La prise de Sébastopol sera votre éternel honneur.

« Ce succès immense grandit et dégage notre position en Crimée. Il va permettre de rendre à leurs foyers, à leurs familles, les libérables qui sont restés dans nos rangs. Je les remercie, au nom de l'empereur, du dévouement dont ils n'ont cessé de donner des preuves, et je ferai en sorte que leur retour dans la patrie puisse bientôt s'effectuer.

« Soldats! la journée du 8 septembre, dans laquelle ont flotté ensemble les drapeaux des armées anglaise, piémontaise et française, restera une journée à jamais mémorable! Vous y avez illustré vos aigles d'une gloire nouvelle et impérissable. Soldats! vous avez bien mérité de la France et de l'empereur.

« *Le Général en chef,*

« A. PÉLISSIER. »

Il n'est pas de plus bel éloge du magnifique fait d'armes du général Mac-Mahon que cet ordre du jour où cependant il n'est point nommé.

Hâtons-nous d'ajouter que, dans son rapport à l'empereur, Pélissier rendit pleinement justice aux généraux Mac-Mahon et Bosquet, et qu'il sut exprimer, en termes satisfaisants, l'admiration que leur conduite avait inspirée à l'armée tout entière.

Un tel résultat n'avait pas été obtenu sans qu'il nous en coutât des pertes bien cruelles. Nous avions eu dans cette journée 7,551 hommes hors de combat. Ce chiffre total se décompose ainsi :

5 généraux tués, 4 blessés, 6 contusionnés.

24 officiers supérieurs tués, 20 blessés et 2 disparus.

116 officiers subalternes tués, 224 blessés, 8 disparus.

1,489 sous-officiers et soldats tués, 4,259 blessés et 1,400 disparus.

D'après ces chiffres on peut juger des pertes que fit l'ennemi. Elles furent énormes et de beaucoup supérieures aux nôtres. On le concevra d'autant mieux lorsqu'on saura que dans les trois jours qui précédèrent l'assaut, et où il n'y eut cependant que des combats d'artillerie (du 5 au 7 septembre inclusivement), il perdit : 4 officiers supérieurs, 47 officiers subalternes et 3,917 hommes hors de combat (1).

On ne connut réellement la valeur, l'importance et le nombre des ouvrages de défense qu'après la victoire. On trouva dans Sébastopol plus de 4,000 bouches à feu, plus de 100,000 projectiles et au delà de 200,000 kilogrammes de poudre.

Ce fut le général Pélissier qui, le premier, recueillit les fruits de cette victoire : le 12 sep-

(1) Rapport du prince Gortschakoff.

tembre 1855, il fut nommé maréchal de France.

Quant au comte de Mac-Mahon, ce ne fut que le 22 septembre qu'il reçut la grand'croix de la Légion d'honneur. Il avait été nommé commandeur au mois de juillet 1849 et grand officier le 10 août 1853.

Après la prise de Sébastopol, et pendant le séjour que nos troupes firent en Crimée jusqu'à la paix, le général de Mac-Mahon commanda en chef l'armée de réserve : plus de 80,000 hommes.

Le 25 février 1856, eut lieu la première séance du Congrès de Paris.

Le 30 mars la paix fut conclue.

A ce moment, sans doute, on comprit que le vainqueur de Malakoff n'était pas suffisamment récompensé.

Le 24 juin 1856, il fut nommé sénateur.

La réputation de Mac-Mahon, à la suite de cette grande victoire, était devenue presque universelle. Aussi des témoignages de sympathie et d'admiration lui étaient-ils adressés de toute part; parmi tous ceux que nous pourrions citer, il en est un qui dut frapper plus particulièrement le général et par sa forme originale et par sa naïve sincérité. Assurément la lettre que nous allons reproduire eut alors et garde encore tout le charme de l'imprévu ; cette lettre parvint à Mac-Mahon le 12 octobre 1855, c'est-à-dire cinq semaines après la prise de Malakoff. Nous la transcrivons ici en en respectant absolument le texte auquel l'hyperbole méridionale ne peut qu'ajouter de l'intérêt :

« *Ile Minorque. Mahon.*

« Monsieur le général,

« Le rapprochement providentiel du nom du conquérant de Malakoff avec celui de notre ville a dû nous émouvoir. Vous venez de l'illustrer à tout jamais ce nom brillant de Mac-Mahon, et nous tous, fils de Mahon, nous devons naturellement être heureux de ce hasard propice qui nous associe à votre gloire. A lui seul ce hasard nous ferait déjà un devoir bien doux de vous adresser nos félicitations, si d'avance nous ne nous y sentions portés par nos vieilles sympathies envers la France.

« Nous qui jadis avons eu aussi de brillants faits d'armes à enregistrer, des faits d'armes qui, pâles cependant à côté de ces luttes géantes modernes, ne resteront pas moins de belles pages dans les annales des armes françaises; nous, dont l'importante forteresse, avec ses différents siéges, nous donna tant de renommée, nous devrions, par cela seul, nous intéresser aux grands événements de guerre, surtout quand ils gardent tant d'analogie avec ceux qui se sont passés chez nous.

« Mais quand le héros de ces grands exploits s'appelle précisément du nom, jadis célèbre, de notre port magnifique, du cher nom de Mahon, notre enthousiasme, notre admiration ne sauraient alors connaître plus de bornes.

« Ainsi, général, permettez à tous les Mahonnais, si heureux de voir un illustre Mac-Mahon briller au premier rang et dont désormais nous suivrons la carrière pas à pas, permettez-nous l'insigne honneur de venir vous présenter nos hommages et vous féliciter pour votre héroïque assaut et prise de Malakoff, de venir nous incliner tous devant ce courage fatidique (?) qui refoule dans le néant celui des demi-dieux d'Homère.

« Peut-être le jour viendra où le grand nom de Mac-Mahon réveillera le souvenir du vieux Mahon, jadis si florissant, aujourd'hui oublié et silencieux.»

(*Suivent les signatures.*)

CHAPITRE III

1857—1858

SOMMAIRE. — Mac-Mahon simple divisionnaire. — La grande Kabylie. — Les Beni-Raten. — La division Mac-Mahon prend Tacherahir, Belias, Afensou, Imaïseren et Bou Arfaa. — Une escalade. — Le Bordj de Souk-el-Arba. — La Kabylie va mourir ! — Les Beni-Menguillet. — Combat d'Ichériden. — Mac-Mahon et Bourbaki. — La 2e légion étrangère. — Le commandant Mangin. — Une dangereuse conversation. — Prise d'Aguemoun-Isen. — Les tribus du rocher. — Les Ithouragh et les Illilten. — L'expédition est finie. — La médaille militaire. — Mac-Mahon au Sénat. — Attentat d'Orsini. — Loi de sûreté générale. — Une seule voix s'élève pour la repousser. — Discours du général de Mac-Mahon. — Ce qu'il faut attendre de lui. — Retour en Algérie

Le repos, l'inaction, ne pouvaient, on le devine, suffire longtemps à l'ardeur dévorante d'un tempérament militaire aussi complet que celui du général de Mac-Mahon.

Il est né pour la guerre; il y a vécu, il y a grandi; il ne lui a demandé ni les grades, ni les dignités, ni la gloire; elle lui a tout donné, mais il ne l'aime que pour elle-même et d'une passion qui ne se démentira jamais. Pour lui, sa vraie famille, ce sont ses soldats; sa vraie demeure, un camp, et, après la France, sa vraie patrie, c'est le champ de bataille.

Ailleurs, il est mal à l'aise, timide, il se sent presque dépaysé; et quelque effort qu'il fasse sur lui-même, partout et toujours le soldat reparaît. Dans un salon, ce qu'on remarquera en lui, c'est son extrême affabilité, son incroyable modestie, la douce et tranquille simplicité de sa parole; mais qu'un sujet quelconque l'anime, sa nature surgit aussitôt et il semble, en quelque sorte, que la poitrine du soldat fasse éclater le frac du *civil*. Et quand, dans ses loisirs de la paix, les obligations du monde et de sa situation lui laisseront quelques instants de trêve, il les consacrera aux exercices les plus violents, qui semblent être un besoin physique, comme les soucis de la guerre sont un besoin de sa pensée. L'escrime, l'équitation, la chasse, et quelle chasse! la chasse la plus exténuante et la plus acharnée, tels sont ses plaisirs, tel est son repos quand le canon se tait.

De toutes les entreprises militaires qui se sont accomplies depuis près de quarante-cinq ans, il n'en est peut-être qu'une seule un peu importante à laquelle il n'ait point pris part : l'expédition du Mexique. A cette époque, ses talents, ses connaissances spéciales, son loyal dévouement étaient indispensables ailleurs.

Ainsi, après cet éclatant fait d'armes de Malakoff, cet immense effort de courage, de témérité et aussi d'habileté militaire, quelques mois de répit seront trop pour lui. Il lui faut un service, il lui faut encore des combats, encore des dangers à courir.

Il demande au ministre de la guerre à être envoyé en Algérie. Mais le ministre lui répond que les commandements de province sont distribués et qu'il doit attendre une vacance. Et Mac-Mahon qui vient de rendre de si éclatants services, qui vient de commander en chef une armée de 80,000 hommes, déclare qu'il est prêt à partir comme simple divisionnaire : exemple bien frappant et bien rare d'un désintéressement et d'une modestie qui se manifesteront partout. Le général fit mieux que d'exprimer ce désir, il voulut qu'il fût réalisé, en dépit de toutes les considérations qu'on put alors faire valoir auprès de lui.

On lui offrit vainement une grande situation militaire en France; il la refusa. Il *sollicita* et obtint enfin le commandement de la 2ᵉ division du corps d'armée qui allait opérer en Algérie, contre les Kabyles.

Nous le retrouvons donc, le 19 mai 1857, à la tête de sa division, campé à Abid-Chambel, sous les ordres du gouverneur général Randon, qui se préparait à châtier et à soumettre les tribus rebelles de la Grande Kabylie.

La division Mac-Mahon forme la gauche de l'armée, qui compte environ 35,000 hommes.

La droite, sous les ordres du général Renault, est campée à Sikhou-Meddour.

Le centre est formé par la division Yusuf, qui est rangée autour du maréchal.

Ces trois camps sont situés près du fort de Tizi-Ouzou, notre poste avancé au pied du Djurdjura.

Là, dans ces montagnes escarpées, que déchirent de vastes précipices, sur des sommets presque inaccessibles, vit une race fière, belliqueuse, dure au travail et à la fatigue, jalouse de son indépendance, qu'elle a su conserver en dépit de tous les conquérants qui se sont succédé sur le sol africain. Seul, peut-être, les Romains ont pu un instant soumettre ces rudes et opiniâtres montagnards. Ces Kabyles, ces Berbers, sont les fils des soldats de Jugurtha ; quelques-uns, dit-on, gardent encore dans leurs veines du sang des Vandales de Gen-seric.

Tandis que les Kabyles des montagnes isolées, ceux qui habitent les dernières pentes de l'Atlas, ont pu être peu à peu réduits à l'obéissance, les hommes du Djurdjura, de ce que nous avons appelé la Grande Kabylie, ceux-là toujours combattant, toujours vaincus, mais jamais découragés, sont restés armés derrière leurs rochers, d'où ils défient notre puissance.

La Grande Kabylie est le dernier rempart de la rébellion, disons mieux, car le respect est dû à qui défend son sol, c'est le dernier asile des hommes qui espèrent encore dans le salut de leur indépendance.

Mais il faut que cette conquête, pour laquelle nous avons versé tant de flots d'un sang généreux, se complète et se consolide. La soumission de la Grande Kabylie a été résolue. C'est, derrière leurs rochers, par delà leurs crêtes et leurs ravins, que nos soldats vont aller chercher ces enfants du fer et du feu.

Le maréchal Randon a pris en personne le commandement de l'armée expéditionnaire. A la tête des trois divisions qui la composent, on a placé les généraux les plus estimés, les plus braves, les plus familiers avec cette guerre d'Afrique, ceux-là mêmes qui, pendant plus de vingt ans, y ont sans cesse combattu, gagnant chacun de leurs grades à la pointe de l'épée : Mac-Mahon, Renault, Jusuf.

Des tribus insoumises, celle qu'on doit attaquer la première, est la tribu des Beni-Raten.

Forte de soixante villages, composée de cinq fractions, souvent divisées entre elles, mais toujours unies quand il s'agit de combattre les Français, elle peut lever cinq mille fusils et compter de nombreux alliés qui lui apportent avec ardeur leurs contingents. Les villages des Beni-Raten occupent trois grandes crêtes qui viennent se relier au plateau de Souk-el-Arba. Ce sont ces trois crêtes que nos divisions vont enlever pour se porter au centre même de la tribu.

Le 24 mai, au lever de l'aurore, les trois divisions rassemblées dans la plaine s'ébranlent, chacune suivant la direction qui lui a été indiquée.

C'est la division Mac-Mahon, formant la gauche, qui la première est engagée.

Elle gravit les premières pentes sous le feu de l'ennemi ; elle culbute tout ce qui se trouve devant elle ; perdue au milieu des blés, des broussailles et des arbres, elle disparaît entièrement, et, du pied de la montagne, rien ne révèle sa marche, si ce n'est le bruit de la lutte, et la fumée qui s'élève de deux hameaux incendiés.

Bientôt le premier village important, Tacherahir, est attaqué d'un côté par le 9ᵉ zouaves de la brigade Bourbaki et le 54ᵉ de ligne, et de front par le 2ᵉ étrangers et le 11ᵉ bataillon de chasseurs à pied. Les Kabyles, pris entre deux feux, se défendent d'abord énergiquement, puis, hors d'état de résister, se jettent dans les ravins.

Trois cents mètres plus haut se trouve le village de Bélias, défendu par des contreforts de terre et des abattis d'arbres ; le général de Mac-Mahon le fait attaquer sans reprendre haleine ; franchissant tous les obstacles, nos troupes s'en emparent, maison par maison, font là une halte de quelques minutes, puis reprennent leur irrésistible élan, enlèvent Afensou, à une demi-lieue de Bélias et deux cent cinquante mètres plus haut, au milieu des rochers. La brigade Bourbaki se porte ensuite sur Imaïseren et Bou-Arfaa, s'empare de ces deux villages et s'y fortifie, tandis que la 2º brigade, général Périgot, qui forme l'arrière-garde, livre un combat terrible aux Kabyles refoulés par le général Mac-Mahon, et qui sont venus se jeter sur les derrières de la colonne.

D'Imaïseren et de Bou-Arfaa, placés sur l'une des trois crêtes qui dominent la position centrale de Souk-el-Arba, on peut voir les Kabyles se réunir sur ce point. Ils y discutent, ils y organisent une attaque suprême, puis furieux, mais d'une indomptable bravoure, ils se ruent avec des cris furieux sur la division Mac-Mahon, retranchée dans les positions qu'elle a conquises. Leur choc est terrible ; rien ne les arrête, par deux fois nos officiers sont obligés de charger à la tête de leurs hommes ces ennemis intrépides. La lutte est sanglante de part et d'autre ; mais enfin les Kabyles sont repoussés et le général Mac-Mahon, victorieux sur tous les points, vient établir ses premiers bivouacs à portée de canon du Souk-el-Arba. La journée a coûté à cette division trente morts et deux cent vingt-cinq blessés.

Pendant ce temps, les divisions Jusuf et Renault ont fourni une carrière à peu près égale, et, après avoir, sur leur route, brisé toutes les résistances, sont venues s'établir autour du plateau de Souk-el-Arba, dans des conditions analogues à celles où se trouve le général de Mac-Mahon.

Le village d'Icheraouïa, qui occupe le haut du plateau, dernière position de l'ennemi, doit être enlevé le lendemain. Dès l'aurore, le combat recommence. La division Mac-Mahon subit encore le principal choc des Kabyles, qui tentent un effort désespéré contre Imaïseren et Bou-Arfaa. Des deux parts, des prodiges de valeur, gages de la victoire d'un côté, actes de désespoir de l'autre, s'accomplissent, mais c'en est fait : les Kabyles comprennent que la lutte est inutile.

Nous reproduirons ici un récit pittoresque fait après le combat par un des officiers du général de Mac-Mahon. Nous l'empruntons à une lettre particulière, dont nous avons eu la bonne fortune de prendre connaissance. Elle est datée du 26 mai 1857 :

« Nous avons eu avant-hier (24 mai), non pas une bataille, mais une véritable escalade. Jamais les écureuils n'ont exécuté de tours de force plus étonnants.

« Lorsque, quelques jours avant, le général nous a montré de loin par où nous devions monter, nous nous sommes mis à rire.

« Imaginez une montagne à pic, en pain de sucre, couverte de blés et de figuiers; un village sur le flanc gauche; un autre sur la hauteur; enfin, au-dessus de tout cela, sur un autre étage de la montagne, un troisième village auquel on n'arrive que par un col très-étroit. A droite et à gauche, des ravins à pic et boisés.

« Au premier abord, ces positions nous paraissaient infranchissables; cependant, peu à peu, chacun s'est fait à l'idée de les enlever, et, lorsque l'ordre d'attaquer nous a été donné, avant-hier à deux heures du matin, tout le monde est parti gaiement comme pour une étape ordinaire.

« Le général de Mac-Mahon avait divisé son corps en deux parties. La première brigade (Bourbaki) était sans sacs et devait gravir la pente par la droite pour tourner le village de gauche attaqué de front par deux autres bataillons.

« La deuxième brigade (général Périgot), sacs au dos, formait l'arrière-garde.

« A quatre heures, le café pris, nous quittions le camp, et à quatre heures et demie nous étions au pied de la première montagne.

« La première division s'ébranla, la droite en tête, protégée par nos obusiers; puis la fusillade commença, et… le village fut emporté!

« Nos braves troupiers grimpaient toujours, sans s'arrêter, sans souffler, allégrement, se cramponnant aux figuiers pour gravir ces pentes abruptes.

« Heureusement, les pauvres Kabyles avaient été surpris; à peine eurent-ils le temps de nous jeter quelques hommes par terre. A cinq heures et demie, les zouaves avaient atteint le village d'en haut et y mettaient le feu.

« Mais Mac-Mahon ne laisse pas à nos fantassins le temps de respirer. Il leur donne l'ordre de pousser en avant, de franchir le ravin qui s'ouvre béant au-dessous d'eux et d'enlever le village situé sur l'autre hauteur.

« Ce second mouvement est exécuté avec autant d'entrain et de bonheur que le premier. A midi, la brigade Périgot nous avait rejoints, et nous pouvions enfin établir le bivouac et prendre un peu de repos.

« Mais le feu continua toute la journée, et nos grands-gardes eurent à soutenir les attaques des Kabyles. La fusillade ne cessa que le lendemain.

« Stupéfiés et terrifiés par la vigueur de nos soldats, les Beni-Raten viennent d'apporter leur soumission au général en chef. »

Cette lettre, si rapide, si mouvementée, et qui semble elle-même, selon l'expression de l'officier qui l'a écrite, une véritable escalade, montre suffisamment ce qu'un général tel que Mac-Mahon sait obtenir de ses soldats.

Les Beni-Raten forment, comme nous l'avons dit, la tribu la plus puissante de la Grande Kabylie. Leur défaite, leur soumission, produisent dans les montagnes un puissant effet; bientôt plusieurs autres tribus, alliées de celle-ci et qui n'attendaient pour prendre une part importante à la lutte qu'une victoire des leurs, viennent à leur tour se soumettre. Ce sont les Beni-Fraoucen, les Bouchaïb, les Kellili, les Roubri, les Douella, les Setka, les Mahmoud, qui envoient leurs députés vers le gouverneur général, afin de savoir à quelles conditions le pardon leur sera accordé.

Mais il s'en faut cependant de beaucoup que le pays tout entier soit soumis. Il reste encore bien des tribus rebelles; elles sont redoutables, belliqueuses; il faut combattre et le sang va couler encore bien des fois.

Mais avant de pousser plus loin, il faut assurer la concentration de la conquête que l'on vient de faire. On s'arrête à Souk-el-Arba; on y séjourne près d'un mois. Ces quelques jours sont bien employés. Après avoir vaillamment manié le fusil, nos soldats manient avec courage et résignation la pelle et la pioche. Une route est ouverte qui prolonge jusqu'à Souk-el-Arba celle d'Alger à Tizi-Ouzou; enfin, sur le plateau même, englobant le petit village d'Ichéraouïa dont on achète loyalement les pauvres maisons pour une somme de 25,000 francs, un fort est construit. Il pourra contenir une troupe de 3,000 hommes avec tous les services nécessaires.

La création de ce fort, de ce bordj, au milieu des Beni-Raten, au cœur même des populations de la Grande Kabylie, produisit dans le pays une profonde émotion. Ces hommes demi-barbares, mais intelligents et habiles à la guerre, comprirent vite quelles conséquences un établissement de nos troupes à poste fixe et dans de telles conditions devait avoir pour leur indépendance. Si la foule grossière ne le comprenait qu'à demi, les chefs, eux, lisaient bien dans l'avenir.

L'un d'eux vint à Souk-el-Arba apporter les contributions de guerre que la fraction de tribu qu'il commandait devait payer. Sa pénible mission remplie, il se mit à examiner avec curiosité les travaux qui s'exécutaient sous ses yeux.

Déjà les murailles de la forteresse sortaient de terre et s'élevaient avec une rapidité qui témoignait de l'importance que nos généraux y attachaient.

Il se retourne vers le chef du bureau arabe, qui l'accompagnait :

— Sidi maréchal va-t-il donc, demanda-t-il, se fixer à Souk-el-Arba?

— Non, c'est un bordj (un fort) qu'il fait construire.

— Un bordj ! oui, l'on m'avait bien dit la vérité.

Il réfléchit quelques instants ; puis, fermant les yeux avec recueillement, il ajouta d'un ton d'indicible mélancolie :

— Regarde-moi ; quand un homme va mourir, il se recueille et ferme les yeux. Amin des Kabyles, je ferme les yeux, car la Kabylie va mourir (1).

La Kabylie agonisait en effet, et son indépendance allait bientôt recevoir le dernier coup.

Nos soldats la croyaient si bien morte déjà, qu'ils ne voyaient plus dans l'expédition qu'ils allaient poursuivre qu'une promenade militaire sans gloire comme sans dangers, une longue course monotone et fatigante vraiment inutile, à travers des montagnes hérissées, des rocs chenus et des sites désolés.

C'était une grave erreur, et les vieux officiers d'Afrique, qui savaient ce que le caractère kabyle renferme d'opiniâtreté et de constance, devinaient bien que la fin de la lutte serait sanglante, et qu'on n'aurait pas bon marché des tribus qui persistaient dans la résistance.

Le 24 juin, c'est-à-dire un mois après notre première victoire sur les Beni-Raten, l'armée expéditionnaire reprenait sa marche en avant.

Cette fois encore, c'est la division Mac-Mahon (la deuxième) qui commence le mouvement. Du camp qu'elle occupe à Aboudid, elle se porte contre les Beni-Menguillet.

Les Beni-Menguillet forment la tribu la plus voisine de Beni-Raten. Ils ont combattu contre nous avec ces derniers, et quand ceux-ci se sont soumis, les Menguillet ont protesté. Ils ne se sont retirés qu'à regret, tournant même un

(1) Emile Carrey, *Récits de la Kabylie*.

instant leurs armes contre leurs alliés vaincus. Ils se sont retirés ; mais ils n'ont battu en retraite qu'à demi ; ils occupent encore des villages situés sur le territoire des Raten, c'est là qu'avec résolution ils attendent les Français.

Autour d'eux, à droite, à gauche, derrière, ils maintiennent en état de résistance ouverte toutes les tribus kabyles que nos colonnes n'ont point visitées : ici les Beni-Yenni, là les Yahia, plus loin les Beni-Boudrar, les Atafs, les Akhbiles ; les Illilten, les Ithouragh, les Illoula-ou-Malou.

Au moment où la division Mac-Mahon quitte son camp d'Aboudid, ils occupent la montagne d'Ichériden, village important sur le territoire des Agracha, fraction des Beni-Raten.

Ichériden est situé sur le sommet d'une forte éminence, vers laquelle s'étend une longue crête flanquée de toutes parts de pitons abruptes. Dans cette contrée, hérissée d'obstacles que la nature a accumulés, nos bataillons n'ont pour tous chemins que les sentiers frayés dans le flanc des rochers par les montagnards kabyles.

Devant Ichériden, à 1,200 mètres environ, s'étend un plateau de peu d'étendue, absolument nu. Le général de Mac-Mahon y fait prendre position à son artillerie et y masse ses forces.

Le village qu'il faut enlever est fortement retranché. Au-dessous de lui, à cent mètres, les Kabyles, profitant de tous les avantages que le terrain leur offre, ont établi une série d'ouvrages qui complètent et relient entre elles les défenses naturelles. Presque de toutes parts, entre nous et le village, des ravins, des précipices qui rendent l'attaque singulièrement dangereuse et la résistance très-facile.

Le général de Mac-Mahon dirige l'opération. Le maréchal Randon la surveille seulement à distance.

Tandis que chez les nôtres tout s'apprête pour l'action, que les colonnes se forment, que les pièces entrent en batterie; les Kabyles, qui occupent le village, les pentes de la montagne et les ouvrages qu'ils ont élevés, semblent assister avec le plus grand calme au spectacle que leur offrent les préparatifs de nos soldats. Debout, immobiles et à découvert sur leurs barricades, ils paraissent n'attacher qu'une médiocre attention aux dispositions que nous préparons. Impassibles dans leur attitude dédaigneuse, ils attendent que nous commencions, et si la politesse chevaleresque de nos pères pouvait être connue sur ces cimes lointaines, on se croirait volontiers au temps de Fontenoy, alors qu'un des deux adversaires priait l'autre de vouloir bien tirer le premier.

Enfin, le général de Mac-Mahon donne l'ordre d'ouvrir le feu. On lance d'abord des fusées, qui, là, comme partout, font beaucoup de fumée et produisent peu d'effet. Mais les obusiers rayés de montagne, apportés à dos de mulets, tonnent à leur tour; les obus fouillent le village, les barricades, les retranchements avancés. Les Kabyles, que nos projectiles impressionnent peu d'ailleurs, se retirent derrière leurs abris. Il semble que la montagne d'Ichériden ait perdu ses défenseurs.

Ils sont là, cependant, à leurs postes, dissimulés, mais fermes et résolus.

Enfin, le feu de l'artillerie cesse, et la première brigade (Bourbaki) reçoit l'ordre de se porter sur Ichériden.

Le 54º de ligne et le 2º de zouaves s'élancent, franchissent les nombreux et difficiles accidents de terrain qui séparent Ichériden du plateau.

Arrivés à bonne distance des retranchements, nos soldats tirent. Rien ne leur répond; pas un Kabyle ne se montre.

On continue à avancer. Nos soldats, couverts jusqu'alors par les mouvements du sol, atteignent une rampe escarpée, étroite, absolument nue, qui conduit aux premiers retranchements. Nul obstacle ne les abrite; ils se présentent de face, complétement exposés. Alors un cri formidable retentit derrière les barricades kabyles; un feu nourri accueille nos bataillons et fait de nombreuses victimes. Nos zouaves audacieux se dirigent, en rampant, par groupes isolés vers les ouvrages ennemis; ils n'y parviennent pas, et tombent sous une grêle de balles. Ce feu incessant, terrible, arrête l'élan de nos troupes; elles ont un instant d'hésitation. Mais le général de Mac-Mahon, le général Bourbaki, se portent eux-mêmes en avant et font donner la 2º légion étrangère. Celle-ci se rappelle sans doute que le général, sous les yeux duquel elle combat, l'a commandée naguère, et elle se montre digne de son ancien chef. Son 1er bataillon s'avance, calme, l'arme au bras, essuyant sans broncher le feu roulant de l'ennemi. Elle arrive ainsi sur le flanc des retranchements; puis, là, s'élance au pas de course et charge à la baïonnette.

A cette attaque, froide, mesurée, tranquille,

mais irrésistible, les Kabyles perdent contenance, abandonnent leurs barricades, se jettent dans le dédale inextricable de leurs pics, de leurs ravins, et par des détours connus d'eux regagnent le village d'Ichériden.

Mais le général de Mac-Mahon s'y porte déjà à la tête de son état-major, entraînant ses régiments. Il est le premier exposé au feu, comme à Malakoff, comme à Constantine, comme partout. Près de lui, le général Bourbaki a son cheval tué sous lui ; l'état-major échappe comme par miracle aux balles qui pleuvent autour de lui, mais Mac-Mahon se maintient au plus fort du danger : une balle l'atteint, mais elle ne le blesse que légèrement et il continue à diriger le combat. Les Kabyles ne peuvent tenir dans Ichériden, ils fuient, mais, comme les Parthes, ils tuent en s'échappant ; nos zouaves, nos soldats étrangers les poursuivent, les pressent de toutes parts. Ils esquivent nos coups, s'abritent derrière les rochers et font de là un feu meurtrier sur les nôtres ; mais le général ne veut pas exposer dans une vaine poursuite la vie de ses braves, il les rappelle à Ichériden où il doit se maintenir.

C'était un beau triomphe ; mais un triomphe sanglant : la division Mac-Mahon comptait 44 hommes tués, dont deux officiers, et 327 blessés, dont 22 officiers, soit, en tout, 371 hommes hors de combat. Les 2,400 hommes qui composaient la division avaient eu toute la journée devant eux environ 4,000 Kabyles.

La conduite de nos troupes et surtout la calme intrépidité du 1er bataillon de la 2e légion étrangère, avaient été un objet d'admiration pour nos ennemis mêmes. L'un d'eux, quelque temps après, l'exprimait ainsi devant nos officiers :

« C'est le mouvement de vos longues capotes (costume de la légion étrangère) qui nous a fait quitter, sans quoi vous ne seriez pas montés, et nous allions descendre jusque sur vous. Mais quand nous avons vu ces *roumis*, qui montaient pour tourner nos retranchements, sans même répondre à nos coups de feu, alors nous sommes partis. »

Un autre, raconte M. E. Carrey (1), témoin oculaire de tous ces combats, n'était pas moins expressif dans son admiration naïve ; celui-ci était un Beni-Yahia.

« Depuis que vous êtes sur le Sebaou, disait-il, je me suis battu à tous les combats, j'étais chez les Menguillet, il y a deux ans; chez les Beni-Raten, à Afensou ; à Ichériden, l'autre jour : nous étions ennemis. Aujourd'hui, ma tribu est soumise, je suis l'ami des Français. Comme à un ami, dis-moi quel était ce diable enchanté, qui marchait à cheval en tête des tiens à Ichériden. Je lui ai tiré deux coups moi-même. Tous nous le visions ; nous étions plus de mille tirant sur lui. Nous voyions nos balles soulever la terre autour de son cheval, par poussières. Il avançait toujours. Donne-moi son nom pour que je le garde. »

Ce héros était le chef de bataillon Mangin, qui commandait les braves de la 2ᵉ légion étrangère.

Le combat d'Ichériden valut au général de Mac-Mahon une nouvelle citation à l'ordre du

(1) *Récits de la Kabylie*, p. 130.

jour de l'armée. Il s'était une fois de plus montré vaillant entre les vaillants et hardi entre tous ses soldats. Dieu sait pourtant quels hommes il avait sous ses ordres : les braves de l'Alma, d'Inkermann et de Malakoff, les vieux combattants de l'Afrique blanchis sous le harnois, impassibles devant l'ennemi, insoucieux du danger, narguant les balles et la mitraille et riant volontiers, pour ainsi dire, au nez même de la mort.

Nous citerons, entre mille, un de ces traits d'incroyable audace et de joyeuse bravoure qui ont rendu les zouaves populaires.

Dans la nuit même qui suivit le combat d'Ichériden, le général de Mac-Mahon, avant de prendre le repos si nécessaire après une pareille journée, voulut s'assurer par lui-même de l'état de son camp et de la situation des avant-postes. Les Kabyles, selon leur coutume, tiraient dans l'ombre sur nos sentinelles de perpétuels coups de feu. La consigne était de n'y point répondre, la lueur de la détonation devant nécessairement indiquer à l'ennemi dans quelle direction il devait tirer pour atteindre nos hommes. Le général, dans son inspection nocturne, était parvenu jusqu'à un poste de grand'garde occupé par des soldats du 2e zouaves, sans que sa présence eût été trahie. Tout à coup, à quelques pas de lui, s'établit un singulier dialogue.

C'est le zouave en faction à quelques pas du poste qui entretient avec l'ennemi, toujours caché et tiraillant toujours, une conversation peu variée, mais suivie.

Un intervalle de silence a succédé à quelques coups de feu.

— Eh! l'arbi! crie le zouave, macache barout?
(Eh! l'ami, est-ce que tu n'as plus de poudre?)

La réponse ne se fait pas attendre, trois ou quatre coups de fusil partent d'un ravin, dirigés vers le point où la voix s'est fait entendre.

Nouveau silence. Le zouave reprend sa phrase, en ce langage métis et pittoresque dont les Kabyles se servent dans leurs rapports avec nous.

— Eh! l'arbi! tu ne tires plus; est-ce que tu n'as plus de poudre? Macache barout?

Et cela, sur un ton plus facile à laisser deviner qu'à exprimer.

Nouveaux coups de feu, nouveau silence, même réplique du zouave et même dédain de la fusillade ennemie.

Et c'est grâce à cette dangereuse distraction, que le zouave accomplit gaîment sa faction.

Tandis que la division Mac-Mahon opérait contre les Beni-Menguillet, celles des généraux Jusuf et Renault envahissaient le territoire des Beni-Yenni et s'emparaient de leurs principaux villages : Aït-el-Hassem, Aït-el-Arba, et Taourirt-Mimoun.

Cependant les Beni-Menguillet, après leur défaite d'Ichériden, ne s'étaient pas retirés bien loin de nos lignes. Ils s'étaient retranchés, avec leurs alliés, dans le petit village d'Aguemoun-Isen, d'où ils continuaient, à la faveur des nuits, de tenir nos troupes en haleine par une fusillade assez inoffensive d'ailleurs. La division Mac-Mahon prenait, avant de poursuivre sa route, un repos bien mérité par les fatigues qu'elle avait supportées et les combats qu'elle avait livrés.

Depuis le commencement de la campagne,

elle avait perdu 831 hommes hors de combat, dont 27 officiers.

Le 30, elle reprend son mouvement en avant et se porte sur Aguemoun-Isen. Ce village est comme Ichériden, situé au sommet d'une montagne, sur les flancs de laquelle des obstacles multipliés ont été ajoutés à ceux qu'élève la nature elle-même. On s'attend à un combat aussi vif, aussi sanglant que celui du 24; les ennemis sont nombreux, exaspérés par le dernier échec; ils sont bien abrités et peuvent présenter, dans une situation avantageuse, une résistance terrible.

Le général Mac-Mahon, dans ces conjonctures, veut agir avec décision. Vers trois heures, tandis que la brigade Bourbaki se maintient à Ichériden, la brigade Périgot s'avance vers la montagne. Les troupes sont formées en trois colonnes : au centre, le commandant Niepce avec ses chasseurs à pied; à gauche, le colonel de Chabron avec deux bataillons de zouaves; à droite enfin, le colonel Paulze d'Ivoy avec un bataillon du 93ᵉ de ligne et un de tirailleurs indigènes.

Les chasseurs à pied marchent de face vers le village, tandis que les deux autres colonnes vont se porter sur les flancs. Tandis que nos troupes commenceront leur attaque, des contingents kabyles fournis par nos alliés, par nos adversaires mêmes de la veille, vont tourner entièrement l'ennemi et l'assaillir par derrière.

Ce plan, promptement et hardiment exécuté, obtient le plus entier succès. Sur la gauche et la droite, la résistance est vive, mais attaqués en même temps de tous les côtés avec une énergie et une rapidité inattendues, les Kabyles se croient bientôt perdus et ne songent plus qu'à conserver leurs lignes de retraite. Çà et là des groupes isolés luttent avec constance; mais ces efforts se lassent vite, et, en moins d'une heure, Aguemoun-Isen est enlevé. Grâce à l'habileté des dispositions prises par le général de Mac-Mahon, c'est à peine si cette action, qui paraissait devoir nous être onéreuse, nous coûte une douzaine de blessés, dont deux officiers.

L'occupation des villages des Beni-Yenni d'une part, celle d'Aguemoun-Isen d'autre part, produisent le plus décisif effet parmi les tribus. Bientôt les Beni-Yenni se soumettent. Le général Mac-Mahon s'avance jusqu'à Djemmâ-el-Korn, au cœur des Beni-Menguillet, et ceux-ci viennent à leur tour lui demander l'*aman*. Ces soumissions en entraînent d'autres : celles des Afat, des Akhbiles, des Bouyoucef, des indomptables Zouaoua, des Yahia, des Ben-Akasch. Le chef des Beni-Raten, Scheik-el-Arab, l'infatigable fomentateur de toutes les alliances des tribus, de toutes les rébellions, vient se rendre à discrétion.

C'est l'agonie de la Grande Kabylie; elle va lutter encore et ses derniers enfants vont tenter une impuissante résistance ; mais c'en est fait, nos armes triomphent et l'indépendance de ces fiers montagnards, que nul jusqu'alors n'avait pu soumettre, est à jamais détruite.

Cependant quatre tribus, fortes des rochers qui les abritent, fortes de leurs défenses naturelles qu'elles croient inexpugnables, fortes de ce grand et pur sentiment qui rend les vaincus, quels qu'ils soient, dignes d'estime et de respect : l'amour de la patrie, ne veulent point se soumettre. Elles ne se rendront qu'à la dernière extrémité et, comme disent ces braves : après *leur journée de poudre*. Ce sont les Idjer, les Ithouragh, les Illilten, les Illoula-ou-Malou. Ce sont les tribus du rocher, les plus implacables, les plus orgueilleuses ; elles n'ont, elles, ni richesses, ni moissons : rien à perdre, rien à préserver, et ce n'est pas le souci de leurs biens qui les poussera à la soumission. Menaces sévères, propositions conciliantes, rien ne les ébranlera, et à toutes les sommations rigoureuses ou clémentes elles répondent :

« Vous pouvez détruire nos villages : quand vous serez partis, nous en bâtirons d'autres. Nous n'avons pas, comme nos voisins, des figuiers, des oliviers. Notre terre ne nous donne que des chênes à glands doux ! Vous pouvez les brûler. Lorsque viendra la famine, nous nous jetterons sur vos alliés et nous les pillerons. Venez et vous verrez ! »

C'est donc dans leurs repaires qu'il fallait aller les chercher. Pour en finir d'un coup, toutes les forces françaises convergèrent contre ces derniers ennemis : aux trois divisions de l'armée expéditionnaire vinrent s'ajouter deux colonnes d'observation.

La division Mac-Mahon, appuyée par les contingents alliés, s'est portée sur Tamesguida chez les Ithouragh, dont les villages cèdent un à un ; elle parvient bientôt sur le territoire des Illoula-ou-Malou qu'elle bat et disperse partout, tandis que les autres colonnes avancent de leur côté. Enfin les Illilten succombent à leur tour.

L'expédition est finie. Bientôt les soumissions de toutes les fractions des tribus sont accueillies dans notre camp.

Cette campagne de deux mois a été glorieuse pour nos armées, glorieuse surtout pour le général de Mac-Mahon qui s'est montré tel qu'il avait été à l'assaut de Malakoff, tel qu'il est, tel qu'il sera toujours, partout où la France lui ordonnera d'aller affronter des dangers, exposer sa vie, répandre son sang et ajouter un nom nouveau à toutes nos gloires séculaires.

L'honneur de cette rude campagne lui revenait presque tout entier. Il reçut pour récompense la médaille militaire; distinction modeste entre toutes, mais qui empruntait au caractère du soldat qui la recevait une singulière valeur, et, il est utile de le dire, distinction à laquelle le général de Mac-Mahon a peut-être attaché et attache encore plus de prix qu'à nulle autre.

Peu de temps après, le général vint reprendre sa place au Sénat. On a pu dire parfois de lui qu'il savait se montrer éloquent, mais il est une justice qu'on doit lui rendre, c'est de n'avoir jamais cherché à se confondre dans la foule de nos orateurs complaisants. Il est, nous l'avons dit et nous ne cesserons de le répéter, homme de guerre avant tout, homme d'action par excellence. Et quand il parlera, ses paroles, nous ne voulons pas dire ses discours, seront encore des actes, des actions.

Il l'a prouvé dans une circonstance grave, solennelle et jamais, sans doute, sous le feu de l'ennemi, il ne fit preuve d'une telle fermeté, d'un tel courage.

Au mois de janvier 1858, Orsini avait tenté

d'assassiner Napoléon III. A la suite de cet affreux attentat qui avait fait tant de victimes, les conseillers du gouvernement impérial persuadèrent au souverain de prendre des mesures énergiques contre les partis qui, disaient-ils, relevaient la tête.

Le ministère de l'intérieur avait été remis entre des mains plus que vigoureuses et l'on devait s'attendre à une répression sévère, si la moindre agitation venait à se manifester. Ce fut alors que fut soumise à l'élaboration du conseil d'Etat la fameuse loi de sûreté générale, qui devait aliéner à l'empire l'esprit de tant d'hommes modérés, la veille encore disposés à se rallier. Cette loi, on s'en souvient encore, désignait une catégorie fort nombreuse de citoyens aux rigueurs de l'autorité et à la vigilance de la police. Présentée au Corps législatif, la loi de sûreté générate n'y rencontra qu'une faible opposition. Elle n'en devait rencontrer aucune devant un Sénat alors absolument dévoué. Une voix cependant s'éleva, ferme, sage, loyale, et d'autant plus sincère et noble qu'elle était unique : ce fut celle du général de Mac-Mahon. Lui seul osa faire alors entendre le langage de la vérité, et ce ne sera assurément pas son moindre titre de gloire d'avoir, en parlant, suivant sa conscience, devant une assemblée dont les débats restaient ignorés au public, rappelé les vrais principes de la liberté politique. Parler ainsi, c'était rendre un signalé service et au gouvernement alors existant et à la nation même.

Les paroles que prononça le général Mac-Mahon pour motiver son vote contre la loi de sûreté générale sont restées presque ignorées, puisque les discussions du Sénat n'étaient point livrées à la publicité; il importe de rendre à la lumière ce discours, qui est à la fois un acte d'indépendance et de courage civil et une juste revendication de la liberté individuelle.

Voici donc en quels termes le général s'exprima dans la séance du 25 février 1858 :

« Messieurs, j'éprouve une certaine émotion à m'opposer à une loi déjà votée par le conseil d'Etat, par le Corps législatif, et qui me semble devoir être adoptée par le plus grand nombre d'entre vous ; je vous avoue même, que pour persister dans cette résolution, j'ai dû me rappeler cet adage de nos pères : « Fais ce que « dois, advienne qui pourra. »

« Consciencieusement, je crois cette loi inconstitutionnelle, susceptible de conséquences fâcheuses. Je pense que l'on aurait pu obtenir les résultats qu'elle se propose sans violer la Constitution ; par suite, en honnête homme qui ai juré fidélité à la Constitution, en homme indépendant, comme nous le sommes tous, en qualité de législateur, je me vois obligé de voter contre.

« Je n'ai point fait une étude spéciale des lois ; mais en lisant la Constitution et les principes qu'elle proclame, il me semble impossible d'admettre que cette loi ne soit point inconstitutionnelle.

« L'article 1er de la Constitution dit :

« La Constitution reconnaît, confirme et ga-
« rantit les grands principes proclamés en 1789,
« et qui sont la base du droit public des Fran-
« çais. »

« J'ai recherché, dans les discussions qui ont eu lieu dans l'Assemblée nationale de 1789, dans la constitution et dans les lois décrétées par elle, quels sont ces principes.

« Je lis dans la déclaration des droits de l'homme et du citoyen résultant du dépouillement des cahiers des Etats :

Art. 13. — « Jamais la loi ne peut être appli« quée pour des faits antérieurs à sa publica« tion, et si elle était rendue pour déterminer « le jugement de ces faits antérieurs, elle serait « oppressive et tyrannique. »

Art. 14. — « Pour assurer l'esprit de la loi, « les pouvoirs législatif, exécutif et judiciaire, « doivent être distincts. Leur réunion dans « les mêmes mains mettrait ceux qui en sont « dépositaires au-dessus de toutes les lois et « leur permettrait d'y substituer leur vo« lonté. »

« L'article 24 de la Déclaration des droits de l'homme et du citoyen, décrétée par l'Assemblée nationale, porte :

« Toute société où la garantie des droits n'est « point assurée et la séparation des pouvoirs « déterminée, n'a pas de constitution. »

« L'article 5 de la Constitution de 1789, est ainsi conçu :

« Le pouvoir judiciaire ne pourra en aucun « cas être exercé ni par le Corps législatif, ni « par le roi ; mais la justice sera administrée « au nom du roi par les seuls tribunaux éta« blis par la loi, suivant les principes de la « Constitution. »

« Enfin la loi du 10 août 1790 dit :

« Les fonctions judiciaires sont distinctes, et

« demeureront toujours séparées des fonctions
« administratives. »

« Si ce sont bien là les principes proclamés
en 1789, je suis forcé d'en conclure que la loi
proposée est inconstitutionnelle.

« En outre, je trouve cette loi fâcheuse par
les conséquences qu'elle peut avoir.

« Elle inquiète une certaine catégorie de
gens honnêtes qui voient avec regret le gouvernement sortir, selon eux, de la voie constitutionnelle suivie jusqu'à présent.

« Elle peut donner plus de vraisemblance à
ceux des ennemis du gouvernement qui prétendent que nous marchons à un régime purement despotique.

« Elle est fâcheuse pour l'autorité judiciaire,
donnant lieu de penser que le gouvernement
n'a point une confiance entière dans son impartialité, dans son énergie à punir les coupables.

« Elle est fâcheuse pour l'autorité administrative dont l'impartialité peut être plus facilement mise en doute, et être accusée avec plus
de vraisemblance d'être l'instrument de la passion et de la haine.

« Elle est malheureuse, jusqu'à un certain
point, pour la considération du Sénat qui, dépositaire du pacte fondamental et des libertés
compatibles avec la Constitution, ne s'oppose
point à une loi, selon plusieurs, contraire aux
principes qui sont la base de notre droit public.

« Elle me paraît enfin susceptible de manquer le but qu'elle se propose.

« Elle peut provoquer, dans une certaine classe
d'individus, une irritation des plus dangereuses.

« Je dirai même, ce que je n'oserais faire si

nos séances étaient publiques, que je tremble que cette loi ne tende à porter quelque malfaiteur, excité par la déportation de parents ou d'amis, à quelque tentative aussi horrible que celle que nous avons déplorée dernièrement.

« Je pense que cette chance d'excitation n'existe pas au même degré lorsque les individus sont soumis au régime des lois définies du pays, et non sous le coup d'un tribunal qu'ils considèrent comme arbitraire.

« Cette impression me semble digne de vos méditations.

« Eh bien! messieurs, je passerais cependant outre à toutes ces considérations, si, comme un grand nombre d'entre vous, je pensais que cette loi pût seule sauver la société; mais j'ai la persuasion, au contraire, que l'on peut arriver au même résultat avec des fonctionnaires consciencieux, agissant avec modération mais fermeté, sans arrière-pensée, fidèles à l'empereur, comme ils doivent l'être d'après leurs serments; avec le jury en temps ordinaire, les conseils de guerre en temps de troubles, et j'ajouterai peut-être avec des lois plus sévères contre ces conspirateurs, ces ennemis de la société que, comme vous, je désire voir sauver.

« Je serais donc tout prêt à voter des lois plus sévères si elles nous étaient présentées ; mais, par les différentes considérations que je vous ai soumises, je ne puis que proposer la non-approbation de celle présentée aujourd'hui, que je considère comme inconstitutionnelle » (1).

(1) Voir procès verbaux du Sénat, séance du 25 février 1858.

Certes, on ne peut exprimer ni avec plus de concision, ni avec plus de clarté, des vérités qu'il y avait alors quelque courage à proclamer. Ce n'était pas là seulement un acte d'indépendance, c'était encore un sage conseil qu'on eût dû écouter, et il eût été à souhaiter pour le régime impérial qu'il trouvât autant de franchise et de droiture dans les hommes qui le servaient. Dans les paroles que nous venons de citer, le général de Mac-Mahon s'est peint tout entier : on reconnaît bien là l'homme de la loi, qui professe pour elle un respect absolu, parce qu'il en possède une notion complète, élevée, profonde. Celui qui parle ainsi est incapable de sortir de la légalité et de substituer au droit la force et l'arbitraire.

Au mois de septembre 1858, le général de Mac-Mahon dut retourner sur le théâtre de ses anciens exploits. Il fut nommé au commandement en chef de nos forces de terre et de mer en Algérie.

Mais de plus nobles travaux l'attendaient, et il allait bientôt trouver un digne emploi de ses grandes qualités militaires.

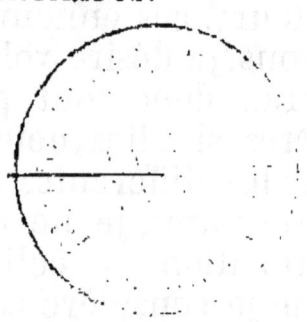

CHAPITRE IV

1858—1860

—

Sommaire. — La question italienne au congrès de Paris. — Napoléon III et le baron de Hübner. — Le comte de Cavour. — Négociations rompues. — La guerre est déclarée. — L'armée des Alpes. — Combat de Montebello. — Marche de l'armée. — Combat de Turbigo. — Action d'éclat du général Auger. — Bataille de Magenta. — Plan de l'ennemi. — Mouvement du général de Mac-Mahon. — La garde au pont de Buffalora. — Le canon de Mac-Mahon. — Situation critique et anxiété de l'Empereur. — Tout est perdu. — Mac-Mahon arrive ! — Ce qu'il était devenu. — Ses deux divisions menacées d'être coupées. — Un temps d'arrêt. — Une course fantastique. — Marche sur Buffalora et Magenta. — Prise de Cascina-Nova et de Marcallo. — Jonction d'Espinasse et de La Motterouge. — Attaque de Magenta. — Mort du général Espinasse. — La victoire est à nous ! — Résultats de la bataille. — Maréchal et duc de Magenta. — Entrée de Mac-Mahon à Milan. — Combat de Marignan. — Bataille de Solférino. — Situation du corps de Mac-Mahon. — Danger que court sa droite. — Prise de Casa-Marino. — Prise de San-Cassiano. — Cavriana est enlevé. — Déroute des Autrichiens. — Paix de Villafranca. — Entrée à Paris de l'armée victorieuse.

La France avait dû recourir aux armes pour régler la question d'Orient. Mais cette question n'était pas la seule qui réclamât une prompte solution. La situation de l'Italie depuis la défaite de Charles-Albert à Novare, n'était pas sans causer de graves préoccupations à la diplomatie européenne, et la haine sourde que la domination autrichienne entretenait dans le royaume Lombardo-Vénitien devait, quelque jour, trouver sa légitime satisfaction dans une lutte sanglante.

Les soldats du roi Victor-Emmanuel avaient combattu à côté des nôtres sur les champs de bataille de la Crimée. Une vive sympathie unissait les deux nations; ce qui intéressait un pays limitrophe devait nécessairement attirer l'attention de la France et provoquer tout au moins son intervention diplomatique.

Dès l'année 1856, la situation de l'Italie avait soulevé au sein du Congrès de Paris un incident que le comte de Cavour, président du conseil sarde, rappela à la fin de 1858, dans les termes suivants :

« Il y a trois ans bientôt le gouvernement du roi, par l'organe de ses plénipotentiaires au Congrès de Paris, en signalant à l'attention de l'Europe l'état fâcheux de l'Italie, protestait contre l'extension de l'influence autrichienne dans la Péninsule, en dehors des stipulations des traités et annonçait que, si l'on n'y portait remède, il pouvait en résulter des dangers graves pour la paix et la tranquillité du monde. »

Les griefs que le comte de Cavour précisait ainsi n'avaient fait que se multiplier et s'aggraver depuis 1856. La France surveillait avec soin l'œuvre que l'Autriche poursuivait en Italie, et cherchait à s'opposer à l'extension toujours croissante d'une telle influence au sein d'une nation placée à nos portes. D'ailleurs les revendications du peuple italien semblaient légitimes et les aspirations que la communauté d'origine, de langage et de nationalité, faisait naître dans les populations asservies, étaient peut-être dignes de l'intérêt et de la protection des puissances.

Les relations de la France avec l'Autriche devinrent donc fort tendues, et le 1ᵉʳ janvier 1859, à la réception du corps diplomatique, Napoléon III crut devoir adresser au baron de Hübner, ambassadeur d'Autriche, les paroles suivantes :

« Je regrette que nos relations avec votre gouvernement ne soient plus aussi bonnes que par le passé, mais je vous prie de dire à l'Empereur que mes sentiments personnels pour lui ne sont pas changés. »

C'était un avertissement public donné à l'Autriche. Elle n'en devait point tenir compte ; elle multiplia ses armements dans le royaume Lombard-Vénitien, et créa un état de choses qui devait amener de la part des puissances les plus vives représentions.

Le comte de Cavour exposa les faits dans une circulaire aux agents diplomatiques de son gouvernement.

Après avoir rappelé les divers témoignages d'intérêt que l'Italie avait reçus au Congrès de Paris, il s'exprimait en ces termes :

« L'Italie espéra alors, et les esprits parurent se calmer, mais les espérances que cette manifestation de la part des puissances occidentales avait fait naître, se sont peu à peu dissipées. L'état de l'Italie ne s'est pas modifié, l'influence prépondérante que l'Autriche y exerce en dehors des limites que les traités lui ont assignées et qui constitue une menace constante pour la Sardaigne, a plutôt augmenté que diminué.

« D'autres Etats de la Péninsule ont persisté dans un système de gouvernement, dont le résultat ne pouvait être que le mécontentement des populations et une provocation au désordre.

« Bien que les dangers dont la Sardaigne était menacée, par suite d'un tel état de choses, fussent devenus plus graves et plus imminents, la conduite du gouvernent du roi a toujours été réglée par un esprit de convenance et de réserve que tous les hommes de bonne foi ne sauraient se refuser de reconnaître.

« Si le gouvernement de S. M. repoussa hautement les prétentions de l'Autriche, qui exigeait des modifications aux institutions du pays, il n'a pas pris une attitude hostile à son égard, lorsque le cabinet de Vienne a cru devoir saisir un prétexte, jugé futile par presque tous les hommes d'Etat de l'Europe, pour rompre avec éclat ses relations diplomatiques avec la Sardaigne.

« La Sardaigne s'est bornée à rappeler de temps en temps aux gouvernements, avec lesquels elle entretient des rapports d'amitié, les tristes prévisions que les faits vérifiaient chaque jour, et à appeler leur sollicitude sur les conditions de la Péninsule. »

Aux manifestations très-caractérisées de l'Italie, l'Autriche répondit par des manifestations hostiles, des menaces, des préparatifs militaires dont l'objet était évident.

Un corps de 30,000 hommes avait été envoyé,

le journal officiel de Vienne avait pris soin de l'annoncer, afin de renforcer les troupes autrichiennes d'occupation. Les *bataillons-frontière*, qui ne doivent être mis en marche qu'en cas de guerre, avaient été mobilisés.

« Mais, cas plus grave, ajoutait le comte de Cavour, l'Autriche a concentré sur nos frontières des forces considérables ; elle a réuni, entre l'Adda et le Tessin, et surtout entre Crémone, Plaisance et Pavie, un véritable corps d'opération qui, certes, ne pouvait être destiné à maintenir dans l'obéissance ces villes d'une importance tout à fait secondaire.

« Pendant quelques jours, la rive gauche du Tessin a présenté l'aspect d'un pays où la guerre va éclater.

« Les villages ont été occupés par des corps détachés ; partout on a préparé des logements et pris des mesures pour former des magasins. Les vedettes ont été placées jusque sur le pont de Buffalora qui marque la limite des deux pays. »

Le document que nous venons d'analyser en dit assez pour bien faire connaître la situation. Il est évident qu'une collision était menaçante.

Cependant la diplomatie tenta un dernier effort. L'Angleterre offrit sa médiation ; la Russie proposa la réunion d'une nouvelle conférence qui discuterait la question italienne et la réglerait au mieux des intérêts de tous. L'ouverture de la Russie fut accueillie par les cabinets de Londres, de Paris et de Berlin. L'Autriche n'y aquiesça d'abord qu'à condition que le Piémont désarmerait immédiatement.

Mais il fut convenu ensuite que les négociations auraient pour base le désarmement des deux pays.

Satisfaites de ce premier résultat, les puissances poursuivaient leurs tentatives de médiation et elles espéraient déjà déterminer une solution pacifique, lorsque tout à coup, l'on apprit que l'Autriche avait envoyé au gouvernement piémontais une sommation d'avoir, dans le délai de trois jours, à ordonner le licenciement des volontaires italiens et la mise de son armée sur le pied de paix.

Pour appuyer cet ultimatum, qui était une véritable déclaration de guerre, l'Autriche déployait sur les frontières du Piémont un formidable appareil militaire.

C'en était fait, il ne restait plus de recours que dans le Dieu des armées.

Peut-être aujourd'hui la responsabilité de l'Autriche dans cette violente rupture doit-elle sembler moins grave qu'elle ne le parut alors. Cette nation qui sentait son influence décroître en Europe, devait certainement tenir à ne rien perdre, tout au moins, de sa puissance territoriale.

La France crut devoir se prononcer hautement en faveur de la cause italienne. Plusieurs divisions furent massées sur la frontière. Déjà l'armée d'Italie était organisée ; elle se composait, outre la garde impériale, de cinq corps constitués comme suit :

PREMIER CORPS. — Le maréchal BARAGUEY-D'HILLIERS, commandant en chef.
Première division, général FOREY.

Deuxième division, général de Ladmirault.
Troisième division, général Bazaine.
Division de cavalerie, général Desvaux.

Deuxième Corps. — Le général de Mac-Mahon, commandant en chef.
   Première division, général de La Motte-Rouge.
   Deuxième division, général Espinasse.

Troisième Corps. — Le maréchal Canrobert, commandant en chef.
   Première division, général Bourbaki.
   Deuxième division, général Trochu.
   Troisième division, général Renault.
   Division de cavalerie, général Partouneaux.

Quatrième Corps. — Le général Niel, commandant en chef.
   Première division, général Vinoy.
   Deuxième division, général de Failly.
   Troisième division, général de Luzy-Pelissac.

Cinquième Corps. — Le prince Napoléon (Jérôme), commandant en chef.
   Première division, général d'Autemarre.
   Deuxième division, général Uhrich.

Enfin la Garde Impériale, commandant en chef : le maréchal Regnaud de Saint-Jean-d'Angély ; avec deux divisions d'infanterie sous les ordres des généraux Mellinet et Camou, et une de cavalerie sous les ordres du général Morris.

Cette armée pénétra en Italie par les Alpes d'une part, par Gênes de l'autre.

Il n'entre pas dans notre intention de faire ici un récit complet et détaillé de la campagne d'Italie. C'est l'histoire d'un homme que nous écrivons et nous devons nous contenter de ne jeter qu'un rapide coup d'œil sur les actions auxquelles il n'a point pris part. Ce qui nous importe, ce qui doit nous attacher, c'est le rôle que le général de Mac-Mahon a joué dans cette grande et belle entreprise.

Le 12 mai, Napoléon III, qui venait prendre le commandement en chef des armées alliées, faisait son entrée à Gênes, accueilli par les acclamations les plus enthousiastes.

Les opérations militaires commencèrent presque immédiatement. Bientôt l'armée Franco-Sarde occupa toute la ligne du Pô.

Le 16, les positions des différents corps sont les suivantes :

Le général de Mac-Mahon a son quartier général à Sale, avec sa 1re division; la 2e division occupe les villages de Cava, Mezzanino et les hameaux voisins.

Le quatrième corps a son quartier général à San-Salvatore, répartissant ses troupes sur Valenza, Pomaro et Pecello.

Le premier corps est en avant-garde, et, s'avançant vers Voghera, occupe Tortone; le général Forey tient à Montebello le premier poste avancé, le plus voisin de l'ennemi, celui qui paraît devoir être attaqué le premier.

L'attaque en effet ne se fait pas attendre.

Le 18, vers le soir, une patrouille de cavalerie s'avance vers le village de Casteggio par la chaussée du chemin de fer, tandis que par la colline survient une patrouille d'infanterie. Les habitants la reçoivent à coups de fusils. Le lendemain nouvelle tentative sur Casteggio ; même résultat. Enfin, le 20, vers midi, les vedettes de la cavalerie piémontaise, portées en avant de Montebello, annoncent l'arrivée imminente d'une forte colonne ennemie.

Le général Forey, suivi de deux bataillons du 74e, de deux escadrons de cavalerie piémontaise et d'une section d'artillerie, alla reconnaître l'ennemi. Celui-ci, plus nombreux qu'on ne le supposait, car on ne croyait qu'à une simple reconnaissance, se portait en deux colonnes sur Voghera.

Les Autrichiens, favorisés par la nature du terrain couvert de hautes moissons, de mûriers et de vignes, coupé par de larges fossés, se déployaient en demi-cercle de façon à envelopper nos troupes.

Une lutte vraiment inégale s'engage, mais le général Forey, qui reçoit peu à peu des renforts, après un combat acharné, se trouve en état d'attaquer le village de Montebello que nos soldats enlèvent avec une admirable intrépidité.

Les Autrichiens durent se retirer. Le général Forey s'assura que cette retraite n'était pas feinte et s'installa sur les positions qu'il avait conquises.

L'Empereur, après avoir visité les positions de Montebello et de Casteggio, apprend que les Autrichiens sont rentrés à Stradella, qu'ils avaient d'abord quitté. Déjà, après un conseil de guerre où toutes les opinions se produisent librement, un grand mouvement tournant est décidé.

On occupera l'ennemi, sur le point où l'on se trouve de façon à lui laisser croire que l'armée française a gardé ses premières positions. Pendant ce temps le gros de nos forces se portera vivement sur Verceil et Novare. Il faut faire croire aux Autrichiens que nous devons nous porter sur la ligne de Pavie, et c'est le général de Mac-Mahon qui doit donner le change à l'armée du général Giulay en jetant sur le Pô un faux-pont, à la hauteur de Cervesina.

Pendant que ces démonstrations trompent l'ennemi, le 28 au matin, l'armée française s'ébranle : le corps du général de Mac-Mahon occupe Bassignana. Le corps du maréchal Baraguey-d'Hilliers va occuper Voghera. La garde gagne Occimiano. Le quatrième corps, passant le Tanaro, s'établit à Lazzarone et Pomaro avec son quartier à Valenza.

Le lendemain, le mouvement commencé se dessine ; le général de Mac-Mahon s'établit à Valenza ; le corps Baraguey-d'Hilliers prend sa place à Bassignana ; la garde et le troisième corps se portent sur Cazale, que le quatrième corps occupe, ayant ses divisions sur l'autre rive du Pô au delà de la tête de pont.

Le deuxième corps vient à son tour s'établir à Cazale ; il est remplacé à Valenza par le premier corps ; d'ailleurs, toute l'armée se porte, suivant l'ordre successif assigné aux troupes, sur l'objectif du mouvement.

Le 31 mai, le corps Mac-Mahon se portait sur Verceil, puis sur Borgho-Vercelli ; le quatrième corps s'établissait à Cameriano sur la route de Novare ; les Piémontais sont à Palestro ; le corps Canrobert en arrière ; le premier corps s'est porté de Valenza sur Cazale.

Ici se place un magnifique fait d'armes de nos zouaves (le 3e régiment, colonel de Chabron), avec lesquels le roi Victor-Emmanuel combattit un sanglant et glorieux combat, héroïque action de guerre qui est devenue populaire et qu'il nous suffit de mentionner. C'est la belle affaire de Palestro.

Le 1er juin, le quatrième corps entre dans Novare, où s'installe le quartier général. Le corps Mac-Mahon, qui a quitté dès l'aube Borgho-Vercelli, établit sa première division entre Novare et la Bicocca ; la seconde entre la route de Novare et celle de Milan.

Le 2 juin, le général de Mac-Mahon reçoit l'ordre de faire occuper Trecate sur la route de Milan par la division Espinasse ; la division de voltigeurs de la garde du général Camou, mise à la disposition du commandant en chef du deuxième corps, se dirige vers Robbio, sur la rive gauche du Tessin, en face de Turbigo, où, sous la protection de l'artillerie, un pont de bateaux doit être jeté.

Le 3, vers deux heures du matin, le passage est établi, et un bataillon de chasseurs de la garde occupe Turbigo, où l'on s'installe fortement avant la pointe du jour.

A huit heures et demie, le général de Mac-Mahon, avec la division dont il dispose, marche vers le Tessin par Galiate ; il se rend de sa personne, suivi de son état-major, à Turbigo où il reçoit les rapports du général Camou qui a fait battre le pays jusqu'à Robecchetto, sans que ses reconnaissances aient rencontré l'ennemi.

Le général de Mac-Mahon va lui-même s'assurer des avantages que la nature du sol peut offrir aux Autrichiens et des positions qu'ils occupent assez loin en avant de nous.

Du haut du clocher de Robecchetto on découvre tout le pays; le général y monte; mais à peine a-t-il jeté les yeux sur la campagne, qu'à cinq cents mètres du village environ, il aperçoit une assez forte colonne autrichienne qui se dirige vers nos positions; il se hâte de descendre et regagne à bride abattue le campement de ses troupes auxquelles il fait prendre les armes immédiatement.

Le général de La Motterouge reçoit l'ordre de marcher en toute hâte sur Robecchetto et de l'enlever si l'ennemi s'y est établi.

Le général, qui ne dispose encore que d'une petite partie de ses forces, forme sur sa droite, en colonne par division, le premier bataillon du régiment de tirailleurs algériens, qui doit tourner Robecchetto; le deuxième bataillon, placé au centre, doit attaquer de front le village que le troisième bataillon tournera par la gauche. Le 45ᵉ de ligne, qui arrive seulement, doit appuyer ce mouvement. Le colonel Laure, des tirailleurs, traduit à ses Kabyles les énergiques exhortations que le général de La Motterouge leur adresse. Ses hommes s'élancent au pas de course en poussant des cris sauvages; ils trouvent bientôt l'ennemi, jettent leurs sacs à terre et le chargent à la baïonnette avec une terrible furie. Ils ne tirent qu'une fois qu'ils ont pénétré dans le village. Bientôt les Autrichiens, culbutés et menacés d'être enveloppés, se mettent en retraite. Ils se font couvrir par leur artillerie ; mais le général Auger établit lui-même, dans une position bien choisie, une batterie qui fait le plus grand mal aux colonnes ennemies.

Cette batterie dut occuper quatre positions successives ; c'est dans une de ces positions que le général Auger, croyant apercevoir dans les blés une pièce autrichienne ayant quelque peine à suivre le mouvement de retraite, se précipite au galop sur elle et s'en empare.

Près de la pièce gisait à terre le commandant de la batterie, coupé en deux par un de nos boulets.

« Pendant que ceci se passait vers Robecchetto, dit le général de Mac-Mahon dans son rapport officiel, une tête de colonne de cavalerie autrichienne se présentait sur notre gauche, venant de Castano. Je portai un bataillon du 65e et deux pièces de canon à sa rencontre.

« Deux boulets suffirent pour la décider à se retirer précipitamment.

« L'ennemi a éprouvé des pertes considérables. Le champ de bataille est couvert de ses morts et d'une quantité considérable d'effets de toute nature qu'il a laissés entre nos mains : effets de campement, sacs complets qu'il a jetés sur le lieu du combat pour fuir avec plus d'agilité. Nous avons ramassé des armes, carabines et fusils. »

Cet engagement nous avait coûté 4 officiers blessés, un capitaine tué, 7 soldats tués et 38 blessés ; tous avaient bravement et dignement fait leur devoir.

Le général de La Motterouge avait agi avec un élan irrésistible; son chef d'état-major, le colonel de Laveaucoupet, avait combattu corps-à-corps avec les tirailleurs autrichiens et reçu dans cette mêlée un coup de baïonnette à la tête. Aux termes de notre législation militaire, le général Auger avait mérité, pour l'action d'éclat qu'il avait accomplie, une citation à l'ordre général de l'armée. Enfin, le colonel Laure avait déployé la plus grande bravoure en chargeant à la tête de ses Algériens.

La division Espinasse, qui pendant ce temps avait quitté son bivouac de Trecate, s'était portée jusqu'à la tête de pont de Buffalora que les Autrichiens avaient couverte par un épaulement fort développé. Mais ne se croyant sans doute pas en mesure de résister à une attaque vigoureuse, ils s'étaient retirés, faisant sauter incomplètement le pont et abandonnant une partie de leurs pièces de position.

A ce moment, l'Empereur, informé de la situation du deuxième corps, donnait au général Espinasse l'ordre de rallier son commandant en chef. La division Mellinet, de la garde, devait remplacer à Trecate la division Espinasse.

Le 4, le premier corps devait occuper Olengo et la Bicocca, le troisième s'établir en avant de Novare, le quatrième autour de Trecate; quant au deuxième, il avait reçu les instructions suivantes contenues dans l'ordre général:

« Le corps d'armée du général de Mac-Mahon, renforcé de la division des voltigeurs de la garde impériale et suivi de toute l'armée du roi de Sardaigne, se portera de Turbigo sur Buffalora et Magenta, tandis que la division des grenadiers de la garde s'emparera de la tête de pont de San-Martino (ou Buffalora) sur la rive gauche, et que le corps d'armée du maréchal Canrobert s'avancera sur la rive droite pour passer le Tessin au même point. »

Ainsi, tandis que le deuxième corps, qui avait passé le Tessin, poursuivait sa marche en avant, le reste de l'armée devait franchir cette rivière dans la journée du 4. L'ennemi devait tenter, et il le fit en effet, de s'opposer à toute jonction entre ces deux parties de nos forces, et en même temps d'éviter les graves conséquences que pouvait avoir le mouvement tournant opéré sur sa droite par le général de Mac-Mahon.

Le 4 au matin, le général Mellinet, de la garde, se portait avec une de ses brigades à San-Martino pour protéger l'établissement d'un pont de bateaux jeté sur le Tessin, tout auprès de celui que l'ennemi dans sa retraite avait en partie fait sauter la veille. Le général de Wimpfen rejoignit bientôt avec les 2º et 3º grenadiers qui passèrent sur la rive gauche.

Le mouvement en avant se dessina. Le général Mellinet alla lui-même reconnaître le terrain ; rien ne nous menaçait sur notre gauche ; mais de grosses masses autrichiennes s'étaient formées sur notre droite, couvertes par des retranchements d'où une artillerie nombreuse allait nous canonner. On avait sur ce point devant soi des forces plus considérables qu'on ne l'avait pensé.

La marche du général de Mac-Mahon devait être rapide, et déjà l'on pouvait prévoir que son intervention produirait le plus grand effet.

L'Empereur lui envoya le commandant

Schmitz avec une lettre le priant de se hâter. A cet ordre écrit, le général répondit de vive voix :

« Vous ferez savoir à Sa Majesté que je marche sur deux colonnes ; celle de droite à la tête de laquelle je suis, est composée de la division Camou ; elle se dirige sur Buffalora, qu'elle aura atteint à deux heures et demie au plus tard ; la colonne de gauche, qui se compose de la division Espinasse, marche sur Magenta ; j'apprécie qu'elle y sera vers trois heures et demie, car elle a un long chemin à faire. Je n'ai pas connaissance encore de la position de l'ennemi ; je ne puis donc vous donner aucune indication sur ce que je ferai ; mais que l'Empereur soit tranquille sur les dispositions que je prendrai. »

L'Empereur n'avait avec lui qu'une seule division de la garde ; il ne voulait pas engager un combat sérieux avant d'avoir acquis la certitude qu'il serait appuyé par le deuxième corps. Aussi, après une fusillade qui ne pouvait être que très-meurtrière pour nos troupes, fallut-il faire rétrograder la brigade Wimpfen jusqu'au pont de Buffalora, qu'il importait de défendre et de garder. La division Mellinet a devant elle 125,000 Autrichiens.

La lutte était vraiment disproportionnée et vraiment téméraire. L'important était de rester dans les positions occupées, et on y restait.

L'attente anxieuse se prolongea ainsi, et l'on ne savait que penser des circonstances contraires qui laissaient là, sans secours, une faible troupe, impuissante, malgré sa bravoure tant de fois éprouvée, à résister à une attaque qui, d'un moment à l'autre, pouvait prendre des proportions formidables.

Enfin, vers deux heures, on entendit sur la gauche une fusillade intense, une canonnade très-nourrie. Il n'y avait pas à en douter, Mac-Mahon arrivait.

L'Empereur se crut alors certain d'être promptement secouru; l'action engagée sur sa gauche lui semblait être très-rapprochée et quelque danger qu'il y eût à attaquer avec de si faibles forces des masses considérables, il donna l'ordre à la brigade Wimpfen de se porter contre les positions formidables occupées par les Autrichiens en avant du pont.

Ces positions, formées par une suite de collines qui se développaient en demi-cercle devant nous, présentaient, sur notre gauche, Buffalora que menaçait la droite de l'ennemi; en face de nous, Magenta; sur notre droite, Rebecco, auquel s'appuyait la gauche de l'armée autrichienne. Toute cette ligne est couverte par un canal large et profond, le *Naviglio Grande*, qui coule à mi-côte entre deux digues fort escarpées, et franchissable seulement sur trois ponts vis-à-vis les trois villages. En avant et en arrière du pont de Magenta s'élevaient alors quatre grandes maisons de granit (bâtiments de la douane et de la station); l'ennemi les occupait, afin de défendre l'approche du canal et d'empêcher qu'on ne le franchît.

A droite et à gauche de la grande route qui mène du pont de San-Martino à celui de Magenta, le terrain était coupé, comme d'ailleurs il l'est encore, de fossés remplis d'eau et de rizières inondées qui rendaient très-difficile la marche de l'infanterie en dehors de la route. A gauche, une chaussée étroite conduit au pont de Buffalora; à droite, la levée du chemin de fer mène à celui de Rebecco.

Pour enlever cette formidable position, le maréchal Regnaud de Saint-Jean-d'Angély qui, pendant l'action, se tint presque toujours aux côtés de l'Empereur, fit attaquer à gauche le village de Buffalora par le 2ᵉ grenadiers sous les ordres du colonel d'Alton, et fit avancer à droite, sur la chaussée du chemin de fer, le 3ᵉ de grenadiers commandé par le colonel Metman. Les zouaves de la garde se massèrent dans un pli de terrain sur la grande route, abrités contre le feu de l'ennemi, tandis qu'à leur hauteur deux pièces entraient en action pour combattre le feu de l'artillerie autrichienne.

Sur la droite, le général Wimpffen à la tête du 3ᵉ régiment de grenadiers de la garde enlevait, après un combat inégal et acharné, une redoute qui défendait le pont de Rebecco et culbutait l'ennemi au delà du Naviglio. En vain les Autrichiens, opiniâtres eux aussi, tentèrent-ils de reprendre ce poste qui avait pour les deux partis une grande importance; ils ne purent y parvenir. Cette position était définitivement conquise pour la journée.

Alors un bataillon du 3ᵉ grenadiers, sous les ordres du lieutenant-colonel de Tryon, se portant lestement sur la gauche, attaque les deux premières maisons qui couvraient l'approche du pont de Magenta. Il s'en empare sous une grêle de balles. Mais, trop peu nombreuse pour résister, cette troupe est bientôt repoussée; il lui faut attendre les secours que lui apportent les zouaves pour forcer le passage du pont, s'y établir et le rendre définitivement libre.

On eût dû s'en tenir là pour l'heure et se contenter de ce succès. Il était évident qu'on avait attaqué prématurément sans tenir compte des obstacles que les renforts attendus pouvaient rencontrer sur leur route. On n'avait pas su prévoir que l'ennemi chercherait à arrêter le général de Mac-Mahon, que les corps de Niel et de Canrobert, dont la marche avait été mal réglée, subiraient probablement des retards. On s'était exposé avec une seule et unique division à des dangers véritables, et, qui sait, peut-être à un échec des plus graves.

En effet, Niel et Canrobert n'arrivaient point; la canonnade et la fusillade qui avaient annoncé l'arrivée du général de Mac-Mahon sur notre gauche avaient cessé depuis longtemps et ne reprenaient point. Les régiments de la garde, las de lutter un contre vingt avec un courage admirable, étaient décimés.

Bientôt, en effet, ces colonnes, réduites vraiment à toute extrémité et qui ne tenaient plus devant l'ennemi que par un miracle de constance et de bravoure, se trouvèrent débordées.

L'ennemi était victorieux.

L'Empereur même et ceux qui l'entouraient couraient le plus grand péril. Tout était perdu si Mac-Mahon n'arrivait point.

Soudain, il était cinq heures environ, son canon se fit entendre distinctement.

Alors, la garde reprit courage et recommença la lutte avec un nouvel acharnement. Au même instant la brigade Picard du corps Canrobert survenait sur le champ de bataille, puis bientôt la division Vinoy du corps Niel.

Mais ce n'était encore là qu'un secours bien insuffisant; les forces ennemies s'accroissaient devant nous; leurs efforts se multipliaient. Tout ce que l'on pouvait faire, c'était de se laisser héroïquement écharper jusqu'à ce que Mac-Mahon arrivât, Mac-Mahon, de qui dépendait le salut de l'armée, le sort de la bataille, Mac-Mahon, sans qui la défaite était certaine, et qui restait le seul espoir de tous.

Qu'était-il devenu?

Le matin, vers neuf heures et demie, ayant appris à Robecchetto que l'ennemi était signalé à Malvaggio, où étaient nos avant-postes, il avait commencé sa marche en avant, se plaçant lui-même à la tête de la division La Motterouge. Le 7e régiment de chasseurs à cheval, conduit par le général Gaudin de Villaine, éclairait la route et fouillait le pays. La division était couverte à droite et à gauche par des détachements développés sur ses flancs.

Derrière le général de Mac-Mahon et immédiatement après lui devait marcher l'armée sarde; mais des retards sans nombre empêchèrent presque jusqu'à la fin de l'action la majeure partie des troupes italiennes de prêter le moindre concours au deuxième corps.

La division La Motterouge formait la droite de ce corps. Elle se porte d'abord sur Indimo et Cuggione, qu'elle dépasse sans avoir rencontré l'ennemi; il n'est signalé qu'un peu avant d'arriver à Casate, qui paraît occupé. Le général de Mac-Mahon donne l'ordre de le faire enlever par quelques compagnies. Le 1ᵉʳ bataillon de tirailleurs algériens s'avance, déployé en tirailleurs et appuyé à droite et à gauche par les 2ᵉ et 3ᵉ bataillons. Le village est occupé après une courte fusillade. Les tirailleurs algériens, conduits par le général Lefèvre et le colonel Laure, s'élancent aussitôt vers Buffalora, tandis qu'un bataillon va occuper Bernate.

Bientôt les premières maisons de Buffalora sont prises et deux batteries ouvrent leur feu sur l'artillerie autrichienne et sur le village dont la partie avoisinant le Naviglio (canal) est promptement abandonnée.

Du haut d'une éminence, en avant de Cuggione, le général de Mac-Mahon suit les différentes phases de l'action, très-difficile à bien saisir dans ce pays accidenté. Son chef d'état-major, le général Lebrun, observe de son côté, et du haut du clocher de Cuggione distingue très-nettement des masses importantes ennemies développées entre ce village et Magenta. Le but des Autrichiens est évident : de même qu'ils cherchent à isoler le 2ᵉ corps du reste de l'armée, ils vont tenter d'isoler la 1ʳᵉ division du 2ᵉ corps de la 2ᵉ, en s'introduisant dans le vide assez large resté entre elles.

Prévenu de l'agglomération de forces qui se trouvent devant lui, comprenant et le dessein de l'ennemi et le danger qui menace ses divisions, le général de Mac-Mahon arrête aussitôt le mouvement en avant. L'attaque sur Buffalora cesse et la division La Motterouge reçoit l'ordre de former sa ligne de bataille en avant de Cuggione, appuyant sensiblement sur la gauche. La division Espinasse, qui se porte sur

Magenta par Mesero et Marcallo, a ordre de hâter sa marche sur ces deux derniers points, d'établir sa gauche à Marcallo, qu'on ne devra abandonner à aucun prix, et d'étendre sa droite de façon à rejoindre la 1re division.

Du côté de celle-ci le feu a complétement cessé ; les bataillons attendent l'arme au pied, dans les positions prescrites, le moment de reprendre l'attaque.

Mais les forces de l'ennemi s'accroissent à chaque instant et il est à craindre que les deux divisions engagées ne puissent opérer leur jonction. Le général de Mac-Mahon appelle à lui en toute hâte la division des voltigeurs de la garde, général Camou, qui, prenant à travers champs vient se former en réserve derrière la 1re division.

Ces mesures prises, et averti que le général Espinasse pourra rejoindre dans une heure au plus la gauche du général de La Motterouge, le commandant en chef du 2e corps fait faire à celui-ci un léger mouvement de conversion vers la droite. Le général Camou l'appuie avec ses treize bataillons de voltigeurs.

Mais l'heure que le général Espinasse a demandée pour opérer sa marche sur la 1re division est écoulée, et l'on ne voit pas encore paraître ses premières colonnes. A chaque instant, la situation peut devenir des plus critiques ; chaque minute, dans de telles circonstances, peut décider du sort de l'armée tout entière. L'inquiétude est extrême.

Alors, le général de Mac-Mahon, dans son impatience anxieuse, s'élance au galop, suivi de quelques officiers et précédés par son peloton d'escorte : un petit nombre de cavaliers du 7ᵉ chasseurs (1).

« Rien, raconte un témoin oculaire, rien ne peut donner une idée de cette course folle à travers les fossés, les haies, au milieu des arbres ; les chevaux brisaient, avec leur poitrail, les vignes enlacées, et ce petit groupe de cavaliers franchissait tous les obstacles, rapide comme l'éclair. »

Une ligne de tirailleurs autrichiens, embusquée dans les blés, barre le passage. On la traverse. Pas un de ces hommes, épouvantés à cette apparition subite, à la vue de ce tourbillon qui passe, pas un n'ose résister, pas un ne songe même à tirer un seul coup de fusil, mais tous lèvent leurs armes en l'air pour se rendre. Le général et les siens, sans faire la moindre attention à ces hommes, sont déjà loin, dévorant l'espace.

A quelque distance encore, près de Marcallo, la faible troupe se heurte contre un détachement de uhlans envoyés en éclaireurs. Le peloton d'escorte, les officiers qui entourent le général, s'élancent et chargent furieusement, le sabre en main. Mac-Mahon, sans accorder un regard à ce qui se passe, sans détourner la tête, sans se soucier des périls qu'il rencontre, poursuit sa course impétueuse à travers le détachement ennemi.

Il arrive ainsi jusqu'au général Espinasse, qui vient de se montrer devant Marcallo. « Il faut, lui répète le commandant en chef, occuper fortement ce village, qui doit être le point d'appui

---

(1) *Campagne d'Italie de* 1859, par le baron de Bazancourt.

de toute la gauche de l'armée, s'y maintenir à tout prix, faire enlever à la baïonnette tout ce qui s'oppose à la marche de la 2ᵉ division, et rejoindre au plus tôt la première, en gardant Magenta comme objectif. » Et Mac-Mahon, avant de s'éloigner, montrant du geste les positions que la division Espinasse doit successivement occuper : « Hâtez-vous, surtout ! » lui crie-t-il une dernière fois.

Et il reprend, avec son escorte, la route périlleuse qu'il a déjà suivie ; l'ennemi revoit ce même général, ces mêmes officiers, ces mêmes chasseurs, trombe rapide qui passe comme une vision, que rien n'arrête, que rien n'émeut.

Le général rejoint ainsi son aile droite, donne ses instructions pour l'attaque définitive de Buffalora et la conversion sur Magenta.

Mac-Mahon seul semblait ne point se douter des dangers qu'il avait courus, de l'héroïque bravoure qu'il avait déployée, de la grandeur du service qu'il venait de rendre à l'armée et à la France. Et peut-être aujourd'hui s'en doute-t-il à peine.

Pendant ces moments terribles d'incertitude, où le 2ᵉ corps avait dû suspendre son mouvement offensif pour concentrer ses forces et relier entre elles ses divisions, la situation de l'Empereur et des faibles troupes qu'il parvenait à mettre en ligne, devenait de plus en plus critique, et l'ennemi se croyait victorieux. Il semblait même devoir l'être : notre droite et notre centre ne pouvaient plus tenir. Mais tout allait changer de face.

Le général de La Motterouge, en arrivant devant Buffalora, trouva ce village occupé par le 2ᵉ régiment de grenadiers de la garde (colonel d'Alton). Il reçut alors l'ordre d'appuyer ceux-ci, et, traversant Buffalora, de se porter sur la route de Magenta.

Le général de Mac-Mahon faisait tête de colonne à gauche, et donnait l'ordre d'enlever la ferme de Cascina-Nova, où l'ennemi, très-nombreux, était fortement retranché. Le 45ᵉ de ligne ne parvient à s'en emparer qu'après une lutte opiniâtre. Pendant ce temps, le général Espinasse avait, selon ses ordres, occupé Marcallo et ses abords; il prenait toutes les dispositions pour en assurer la conservation et poursuivre sa marche en avant et son développement sur la droite. C'est sur ce point que l'ennemi, afin d'isoler cette division, doit concentrer ses efforts. Aussi, le commandant en chef fait-il soutenir la droite de sa 2ᵉ division par la cavalerie du général Gaudin de Villaine; la division Camou, des voltigeurs de la garde, se déploie sur la gauche de la division La Motterouge, qui s'avance avec rapidié sur la route de Buffalora à Magenta.

La brigade Castagny, de la 2ᵉ division, s'étend sur la droite, où se porte le gros des colonnes ennemies. Les 2ᵉ zouaves, 1ᵉʳ et 2ᵉ étrangers, les culbutent, et elles se replient en hâte pour se reformer plus loin et revenir bientôt à la charge.

En effet, quelques moments après, la colonne autrichienne renouvelle son attaque ; un nouveau combat, plus vif encore et plus meurtrier que le premier, s'engage; c'est le combat corps à corps, baïonnette contre baïonnette. Enfin, notre effort brise tout: la masse des ennemis est taillée en pièces; des compagnies entières sont prises. Un drapeau est enlevé sur le cadavre du colonel autrichien, par le 2ᵉ régiment de zouaves.

Ces engagements acharnés se répètent sur presque tous les points de la ligne de bataille de cette division. Après de rudes épreuves bravement surmontées, le général Espinasse a pu exécuter toutes les instructions du général de Mac-Mahon, qui désormais peut faire opérer de concert toutes ses troupes et ne craint plus que ses divisions, maintenant bien reliées entre elles, soient coupées.

Alors le 2ᵉ corps tout entier s'avance sur Magenta, en prenant pour point de direction de tous les bataillons, le clocher de la ville. Nos troupes occupent l'ordre suivant : à gauche, la division Espinasse, au centre, le général Camou avec ses voltigeurs, à droite, le général de La Motterouge.

Ce dernier se dirige vers la gare de Magenta par la chaussée du chemin de fer que balayent de toutes parts les obus et la mitraille. C'est un ouragan de fer et de plomb qu'il faut traverser pour atteindre cette position importante. Mais rien ne peut faire hésiter nos soldats pour qui maintenant la victoire paraît se prononcer. Cette chaussée du chemin de fer est bientôt une route sanglante où le carnage se multiplie, où les cadavres s'entassent. L'acharnement est égal des deux parts et nos combattants trouvent là des ennemis dignes d'eux. La résistance même que nous y rencontrons montre que pour les Autrichiens comme pour nous, la possession de Magenta est le sort de la journée. Nos adversaires ne cèdent que pied à pied; ils nous sont supérieurs par le nombre; mais le courage des nôtres redouble; les généraux sont au premier rang, animant leurs hommes; il n'y a plus ni distinction, ni grades, ni généraux, ni officiers, il n'y a plus que des soldats et tous se disputent à l'envi l'honneur d'arriver premier au but marqué. La gare nous appartient.

Sur l'aile gauche la résistance est la même, aussi opiniâtre, aussi meurtrière, et c'est sur ce point peut-être que la mort nous épargne le moins, que le sang est le plus prodigué.

Le général Espinasse doit faire un effort sur la droite de l'ennemi; il entraîne, lui premier, ses colonnes. Le sol, jonché de débris, de morts et de mourants, est à peine praticable.

— On ne tient pas sur ce sol mouvant! s'écrie le général.

Et, laissant son cheval, il s'élance à pied. Il entre dans le village, désignant aux soldats par quelle issue ils doivent entrer dans les maisons où les Autrichiens se sont retranchés. Il pousse la bravoure jusqu'à l'extrême témérité. Une balle le frappe; il tombe mort, lançant derrière lui son épée pour qu'elle ne reste pas aux mains de l'ennemi.

Mais, exaspérés par la perte de leur général, les zouaves qui le suivaient s'élancent, irrésistibles et impitoyables, renversant tout, tuant tout : ce n'est plus un combat, c'est une boucherie, une immense hécatombe.

Le général de Mac-Mahon qui se multiplie, qui semble être partout à la fois, rassemble toutes ses forces disponibles pour les lancer dans cette fournaise, car partout la lutte s'accroît d'intensité, partout l'ennemi accumule ses régiments qui se défendent avec le courage du désespoir, nous faisant payer bien cher notre victoire.

Nos meilleurs officiers tombent frappés à mort ou grièvement blessés sous une véritable grêle de boulets, de balles, de mitraille.

On est au cœur de la ville et l'ennemi tient toujours.

« Rien, écrit un des combattants de cette journée, rien ne pourra jamais donner l'idée de cette lutte effroyable, de ce tumulte plein de sang, de ces cris, de ces détonations de l'artillerie, unies à la fusillade, de cette mêlée furieuse, implacable; resserrés entre des rues étroites, nos hommes, dans leurs efforts héroïques, désespérés, semblaient prendre les maisons corps à corps. »

Enfin Magenta est à nous. Les Autrichiens battent en retraite du mieux qu'ils peuvent.

Alors le général Auger, qui commande l'artillerie du 2º corps, met en batterie, sur la chaussée du chemin de fer en avant de Magenta, quarante pièces de canon, qui prennent en flanc et en écharpe les colonnes autrichiennes, les hachent littéralement sous d'innombrables obus; chaque coup porte dans ces masses serrées et y fait de nombreuses victimes; le désordre y devient affreux; ce n'est plus une retraite, c'est une épouvantable déroute. Au milieu même de la chaussée du chemin de fer, dirigeant avec le général Auger, le feu de nos batteries, le général de Mac-Mahon s'est tenu, surveillant tout, et prenant soin qu'il ne fût plus frappé que des coups décisifs.

C'est là qu'il fut rejoint par le colonel de Toulongeon, aide de camp de l'Empereur, auquel il apprit tous les glorieux incidents de la journée.

Le général de Mac-Mahon avait singulièrement allégé la position de notre centre et de notre droite. L'ennemi, en concentrant la plus grande partie de ses forces sur Magenta, avait dû, nécessairement, se dégarnir sur les autres points; à peine put-il, dans la soirée, tenter encore un dernier effort sur Ponte-Vecchio. Le 2e corps avait, en assurant la victoire, sauvé d'une perte presque certaine les troupes des autres corps engagées sur le champ de bataille.

A lui revenait vraiment tout l'honneur de cette belle journée. Il avait fait, dans Magenta même, près de 6,000 prisonniers, parmi lesquels un régiment entier, le 2e chasseurs à pied Hauser; il leur avait mis plus de 10,000 hommes hors de combat.

Les pertes du 2e corps, qui, on le comprend de reste, avait été le plus éprouvé, furent les suivantes :

26 officiers tués et 77 blessés.
215 soldats tués.
1,099 soldats blessés.
364 disparus.

En tout 1,781 hommes mis hors de combat.

L'ennemi avait laissé entre nos mains quatre canons, deux drapeaux, 7,000 prisonniers; sur les différents points de l'action, il avait eu en tout 20,000 hommes hors de combat; sur le champ de bataille il laissait 12,000 fusils et 30,000 sacs.

Nos pertes totales s'élevaient à 246 officiers

tués ou blessés et 4,198 hommes tués, blessés ou disparus.

Dans la nuit du 4 au 5, l'ennemi fit sur notre droite un simulacre d'attaque, afin de mieux couvrir sa retraite.

Le 5, l'armée se reposa, s'éclairant partout en avant des positions conquises.

Le 6, Napoléon III vint visiter la ville de Magenta, qui n'était plus qu'une vaste ruine, tant la lutte y avait été furieuse et prolongée. Il y fut accueilli par le général de Mac-Mahon qui reçut, sur le lieu même de ses exploits et de sa victoire, avec le bâton de maréchal de France, le titre de duc de Magenta, nom glorieux que le succès venait de consacrer, que plus tard nos revers ne feront encore que rehausser et rendre plus illustre et plus noble.

La victoire de Magenta nous ouvrait les portes de Milan.

Le 6, le maréchal de Mac-Mahon quittait le champ de bataille et allait camper à deux lieues et demie de là, à San-Pietro-l'Olmo, lorsqu'il reçut l'ordre suivant :

« Le 2° corps aura l'honneur d'entrer à Milan demain à la tête de l'armée française. L'Empereur se mettra en personne à la tête de ce corps d'armée. »

Mais le lendemain Napoléon III renonce à son projet et ajourne son entrée dans Milan, et c'est le duc de Magenta qui, le premier, vient déployer nos drapeaux victorieux dans la capitale de la Lombardie. Il y entra, par la porte Vercellina, au milieu des acclamations les plus enthousiastes. Jamais le maréchal n'oubliera l'accueil qu'il reçut, et la joie, l'admiration de cette foule qui lui doit pour une bonne part sa délivrance, après un si long asservissement.

Dès le 8, le maréchal de Mac-Mahon quitte Milan; il doit appuyer le 1ᵉʳ corps (Baraguey-d'Hilliers), chargé de s'emparer de Melegnano (Marignan), bourg qu'une de nos victoires a déjà rendu célèbre. L'ennemi l'occupe fortement. Le maréchal Baraguey-d'Hilliers l'attaque avec une rare vigueur et l'enlève après un combat très-brillant. Le 2ᵉ corps complète ce succès en canonnant les colonnes autrichiennes qui battent en retraite sur la route de Lodi.

Mais quinze jours ne devaient pas s'écouler sans que le héros de Magenta trouvât de nouveaux lauriers à cueillir.

Le 24 juin au matin l'armée française se heurte inopinément contre l'armée autrichienne, commandée cette fois par l'empereur François-Joseph en personne. Tandis qu'à notre extrême gauche les Piémontais rencontraient l'ennemi vers Rivoltella, le 1ᵉʳ corps, Baraguey-d'Hilliers, et celui du maréchal de Mac-Mahon, au centre, engageaient l'action en avant de Castiglione; en même temps le général Niel, à droite, abordait les Autrichiens à Medole, et le corps Canrobert (3ᵉ), à l'extrême droite, se trouvait à Castel-Goffreddo.

Le maréchal de Mac-Mahon, conformément aux ordres qu'il avait reçus, avait quitté dès le matin Castiglione, pour se porter sur Cavriana. Il s'avançait par la route de Mantoue, qu'il devait quitter à deux lieues environ de Castiglione, pour prendre par San-Cassiano, lorsqu'il fut averti de l'approche de l'ennemi par le général Gaudin de Villaine, qui éclairait la marche.

A cinq heures du matin la fusillade s'engagea entre les tirailleurs du 2ᵉ corps et ceux de l'ennemi postés à la ferme de Casa-Marino. Le maréchal se porta aussitôt de sa personne jusqu'à Monte-Medolano, position élevée, située près du lieu de l'action, et du haut de laquelle il reconnut qu'il allait avoir affaire à des masses considérables.

A ce moment même une vive fusillade retentissait sur sa gauche entre Castiglione et Solferino. C'était le maréchal Baraguey-d'Hilliers qui venait de s'engager.

De grands mouvements s'exécutaient du côté de l'ennemi, vers Cavriana, et les troupes autrichiennes occupaient successivement toutes les hauteurs qui s'étendent entre Solferino et Cavriana. La situation était grave. Le maréchal de Mac-Mahon voulait se porter sur le canon du maréchal Baraguey-d'Hilliers; mais ayant sa droite encore complétement dégarnie, il devait craindre que l'ennemi ne la tournât, et se glissant entre elle et les 4ᵉ et 3ᵉ corps, ne coupât ainsi l'armée en deux.

Le maréchal était sans nouvelles du général Niel et comprenait combien il importait de conserver sa position et de ne rien tenter avant de savoir si le 4ᵉ corps pourrait le soutenir en occupant la ligne qui s'étend de Medole à Guidizzolo. Le général Lebrun, son chef d'état-major, se rendit aussitôt auprès du général Niel et l'informa de la situation. Celui-ci répondit qu'il devait d'abord enlever Medole, qu'il tâcherait ensuite de rallier la droite du

2ᵉ corps; mais qu'il ne pourrait la rejoindre avant que sa propre droite, à lui, eût été appuyée par le 3ᵉ corps. Cette réponse ne faisait pas prévoir au maréchal Mac-Mahon un prompt secours sur le point qui l'inquiétait.

Vers huit heures et demie, comme les forces de l'ennemi s'accroissaient en face de lui, dans la plaine de Guidizzolo, il donna ordre d'attaquer la ferme de Casa-Marino. Il voulait y porter sa tête de colonne, et pensait pouvoir mieux suivre, de cette position, les mouvements et les opérations de l'ennemi.

La 2ᵉ division qui formait l'avant-garde se déploya en avant de la ferme, sa droite appuyée à la route de Mantoue; de l'autre côté de cette route vint se placer la 1ʳᵉ brigade de la 1ʳᵉ division, sa droite inclinée vers Medole, par où le corps de Niel devait venir. Enfin la 2ᵉ brigade de cette division s'établit en réserve, en arrière de Casa-Marino, afin de faire face de ce côté aux tentatives qui pourraient être faites par l'ennemi pour isoler le 2ᵉ corps du 1ᵉʳ. De ce même côté le 7ᵉ régiment de chasseurs à cheval était chargé de couvrir la gauche de la 2ᵉ division.

Le maréchal venait à peine de prendre ces dispositions, lorsqu'une colonne autrichienne s'avança de Guidizzolo, par la route de Mantoue, sur la Casa-Marino. Une nombreuse artillerie la précédait, qui vint prendre position devant le front du 2ᵉ corps. Mais de notre côté, quatre batteries se mirent en ligne et forcèrent bientôt l'artillerie ennemie à se reporter en arrière. Cette canonnade nous coûta un de nos officiers les plus distingués : le général

Auger eut le bras gauche emporté par un boulet, blessure à laquelle il devait succomber quelques jours après.

A ce moment les divisions de cavalerie Partouneaux et Desveaux, avec leurs batteries à cheval, vinrent couvrir la droite du 2ᵉ corps et exécutèrent plusieurs charges brillantes. Au même instant, une autre attaque se prononçait sur la gauche, et de ce côté aussi l'ennemi cherchait à tourner le maréchal. Mais il fut reçu par les escadrons des 4ᵉ et 7ᵉ chasseurs, qui le repoussèrent vigoureusement et le forcèrent à se retirer dans le plus grand désordre.

On parvenait ainsi à tenir l'ennemi en respect, en attendant que la gauche du général pût apporter un concours efficace. Mais ce mouvement tardait à s'exécuter, et il fallait à tout prix combler le vide toujours si dangereux qui régnait entre les deux corps. Enfin, vers deux heures et demie, la division de cavalerie de la garde, sous les ordres du général Morris, vint se mettre à la disposition du maréchal, qui la disposa de façon à le relier avec le général Niel.

Déjà la division de La Motterouge, disposée sur deux lignes, avait été dirigée sur Solferino, où elle devait faire sa jonction avec l'infanterie de la garde qui marchait sur ce point. Le général Decaen, qui avait remplacé le général Espinasse dans le commandement de la 2ᵉ division, devait appuyer ce mouvement.

Bientôt le général La Motterouge ayant pu joindre les voltigeurs de la garde, le 2ᵉ corps tout entier exécuta, dans chaque bataillon, tête de colonne à droite, une conversion vers San-

Cassiano et les autres positions occupées par l'ennemi dans la plaine.

Tourné à droite et à gauche par les tirailleurs algériens et le 45ᵉ de ligne, le village de San-Cassiano fut enlevé en quelques minutes avec un entrain inouï. Les tirailleurs algériens se portèrent ensuite sur la gauche vers le contrefort principal par lequel San-Cassiano est relié à Cavriana.

Mais là les Autrichiens avaient massé des forces considérables qui devaient nous présenter une résistance des plus sérieuses. Le premier mamelon, protégé par une sorte de redoute, fut cependant enlevé.

A ce moment encore, par une double manœuvre de l'ennemi, le 2ᵉ corps se voyait menacé d'être débordé par sa droite du côté du général Niel, et par sa gauche, où la colonne qui devait le couvrir n'était pas encore parvenue à sa hauteur.

Il fallut, en conséquence, arrêter sur toute la ligne le mouvement en avant. Les colonnes autrichiennes se concentrèrent alors entre Cavriana et la redoute que nos tirailleurs avaient enlevée. L'ennemi fit contre les nôtres un violent effort; la redoute dut être abandonnée; mais les tirailleurs algériens ayant été renforcés par un bataillon du 45ᵉ de ligne et une partie du 72ᵉ, la position fut reprise et l'on s'y arrêta, attendant que l'ordre de marcher de nouveau en avant fût donné. Un retour offensif de l'ennemi délogea encore une fois nos troupes; le maréchal fit soutenir vigoureusement cette colonne, et ordonna la marche générale dès que l'attaque de gauche recommencerait. Le général Niel l'appuya en lui envoyant un régiment de grenadiers, que suivait le reste de la brigade de la garde.

On enleva successivement toutes les positions jusqu'à Cavriana, et les tirailleurs algériens entraient dans le bourg d'un côté, tandis que les voltigeurs de la garde y pénétraient de l'autre, venant par le chemin de Solferino.

La 2ᵉ division (général Decaen) soutenait ce mouvement, et culbutait devant elle les forces autrichiennes établies dans la plaine, où elles occupaient plusieurs fermes.

A l'extrême droite du 2ᵉ corps se déployait, formée en trois échelons, la cavalerie de la garde, qui, à plusieurs reprises, sabra vigoureusement, et rejeta en arrière les escadrons autrichiens, qui cherchaient à la tourner.

Un peu plus tard, dit le maréchal dans son rapport officiel, un régiment de cavalerie ennemie chercha à repousser un escadron de cavalerie de la garde, qui formait une ligne de tirailleurs conduite d'une manière remarquable par le commandant de Lavigerie. L'ennemi prit sa direction, sans s'en douter, sur le 11ᵉ bataillon de chasseurs à pied, qui était formé en carré dans un chemin creux et dans les blés, d'où il ne pouvait être aperçu.

Ce bataillon se leva tout à coup et fit feu de deux de ses faces. La cavalerie fit aussitôt demi-tour et se retira en désordre, prise alors en flanc par notre artillerie, qui en fit un affreux carnage.

Vers six heures et demie, l'ennemi était en

retraite dans toutes les directions, après avoir subi des pertes énormes.

La 1re division bivouaqua sur le contrefort situé en arrière de Cavriana, tandis que la division Decaen, rangée en bataille dans la plaine, facilitait la jonction du 4e corps avec le 2e.

De leur côté, les corps Baraguey-d'Hilliers et Niel avaient brisé tous les obstacles. Quant au 3e corps, deux de ses divisions seulement purent être engagées vers la fin de la bataille.

Le maréchal de Mac-Mahon rendait ainsi compte à Napoléon III de la belle conduite de ses soldats :

« Je n'ai pas besoin de dire ici si les troupes du 2e corps d'armée ont combattu vaillamment pendant cette longue journée, Votre Majesté a pu juger elle-même de leur élan irrésistible pendant les diverses phases de la bataille. Elle a vu de ses propres yeux comment elles ont su, à la fin de la journée, *pour couronner la victoire*, enlever les positions si difficiles de Cavriana et battre l'ennemi sur les hauteurs, où il a essayé vainement de tenir devant elles. »

Le maréchal, en décidant le succès sur notre centre et en l'assurant d'une manière définitive, avait acquis un titre de plus à la reconnaissance de la patrie.

Napoléon III couchait, le soir même du 24 juin, à Cavriana, sur les positions conquises par Mac-Mahon.

L'armée prit à peine deux jours de repos. Dès le 27, elle se remettait en marche. Le 28, elle passait le Mincio sans résistance ; bientôt, on allait entrer dans ce fameux quadrilatère, défendu par de redoutables forteresses. On allait avoir des siéges importants et difficiles à entreprendre, de nombreux combats à livrer, une ou deux grandes batailles peut-être. Notre flotte menaçait Venise, tout était prêt pour la conquête de la Vénétie, nos généraux, nos soldats s'attendaient à remporter de nouveaux triomphes.

Mais les combinaisons de la politique les arrêtèrent.

Le 7 juillet, les bases de la paix furent arrêtées par l'empereur d'Autriche et Napoléon III, qui prit l'initiative des préliminaires. Cette paix fut conclue le 11 juillet, dans une entrevue qu'eurent entre eux les deux souverains à Villafranca.

Ce fut pour l'armée une véritable déception que cet événement imprévu, qui survenait tout à coup, après une campagne de deux mois, campagne bien brillante pourtant, signalée par des victoires successives. On avait battu les Autrichiens dans quatre combats importants et deux batailles rangées. Quelle gloire de tels succès ne promettaient-ils pas ?

L'armée française, sauf le 5º corps (prince Napoléon), qui n'avait point combattu, fut rappelée en France.

Un magnifique et touchant accueil l'y attendait.

Ce fut aux acclamations d'une foule enthousiaste et profondément émue que l'armée d'Italie, sur les pas de laquelle on jetait des fleurs et des couronnes, parcourut toute la ligne des boulevards et vint défiler devant l'empereur sur la place Vendôme. Le 2º corps, à la tête duquel marchait son héroïque chef, fut partout salué par les vivats et les bravos. Le nom de Mac-Mahon appartenait désormais à la postérité et l'admiration de l'Europe entière devait y rester attachée.

CHAPITRE V

1860—1869

—

SOMMAIRE. — Mort de Frédéric-Guillaume IV, roi de Prusse. — Le roi Guillaume Ier à Compiègne. — Le maréchal de Mac-Mahon lui est présenté. — Le maréchal ambassadeur extraordinaire de France en Prusse. — Couronnement du roi Guillaume à Kœnigsberg. — L'ambassade française. — Curiosité qu'excite le vainqueur de Magenta. — L'ordre de l'Aigle-Noir. — Discours du roi Guillaume. — Les fêtes de Berlin. — Le bal de l'ambassade française. — Un souper royal. — Une revanche à prendre. — Le baiser de la reine. — Retour en France. — Mac-Mahon gouverneur général de l'Algérie. — Insurrection des tribus. — Le colonel Beauprêtre. — Situation de la colonie ; réformes qu'elle réclame. — Proclamation du maréchal. — Combats de Teniet-el-Rihh, Aïn-Dermel et Aïn-Malakoff. — Si-Lala et Si-Mohamed-Ben-Hamza. — Napoléon III en Algérie. — Ses projets. — Proclamation aux Arabes. — L'œuvre du maréchal Mac-Mahon. — La famine en 1868. — La maréchale de Mac-Mahon ; sa bonté, sa charité. — Pacification de l'Algérie.

Le 21 janvier 1861, mourait à la suite d'une longue maladie, le roi de Prusse, Frédéric-Guillaume IV. Son frère qui, depuis près de trois ans, administrait le royaume avec le titre de régent, lui succéda au trône sous le nom de Guillaume Ier.

Dès le début de son règne, il laissa percer dans ses paroles des visées belliqueuses, auxquelles on n'attacha pas alors une grande importance, mais dont l'avenir ne se chargea que trop de dévoiler la réalité.

Cependant quelques mois auparavant, n'étant encore que prince régent, Guillaume Ier avait, dans une entrevue solennelle (juin 1860), témoigné à Napoléon III des sentiments d'amitié; il semblait même rechercher son alliance et fonder sur cette union certaines espérances. Les relations des deux princes ne se bornèrent pas là.

Invité par la cour impériale aux fêtes de Compiègne, le roi Guillaume, qui allait bientôt donner à son avénement une consécration solennelle, se rendit en France. Il y reçut un accueil somptueux autant que cordial. Les fêtes, les spectacles de gala, les grandes chasses se multiplièrent pour lui; on l'entoura de tout ce que la France comptait d'illustrations de tout genre, de ces généraux que nos dernières guerres avaient rendus célèbres, et le maréchal de Mac-Mahon avait été appelé à Compiègne afin d'être présenté au roi de Prusse. Il devait en effet remplir bientôt auprès de ce souverain une haute mission.

Guillaume Ier passa toute une semaine au milieu de ces splendeurs, de ces plaisirs fastueux, et pourtant délicats, que seule sait offrir l'hospitalité française.

A son départ, il se montra très-touché de

l'accueil qu'il avait trouvé dans notre pays; il n'avait point, disait-il, rêvé une pareille réception; il déclarait même que les fêtes de Compiègne avaient été telles qu'il ne les eût point ordonnées mieux, pour son propre goût, s'il eût été invité à le faire. Il emportait de son séjour en France un souvenir de gratitude et de reconnaissance.

Le 14 octobre, il arrive, tout rempli encore de ces impressions, à Kœnigsberg, où se font tous les préparatifs du couronnement. La cérémonie est fixée au 18. Les envoyés des puissances, spécialement désignés pour les représenter à cette solennité, arrivent de toutes parts.

La France, elle, sera représentée par l'homme qui résume en lui toute la gloire et toute la grandeur de la nation: par le maréchal de Mac-Mahon, duc de Magenta. Ce choix indique assez combien la cour impériale tient à honorer le nouveau roi de Prusse.

Le maréchal quitte donc le commandement du 2ᵉ corps d'armée, qu'il occupe depuis quelque temps déjà, et se rend à Berlin, où il arrive le 14.

On devine facilement quelle curiosité la présence du vainqueur de l'Autriche devait soulever parmi les populations allemandes.

Le 15 au soir, il est à Kœnigsberg. Les relations officielles témoignent de l'impression qu'il y produit.

L'ambassadeur extraordinaire de l'Empereur des Français, le maréchal de Mac-Mahon, duc de Magenta, est celui que tous les regards cherchent avec le plus d'avidité, dont le nom sort de toutes les bouches dans cette foule agitée.

La brillante ambassade, à la tête de laquelle marche le duc de Magenta, est d'ailleurs de beaucoup la plus nombreuse. Elle est ainsi composée:

Le baron de Belcastel, chargé d'affaires;

Le colonel Borel, premier aide de camp du maréchal;

M. de Dulcat, secrétaire d'ambassade;

Le marquis d'Abzac, chef d'escadron d'état-major, aide de camp du maréchal;

Le baron de la Hitte, chef d'escadron d'artillerie, aide de camp;

Le comte de Larochefoucauld, secrétaire d'ambassade;

Le capitaine de Broye, aide de camp;

Le comte d'Espeuilles, capitaine aux lanciers de l'Impératrice, officier d'ordonnance;

Le comte de Vaulgrenant, capitaine d'artillerie, officier d'ordonnance;

Le comte de Couronnel, attaché;

M. de Riacy, attaché;

Le comte de Châteaubriand, attaché;

Le marquis d'Harcourt, officier d'ordonnance;

Le vicomte de Castries, officier d'ordonnance.

Le 16, le maréchal était admis, ainsi que les ambassadeurs extraordinaires des autres puissances, à remettre au roi Guillaume ses lettres de créance,

La réception eut lieu dans la salle du Trône, et les ambassadeurs furent introduits seuls et successivement. Ici se glisse un détail assez piquant.

Comme il est d'usage que le Roi porte les Ordres du souverain dont il reçoit l'ambassadeur, le roi Guillaume dut mettre une décoration après chaque audience et se revêtir successivement des insignes des Ordres dont il était alors en possession : la Toison d'or, l'Ordre de l'Annonciade, la Jarretière, la Légion d'honneur, l'Ordre du Lion, celui d'Albert l'Ours, ceux de l'Eléphant, du Rédempteur, de Saint-Janvier, des Séraphins, des Guelfes, de la maison Ernestine de Saxe.

Autre remarque non moins curieuse que fit alors la *Gazette de la Croix*.

«Les ambassadeurs extraordinaires de France et de Sardaigne étaient les seuls qui eussent des équipages à eux et des livrées spéciales. Ainsi le piqueur, le cocher et les laquais du duc de Magenta étaient en culottes rouges, habits blancs brodés d'or, perruques poudrées à queue. La suite civile et militaire du duc se composait d'une douzaine d'officiers et fonctionnaires civils. Parmi les officiers, le public remarquait surtout un officier de lanciers dont l'uniforme était très-brillant.» Cet officier dont parle la *Gazette de la Croix*, n'était autre que le brave capitaine d'Espeuilles, qui s'était distingué en Italie aux côtés du maréchal.

Après la réception, qui fut longue, il y eut grand dîner au château, puis soirée de gala, avec concert et bal.

Un incident de cette soirée mérite d'être particulièrement signalé.

S. A. I. le Grand-Duc Nicolas, frère de l'Empereur de Russie, qu'il représentait à Kœnigsberg, s'approcha spontanément du maréchal de Mac-Mahon et s'entretint longuement avec lui dans un langage qui ne pouvait que flatter vivement son patriotisme. Cet empressement fut d'autant plus remarqué que l'ambassadeur de France n'avait pas fait de visite et ne s'était pas encore fait présenter à Son Altesse Impériale. Quelques instants après, c'était l'archiduc d'Autriche, frère de l'Empereur, qui, à son tour, venait de lui-même au maréchal, et, à voir l'empressement dont le vainqueur de Magenta était entouré, on comprenait qu'en lui cette cour de princes rendait hommage à la gloire militaire, à notre armée, à la France elle-même.

Depuis que le maréchal avait franchi la frontière, reconnu presque partout sur sa route, il avait été l'objet des plus chaleureuses manifestations, surtout de Berlin à Kœnigsberg. La cour de Prusse avait fait préparer un train spécial pour les invités. Un waggon, designé par une étiquette, attachée aux portières, y était réservé pour chacune des ambassades extraordinaires. Dans toutes les stations, la foule se pressait autour du waggon sur laquel on lisait le nom de la France, et ne s'occupait qu'à tâcher de voir son illustre représentant.

Le roi de Prusse, la reine Augusta témoignaient la plus profonde sympathie pour le maréchal, l'entretenant longuement de la France, de ses succès, de Paris et de ses embellissements, de Compiègne et de l'accueil que le roi y avait trouvé.

Le 18 octobre, dès huit heures et demie du matin, un service fut célébré et un *Te Deum* chanté dans l'église catholique de Kœnigsberg, en présence du maréchal entouré de tout le personnel de l'ambassade. C'était le cardinal archevêque de Posen qui officiait.

La cérémonie solennelle du couronnement devait avoir lieu au vieux château, dans la chapelle des chevaliers teutoniques. Au moment où l'ambassadeur extraordinaire de France se disposait à s'y rendre, le prince de Hohenlohe, l'un des personnages les plus marquants de la cour de Prusse, vint lui remettre, au nom du roi, les insignes de la grand'croix de l'ordre de l'Aigle noir. En s'acquittant de cette mission, le prince transmit au maréchal les compliments les plus gracieux et les paroles les plus flatteuses pour la France et pour lui.

Une foule d'illustrations de tous les pays se pressait dans la chapelle; les uniformes les plus brillants, les costumes les plus divers, les riches et élégantes toilettes des dames présentaient un spectacle éclatant de variété et de richesse. Dans l'attente de l'imposante cérémonie qui allait avoir lieu, on ne songeait plus à la sainteté du sanctuaire et les conversations les plus animées s'engageaient de toutes parts. Le roi parut; un profond silence s'établit. La reine Augusta le suivait de près.

Nous n'avons pas ici à entrer dans les détails d'une cérémonie, qui, à l'heure où nous écrivons, ne peut éveiller en nous que des sentiments douloureux. Celui que l'on couronnait, on voudrait l'oublier, était ce roi Guillaume qui plus tard....

Mais poursuivons notre récit.

Le roi, une fois couronné, se rendit dans la grande cour du château, disposée à cet effet, et où, sous un vaste dais, un trône avait été dressé. C'est de ce trône que le roi prononça le discours par lequel il prenait officiellement possession de la couronne.

Les paroles qu'il fit entendre à cette occasion, furent longuement commentées en Europe. L'exorde était une affirmation solennelle du principe du droit divin.

« *Par la grâce de Dieu*, disait le roi Guillaume, les rois de Prusse portent depuis cent soixante ans la couronne. Je suis le premier roi qui soit monté sur le trône depuis qu'il a été entouré d'institutions conformes à l'esprit du temps. Mais me rappelant que *la couronne ne vient que de Dieu*, j'ai rendu témoignage, en me faisant couronner dans un saint lieu, que je l'ai reçue avec humilité de ses mains. »

Il y eut le soir grand dîner au château, et le lendemain, concert de gala dans la salle des Moscovites.

Pendant toute la durée de ces fêtes, la population de Kœnigsberg recherchait avec un singulier empressement toutes les occasions d'apercevoir, ne fût-ce qu'un instant, l'ambassadeur de France. On se précipitait sur son passage et de nombreux vivats retentissaient autour de sa voiture.

« L'ambassadeur, disaient les relations officielles, avait prié le roi de vouloir bien fixer lui-même le jour où il lui conviendrait d'honorer de sa présence le bal de l'ambassade. Sa Majesté a gracieusement accordé le temps nécessaire aux préparatifs qui se font en le reportant après les fêtes de la cour. »

Quel contraste entre ces amabilités royales

et les terribles événements qui se sont accomplis depuis !

Le 22, le roi faisait son entrée solennelle dans la ville de Berlin.

Le 23 au matin, il passa une revue. Les troupes, rangées des deux côtés et dans toute l'étendue de la promenade des Tilleuls, étaient au nombre d'environ dix mille hommes. Guillaume Ier arriva sur le terrain à dix heures, suivi d'un nombreux état-major, parmi lequel on se montrait le duc de Magenta. Le maréchal de Mac-Mahon montait un superbe alezan; c'était le cheval même qu'il montait le jour de la bataille. Pendant la revue, le maréchal resta mêlé dans le groupe des princes et des généraux qui entouraient le roi. Mais, au retour, lorsqu'il rentra à son hôtel, suivi de son état-major, une foule énorme se porta sur son passage et l'accompagna jusqu'à sa demeure.

Les fêtes officielles se succédèrent sans interruption pendant cinq jours encore.

Ce fut le 29 qu'eut lieu le bal offert au roi et à la reine de Prusse par le maréchal de Mac-Mahon. Le maréchal avait jusqu'alors déployé une pompe extraordinaire ; il voulait que la France fût dignement représentée à Berlin, et que nul ne pût dépasser en magnificence l'ambassadeur de la grande nation. La fête qu'il donna fut un long éblouissement.

Dès neuf heures, les salons de l'ambassade étaient remplis ; l'ambassadeur et madame la maréchale comtesse de Mac-Mahon, duchesse de Magenta, en faisaient les honneurs avec une dignité et une grâce parfaites, secondés par le baron de Belcastel, chargé d'affaires, et le colonel Borel, premier aide de camp. L'ambassadeur extraordinaire portait le grand uniforme de maréchal de France, avec la culotte courte, qu'il avait voulu que tout le personnel de l'ambassade prît, quoique l'usage eût permis, dans les bals des jours précédents, même à la cour, le pantalon avec bande brodée d'or. L'escalier et les appartements, remplis de fleurs, avaient été décorés avec un luxe inouï, qui n'excluait ni le goût, ni une exquise élégance.

Le roi et la reine de Prusse furent annoncés vers neuf heures et demie. Le maréchal et la duchesse de Magenta se portèrent à leur rencontre et les conduisirent jusqu'aux places d'honneur qui leur avaient été réservées, dans le grand salon, sous un splendide dais de velours ponceau, richement brodé d'or. Les danses commencèrent. Le maréchal dansa le premier quadrille avec la princesse royale, le prince royal (Fritz) et la duchesse leur faisaient face. Il dansa le second avec la princesse Frédéric-Charles.

On ne peut se défendre d'une impression étrange en écrivant tous ces noms, qui ont pris aujourd'hui une si terrible signification.

A minuit, le roi et la reine furent conduits dans la salle du souper. Cette salle avait été, en quelques jours à peine, construite sur l'emplacement du jardin de l'ambassade. Elle avait été décorée, avec une rare habileté, dans le style mauresque. Plus de deux mille bougies l'éclairaient.

Au milieu était dressée une table splendide de soixante-dix couverts pour le roi et la cour. Cette table royale était couverte de candélabres, d'un service magnifique, composé des plus beaux ouvrages d'orfévrerie, en argent bruni. Argenterie, porcelaines, linge, verrerie, tout était marqué aux armes du duc de Magenta.

Plusieurs autres tables étaient disposées à l'entour.

Ce festin, si merveilleusement ordonné, fut particulièrement apprécié. Le roi se montra très-gai et par suite tout le monde dut l'être.

Le souper se termina à une heure, pour les princes du moins, car pendant toute la nuit les tables furent sans cesse renouvelées pour les invités; ceux-ci firent le plus grand honneur à la cuisine française : le dernier service fut dressé à six heures du matin.

Le roi s'était retiré vers deux heures.

En s'en allant, il s'arrêta sur le seuil du grand salon, embrassa d'un regard l'ensemble de la fête qui offrait vraiment un coup d'œil féerique; puis, serrant la main au maréchal, ce qui était contre les usages de la cour de Prusse :

— Je n'ai jamais rien vu d'aussi beau, lui dit-il. J'espère prendre ma revanche.

Sa revanche! ce n'était pas dans un salon que Guillaume Ier devait la prendre.

Quant à Sa Majesté la reine Augusta, avant de partir, elle témoigna à la duchesse de Magenta la plus tendre amitié et voulut la baiser au front.

Ce baiser, la maréchale dut s'en souvenir quand, neuf ans après, anxieuse, éplorée, elle veillait auprès de son cher époux si malheureusement blessé par les obus prussiens.

Le jeudi, 31 octobre 1861, le maréchal dînait

chez le roi de Prusse avec la duchesse, et prenait congé de Leurs Majestés. Sa mission était terminée. Il l'avait bien remplie, déployant, pour cette circonstance solonnelle, tout le faste qui convient au représentant d'une grande puissance. Sa magnificence, que sa gloire personnelle rehaussait singulièrement, fit sur les Allemands une profonde impression ; ils gardèrent de cette grande et noble figure un instant aperçue un souvenir ineffaçable et surtout une respectueuse admiration.

De retour en France, le maréchal reprit le commandement du 2ᵉ corps d'armée, et reçut ensuite celui du 3ᵉ, qu'il conserva jusqu'au jour où l'empereur le choisit pour diriger les réformes qu'il projetait de faire dans le régime de notre grande colonie d'Afrique.

L'Algérie, en effet, avait pendant assez longtemps joui d'une paix presque complète, et les tribus n'avaient que bien rarement donné des preuves de mauvaises intentions à notre égard, lorsque vers la fin de février 1864, des symptômes de défection se manifestèrent dans les tribus sahariennes de la province d'Oran (1).

Cédant aux mauvais conseils de son entourage, qui lui représentait son autorité comme allant toujours s'amoindrissant, en présence de nos exigences administratives et de notre intervention directe dans les affaires, le bach-agha des Ouled-Sidi-Cheikh, Si-Seliman-ben-Hamza, dont le fanatisme religieux avait été réveillé, quitta son poste et se retira dans le sud avec

(1) Tableau des établissements français dans l'Algérie (1864). — Paris, Imprimerie impériale, 1866, in-4°.

sa famille. A la tête des premiers contingents qu'il put réunir (Chambas, Mekhadmas), il descendit l'Oued-Zergoun, afin d'enlever les approvisionnements de toute sorte emmagasinés par lui à Brizina-Tadyerouna et autres ksours, et, après les avoir mis en sûreté entre Metlili et Goléah, il remonta vers le nord, appelant les Arabes à la guerre sainte et annonçant qu'il allait marcher sur Géryville.

Le commandant du cercle de Tiaret, le colonel Beauprêtre, s'étant porté à la rencontre des rebelles, et se fiant à la fidélité des Harar qui formaient la majeure partie de son goum, fut exterminé avec son détachement, grâce à la défection de la tribu sur le dévouement de laquelle il comptait (8 avril 1864).

La révolte gagna bientôt du terrain. Les Flittas se soulevèrent. On dut accroître l'armée d'Afrique et envoyer renforts sur renforts.

Sur ces entrefaites mourut le maréchal Pélissier, duc de Malakoff (22 mai); le général de Martimprey, sous-gouverneur, remplit pendant quelque temps l'intérim. Cependant quelques succès, obtenus par hasard par les Arabes, accroissaient l'intensité de la crise.

Le 7 juillet 1864, le maréchal Randon, qui avait été longtemps gouverneur de l'Algérie, exposait, dans un rapport au chef de l'Etat, la situation de l'Algérie et s'exprimait ainsi :

« Il n'est plus permis de douter des véritables causes de l'insurrection qui, du Sud, s'est rapidement propagée dans le Tell, et qui aurait gagné le cœur même de nos établissements de colonisation, si nos troupes n'étaient accourues pour les défendre. Ce n'est pas seulement le fanatisme qui a soulevé les indigènes, c'est aussi l'espoir insensé de surprendre la vigilance d'une autorité qu'ils ont crue désarmée, parce qu'ils la voyaient divisée dans son action : ce sont les clameurs imprudentes d'une presse passionnée, qui, en inquiétant l'opinion publique, ont fait craindre aux indigènes un avenir plein de rigueur pour leurs personnes et de périls pour leurs intérêts.

« Ces populations crédules, mais fières, demandent à être contenues par une autorité ferme autant que juste. Pour assurer la sécurité indispensable à la prospérité de nos colons, pour permettre au gouvernement de poursuivre avec calme la grande œuvre de régénération qu'il a entreprise en Algérie, il faut nécessairement relever le principe d'autorité, auquel l'indépendance des généraux et des préfets enlève une partie de sa force. »

Quel était, en effet, l'état des choses en Algérie à ce moment?

La réunion de la population européenne sur certains points, les intérêts de diverse nature qui s'étaient développés sous l'influence de notre politique, avaient amené nécessairement la division du pays en territoires civils et en territoires militaires.

Les premiers étaient régis par la législation spéciale de la colonie, législation qui tendait peu à peu à se confondre avec le droit commun de la métropole. On y voyait déjà créées, partout du moins où la population présentait une certaine densité, des communes organisées à peu de chose près sur le modèle des communes françaises. Les différents îlots qui composaient dans chaque province le territoire civil, avaient été constitués en un département dont l'administration avait été confiée à un préfet.

Les territoires militaires étaient soumis à un régime administratif exceptionnel. Les autorités militaires y remplissaient, vis-à-vis des populations européennes, les fonctions administratives civiles. Le général commandant la division exerçait les attributions dévolues au préfet dans le territoire civil. Les populations indigènes étaient soumises, sous son autorité, à une administration spéciale, conforme à leurs mœurs et dont les bureaux arabes étaient les agents actifs et les dévoués auxiliaires.

Les chefs des divers services administratifs relevaient tantôt du préfet, tantôt du général, selon que les affaires qu'ils avaient à traiter appartenaient à l'un ou à l'autre territoire.

Dans chaque province, un conseil général délibérait sur les intérêts communs des deux territoires et sur le budget. Mais, bien que les ressources principales de ce budget fussent fournies par l'impôt arabe, les indigènes y étaient à peine représentés, et le préfet y avait la prépondérance sur le général commandant la division.

En résumé, deux autorités, le général et le préfet, indépendantes chacune dans un territoire morcelé ; deux populations dont les origines différaient profondément, administrées d'un côté, par l'autorité civile, de l'autre, par l'autorité militaire.

Cette dualité de pouvoirs, se heurtant dans une même province dont ils se partageaient les fractions plus ou moins isolées, amenait sans cesse des conflits. L'unité de vues, l'unité d'action faisaient complétement défaut. Enfin, l'application du sénatus-consulte du 22 avril

1863, qui constituait la propriété individuelle dans les territoires occupés par les Arabes, rencontrait, par le fait même de la compétition des autorités civiles et militaires, des obstacles graves et permanents.

Pour remédier aux inconvénients de ce perpétuel antagonisme, un décret, en date du 7 juillet 1864, plaçait les préfets sous l'autorité des généraux de division, supprimait la direction des services civils et décidait que l'élément indigène entrerait désormais pour un quart au moins dans la composition du conseil général de chaque province.

Mais, pour appliquer ces mesures, il importait de choisir un homme en qui fussent réunis à la fois le prestige nécessaire pour remplir un commandement qui est une sorte de vice-royauté, et la connaissance approfondie des populations et du pays qu'il allait avoir à réorganiser.

Le choix du gouvernement se porta sur le maréchal de Mac-Mahon.

Le 1er septembre 1864, un décret, daté du camp de Châlons, le nommait gouverneur général de l'Algérie.

Le 19 septembre, à son arrivée à Alger, le nouveau gouverneur général, en prenant possession de son poste, adressait aux populations européennes et indigènes de l'Algérie une proclamation dans laquelle il exposait ses intentions :

« Je montrerai à tous, disait-il, la même impartialité, la même bienveillance, la même protection dans le règlement des intérêts si divers engagés entre vous, par devoir, par reconnaissance et par dévouement à l'Algérie, où j'ai passé une si grande partie de ma vie; je consacrerai tout mon temps et tous mes efforts à la conciliation de ces intérêts d'où dépendent essentiellement l'avenir et la prospérité de la colonie.

« Européens et colons, soyez sans inquiétude, ne vous laissez pas troubler par le soulèvement de quelques tribus éloignées que l'armée saura toujours réprimer.

« Indigènes, Arabes et Kabyles, je ne suis pas un étranger parmi vous; vous me connaissez depuis longtemps. Vous savez que j'ai toujours été bienveillant pour les hommes qui cherchent le bien, ferme et sévère pour les fauteurs de désordres. Dans tous les rapports que j'ai eus avec vous, j'ai toujours cherché à suivre l'inspiration de l'équité et de la justice. Vous me retrouverez toujours le même à votre égard.

« Quelques tribus, égarées par les conseils perfides de quelques hommes ambitieux, ont prêté l'oreille à l'esprit du mal et de la révolte. Elles n'ont cependant aucun motif sérieux de plainte contre le gouvernement français, qui respecte leur religion et qui a consacré d'une manière irrévocable le droit des indigènes à la propriété de leur territoire. Comment a-t-on pu abuser de leur crédulité au point de leur faire espérer qu'elles pourraient résister à la France? Ceux de leurs frères qui ont combattu avec nous en Crimée, en Italie, au Mexique, ne leur ont-ils pas dit ce qu'était la France? quelle était sa puissance et le prestige de ses armes partout où ses soldats se sont montrés?

« Les tribus n'auront à s'en prendre qu'à elles du châtiment qui va les atteindre si elles persistent plus longtemps dans leur aveuglement. »

En effet, aussitôt qu'il eut pris connaissance de la situation, le gouverneur général résolut d'agir avec vigueur contre les rebelles.

Les colonnes des généraux Deligny, Jusuf et Périgot, ainsi que celles du colonel de Lacroix, commencèrent aussitôt les opérations que leur prescrivait le maréchal.

Le colonel de Lacroix battit d'abord l'ennemi dans deux combats brillants, à Teniet-el-Rihh et Aïn Dermel (30 septembre, 20 octobre). Les généraux Jusuf et Liébert lui infligèrent un nouvel échec à Aïn Malakoff (7 octobre). Mais ces revers ne découragèrent pas les rebelles; la révolte, au contraire, gagnait d'autres tribus; le 5 octobre, les Ouled-Nayl se soulevaient à leur tour, à l'instigation du Marabout Si Mohammed-ben-Hamsa, tandis que son oncle Si Lala poussait vers le Tell une pointe hardie et faisait subir au général Jolivet, qui avait imprudemment engagé sa colonne, des pertes regrettables à El-Beïda. Mais l'effet fâcheux produit par ce léger échec fut bientôt réparé. Si Lala fut forcé de se retirer vers le Sud, et un grand nombre de tribus, tournées dans leurs positions par la colonne Jusuf, demandèrent l'aman. Ce furent d'abord toutes les tribus du cercle de Boghar, puis celles du Djebel-Amour; enfin (11 novembre), les Larbaas, les Ouled-Nayl et les Ouled-Moktar se soumirent à leur tour, imités, quelques jours après, par les Sahari-Ouled-Brahim.

Restaient à réduire les Ouled-Sidi-Scheikh, les Ouled-Yacoud, les Adjlètes, les Ouled-Khelife, les Harrar, les Ouled-Chaib; presque tous furent soumis avant la fin de l'année.

Seuls, les Ouled-Sidi-Scheikh, les Traffits et quelques fractions les plus compromises d'autres tribus, persistèrent dans leur rébellion. La poursuite de ces tribus, la soumission de quelques-unes d'entre elles, l'expulsion des autres du cercle de l'Algérie, devaient être l'œuvre des premiers jours de la campagne de 1865.

On pouvait dès lors songer à résoudre les importantes questions d'organisation depuis si longtemps soulevées dans la colonie, et sur ces graves difficultés qui avaient donné lieu à tant de lois diverses, souvent contradictoires, chercher une solution pratique et facilement réalisable.

Voulant connaître par lui-même l'état de la colonie, l'Empereur Napoléon III vint visiter les trois provinces algériennes.

Parti de Paris le 29 avril, il débarquait le 3 mai suivant à Alger.

Le souverain arrivait en Algérie, l'esprit tout plein de projets longuement médités, élaborés avec soin par tous les hommes spéciaux qui avaient acquis en Afrique une longue expérience du sentiment d'indépendance des populations indigènes, de leurs besoins et des justes réclamations qu'elles pouvaient adresser à une nation conquérante, mais civilisée.

L'Empereur adressa au peuple arabe (5 mai 1865) une proclamation qui contenait, au moins en substance, son programme de réformes.

« Lorsqu'il y a trente-cinq ans, la France a mis le pied sur le sol africain, elle n'est pas venue détruire la nationalité d'un peuple ; mais, au contraire, affranchir ce peuple d'une oppression séculaire ; elle a remplacé la domination turque par un gouvernement doux, plus juste, plus éclairé. Néanmoins, pendant les premières années, impatients de toute suprématie étrangère, vous avez combattu vos libérateurs. Loin de moi la pensée de vous en faire un crime. J'honore au contraire ce sentiment de dignité guerrière qui vous a portés, avant de vous soumettre, à invoquer par les armes le *jugement de Dieu*, mais Dieu a prononcé : reconnaissez donc les décrets de la Providence, qui, dans ses desseins mystérieux, nous conduit souvent au bien en décevant nos espérances, en trompant nos efforts. Comme vous, il y a vingt siècles, nos ancêtres ont résisté avec courage à une invasion étrangère, et, cependant, de leur défaite date leur régénération.

« Les Gaulois vaincus se sont assimilés aux Romains vainqueurs, et, de l'union forcée entre les vertus contraires de deux civilisations opposées, est née, avec le temps, cette nationalité française qui, à son tour, a répandu ses idées dans le monde entier. Qui sait si un jour ne viendra pas où la race arabe, régénérée et confondue avec la race française, ne retrouvera pas une puissante individualité semblable à celle qui, pendant des siècles, l'a rendue maîtresse des rivages méridionaux de la Méditerranée.

« Acceptez donc les faits accomplis. Votre prophète le dit : *Dieu donne le pouvoir à qui il veut.* (Chap. II, *de la Vache*, verset 248). »

Napoléon III avait dit : « Je veux être l'Empereur des Français et l'Empereur des Arabes. »

Exprimée sous cette forme, sa pensée n'était autre que celle du général de Lamoricière, si profondément versé dans les questions algériennes.

Après s'être assuré, par la force des armes, de l'obéissance des populations arabes, il fallait se les attacher par l'exercice de la justice et le prestige d'une civilisation qui a admis tous les principes de liberté individuelle, de propriété personnelle et d'indépendance religieuse.

On avait conquis les Arabes ; il s'agissait, non de les séduire, mais de les attirer vers nous et en quelque sorte de nous les acquérir.

L'idée était juste. Elle n'eut peut-être pas tout le succès qu'elle méritait, et, il faut le dire, ce ne fut pas de la faute des Arabes, mais de celle de ces populations bigarrées et bizarres, impatientes et jalouses des villes, qui, dans leurs conseils généraux, dans leurs conseils municipaux, ne souffraient pas volontiers et n'acceptent encore qu'avec répugnance l'introduction de l'élément arabe.

A son retour d'Algérie, Napoléon III adressa au maréchal de Mac-Mahon une lettre dans laquelle il exposait les mesures qui lui semblaient le mieux devoir servir la politique de la France en Algérie.

Les idées contenues dans cette lettre sont tout entières résumées dans son préambule :

« La France possède l'Algérie depuis trente-cinq ans; il faut que cette conquête devienne désormais pour elle un accroissement de forces et non une cause d'affaiblissement.

« Sous tous les gouvernements qui se sont succédé, près de quinze systèmes d'organisation générale ont été essayés, l'un renversant l'autre, penchant tantôt vers le civil, tantôt vers le militaire, tantôt vers l'Arabe, tantôt vers le colon, produisant au fond beaucoup de trouble dans les esprits, fort peu de bien pratique.

« Mon programme se résume en peu de mots:

« Gagner la sympathie des Arabes par des bienfaits *positifs*, attirer de nouveaux colons par des exemples de prospérité réelle parmi les anciens, utiliser les ressources de l'Afrique en produits et en hommes; arriver par-là à diminuer notre armée et nos dépenses. »

Suivait la série des mesures proposées pour atteindre le but qu'on poursuivait.

Même avant le voyage de l'Empereur en Algérie, c'était le souci de savoir ces mesures bien appliquées, qui avait fait porter le choix du gouvernement sur le maréchal de Mac-Mahon pour l'administration de notre grande colonie africaine.

Le gouverneur général, dans un document officiel que nous avons sous les yeux (1), exposait les suites qui avaient été données aux mesures proposées par l'Empereur.

Déclaration de la propriété personnelle, organisation de la justice musulmane et de la justice française, réformes du régime commercial de la colonie, extension donnée à celui de la navigation, fixation rigoureuse de la zône de colonisation, création de puissantes sociétés de crédit, exécution de vastes travaux publics, réforme de l'administration : tels sont les bienfaits que les Européens et les indigènes de l'Algérie durent, en moins de trois ans, à l'activité et aux efforts du maréchal Mac-Mahon. Sans doute toutes ces mesures ne furent pas également bien accueillies par les diverses sortes de populations, très-exclusives et très-jalouses de leur prépondérance. Mais c'est vraiment de cette laborieuse et fructueuse période de 1864 à 1866 que date vraiment l'organisation régulière de l'Algérie.

En créant ces grandes institutions dont nous avons parlé, en entreprenant ces grands travaux, en laissant aux Arabes une juste part

(1) Tableau de la situation des établissements français dans l'Algérie, 1865-1866. — Imprimerie impériale, 1868.

dans l'administration du pays, le maréchal de Mac-Mahon avait appliqué les vrais principes qui doivent présider à la consolidation de tout établissement colonial. On a pu, par la suite, s'écarter de ces principes, on s'en écarte encore; mais, quoi qu'on fasse, à moins d'entreprendre une guerre d'extermination, fort peu possible d'ailleurs, il faudra toujours y revenir. Et l'on reconnaîtra plus tard les services considérables que le maréchal a rendus à l'Algérie.

Ce que l'on ne peut, en tout cas, oublier, c'est le dévouement, l'extrême bonté et l'inaltérable charité dont la maréchale fit preuve dans ces jours d'atroces souffrances que l'Algérie traversa en 1868. Une effroyable famine, le dénûment le plus absolu, une mortalité hors de toute proportion, tels furent les maux presque irrémédiables que nos colons et surtout les indigènes eurent à supporter. Pendant cette difficile épreuve, les malades, les malheureux, les orphelins, apprirent quels trésors de générosité et de compassion renfermait le cœur de cette noble femme respectée et honorée entre toutes : madame la duchesse de Magenta.

De grands efforts furent faits pour secourir ces infortunes; des orphelinats furent fondés, des souscriptions furent ouvertes, et des ressources considérables purent être consacrées à atténuer les déplorables suites de cette crise terrible.

Au commencement de 1869, les Ouled-Sidi-Cheik tentèrent encore avec une singulière audace de rallumer la guerre sainte. Mais cette dernière insurrection fut promptement réprimée et l'Algérie complétement pacifiée.

CHAPITRE VI

1870

—

SOMMAIRE. — La période douloureuse. — Déclaration de guerre à la Prusse. — L'armée du Rhin. — Position des divers corps. — Le corps Mac-Mahon. — Combat de Wissembourg; mort d'Abel Douay. — Composition du 1er corps. — Bataille de Wœrth. — Les cuirassiers de Reichshoffen. — La retraite. — Défaite du général Frossard à Forbach. — Le camp de Châlons. — Situation de l'armée de Metz. — Mac-Mahon marchera-t-il sur Metz ou sur Paris? — Le plan Palikao. — Les responsabilités. — Mac-Mahon et la politique. — L'armée à Reims. — La marche sur Paris est décidée. — M. Rouher et le maréchal. — Récit du maréchal. — Récit de M. Rouher. — Projet de décret et de proclamation. — La dépêche fatale. — Marche vers l'Est. — Le ministre de la guerre. — L'expédition de Sedan et M. Thiers. — M. Jérôme David. — La catastrophe. — Combat de Beaumont. — Bataille de Sedan. — Le maréchal blessé grièvement. — La capitulation. — Le maréchal prisonnier.

Les jours de bonheur et de prospérité s'achèvent et nous touchons à la période douloureuse de la carrière du maréchal; ses malheurs furent les nôtres; son adversité fut celle de la patrie; mais le voile de deuil que nos revers vont jeter sur la gloire militaire du maréchal, n'en détruiront pas l'éclat, et sa réputation, son honneur, sortiront de ces épreuves, rehaussés encore par le prestige d'une grande infortune noblement supportée.

Le 19 juillet, à une heure et demie de l'après-midi, M. Le Sourd, chargé d'affaires intérimaire de France à Berlin, déposa à la chancellerie prussienne la déclaration suivante :

« Le soussigné, chargé d'affaires de France, conformément aux ordres de son gouvernement, a l'honneur de porter la communication suivante à la connaissance de Son Excellence le Ministre des Affaires Etrangères de Sa Majesté le Roi de Prusse.

« Le gouvernement de Sa Majesté l'Empereur des Français ne pouvant considérer le projet d'élever un prince prussien au trône d'Espagne que comme une entreprise dirigée contre la sécurité territoriale de la France, s'est vu forcé de demander à Sa Majesté le Roi de Prusse l'assurance qu'une semblable combinaison ne se reproduirait plus à l'avenir avec son assentiment.

« Sa Majesté le Roi de Prusse ayant refusé cette assurance, et ayant au contraire déclaré à l'envoyé de Sa Majesté l'Empereur des Français qu'il voulait se réserver, pour cette éventualité, comme pour toute autre, de consulter les circonstances, le gouvernement impérial a dû voir dans cette déclaration du Roi une arrière-pensée menaçante, pour la France et pour l'équilibre européen. Cette déclaration a reçu un caractère encore plus sérieux par la communication faite aux cabinets étrangers du refus de recevoir l'envoyé de l'Empereur et d'entrer avec lui dans de nouvelles explications.

« En conséquence, le gouvernement français a cru de son devoir de songer sans délai à la défense de sa dignité blessée, de ses intérêts menacés, et résolu, dans ce but, à prendre toutes les mesures qui lui sont ordonnées par la situation qui lui est faite, il se considère, dès à présent, comme en état de guerre avec la Prusse. »

C'en était fait: il n'y avait plus à s'en remettre qu'au Dieu des armées du sort des deux Etats.

Déjà des forces considérables étaient dirigées vers Metz et nos frontières de l'Est; déjà on organisait l'armée du Rhin.

Au début cette armée se composait de huit corps :

Premier corps d'armée. — Sous les ordres du maréchal de Mac-Mahon, duc de Magenta : 4 divisions d'infanterie commandées par les généraux Ducrot, Abel Douay, Raoult et de Lartigue; plus une division de cavalerie composée de 7 régiments sous le commandement du général Duhesme.

Deuxième corps d'armée. — Sous les ordres du général Frossard : 3 divisions d'infanterie commandées par les généraux Vergé, Bataille et Laveaucoupet; plus une division de cavalerie de 4 régiments sous les ordres du général Lichtlin.

Troisième corps d'armée. — Sous les ordres du maréchal Bazaine : 4 divisions d'infanterie commandées par les généraux Montaudon, Castagny, Metman et Decaen; plus une division de cavalerie de 7 régiments sous le commandement du général de Clérembault.

Quatrième corps d'armée. — Sous les ordres du général de Ladmirault : 3 divisions d'infanterie commandées par les généraux de Cissey, Rose et de Lorencez; plus une division de cavalerie de 4 régiments sous le commandement du général Legrand.

Cinquième corps d'armée. — Sous les ordres du général de Failly : 3 divisions d'infanterie commandées par les généraux Goze, de l'Abadie d'Aydren et Guyot de Lesparre; plus une division d cavalerie de 4 régiments sous le commandement du général Brahaut.

Sixième corps d'armée. — Sous les ordres du maréchal Canrobert : 4 divisions d'infanterie commandées par les généraux Tixier, Bisson, Lafont de Villiers et Levassor-Sorval; plus une division de cavalerie de 6 régiments sous le commandement du général de Salignac-Fénelon.

Septième corps d'armée. — Sous les ordres du général Félix Douay : 3 divisions d'infanterie commandées par les généraux Conseil-Dumesnil, Liébert et Dumont; plus une division de cavalerie de 3 régiments sous le commandement du général Ameil.

Le huitième corps, qui devait former la réserve des grandes circonstances, était constitué par la garde, placée tout entière sous les ordres du général Bourbaki; elle était formée de deux divisions d'infanterie : généraux Deligny et Picard, et d'une division de cavalerie de 6 régiments : général Desvaux.

Enfin il y avait une réserve considérable de cavalerie qui devait se composer de trois divisions, de quatre régiments chacune et commandées par les généraux du Barrail, Bonnemains et de Forton.

Le tout représentait un effectif nominal de 260,000 hommes; mais l'effectif réel au commencement de la compagne ne s'élevait pas à plus de 200,000 hommes.

Ces divers corps furent répartis comme suit :
Le 4º corps, Ladmirault, à Thionville;
Le 3º corps, Bazaine, à Metz d'abord, puis à Bouzonville;
Le 2º corps, Frossard, à Saint-Avold;
Le 5º corps, de Failly, à Bitche;

La garde, avec Bourbaki, d'abord à Nancy, puis à Metz;

Le 6ᵉ corps, Canrobert, au camp de Châlons;

Le 1ᵉʳ corps, Mac-Mahon, entre Haguenau et Strasbourg;

Le 7ᵉ corps, Félix Douay, à Belfort.

Nous avons ici énuméré les corps dans l'ordre successif qu'ils occupaient le long de la frontière de l'Est.

Dès le 27 juillet les Allemands comptaient plus de 450,000 hommes prêts à entrer en ligne immédiatement.

Le 2 août les hostilités commencèrent par un engagement de peu d'importance dans lequel nous remportâmes un succès peut-être un peu trop facile. L'affaire de Sarrebrück dut à la présence de l'Empereur et du Prince impérial un retentissement sans doute exagéré et qui le parut plus encore lorsqu'on apprit nos premiers revers.

Le lendemain, 3 août, le prince royal de Prusse, dont le quartier général était à Spire, fit porter son armée (la 3ᵉ armée prussienne) vers la Lauter dont elle devait effectuer le passage dans la matinée du 4. Il devait lui-même se transporter à Nieder-Otterbach.

Ces ordres furent exécutés. Comme la division Bothmer, qui formait l'avant-garde du 2ᵉ corps bavarois, s'avançait au sud de Schweigein, elle se heurta contre la garnison française de Wissembourg. C'étaient quelques troupes de la division Abel Douay, la 2ᵉ du corps de Mac-Mahon.

Le maréchal avait, en effet, pour faciliter ses communications avec le général de Failly, fait occuper la ligne de la Lauter par la division Douay.

Ce ne fut d'abord qu'un combat d'artillerie et de mousqueterie à une assez grande distance. Le prince royal, avant d'attaquer sérieusement, voulait qu'une bonne partie de ses forces fussent réunies. Vers dix heures il s'y décida.

Ses troupes convergeant vers Wissembourg occupèrent successivement les positions qui leur avaient été désignées. La ville fut attaquée vers midi ; l'artillerie en brisa les portes, et les Allemands y pénétrèrent à la fois par le nord et par le sud.

Le général Douay, ne disposant que de faibles forces, prit toutes les mesures nécessaires pour éviter d'être tourné et bientôt le combat se concentra sur la principale position, le Geissberg. Mais les Prussiens, faisant entrer en ligne des troupes toujours nouvelles et de plus en plus nombreuses, le combat devint insoutenable. Il fallut songer à la retraite, et si l'on doit s'étonner d'une chose, c'est que cette retraite ait pu s'opérer. Abel Douay y présida ; puis, ses dernières dispositions prises, tandis que ses régiments se retiraient, il faisait, lui, face à l'ennemi, et seul, dédaignant toutes les exhortations, il alla, d'un pas tranquille, offrir sa poitrine aux balles prussiennes. Il n'attendit pas longtemps la mort.

Il avait combattu depuis huit heures du matin avec 8,000 hommes contre 30,000 Allemands.

Le maréchal de Mac-Mahon, prévenu malheureusement trop tard, se porta cependant, dès midi, vers le champ de bataille et assista, du haut du Col du Pigeonnier, à la retraite de la division Douay.

Le 4 au soir, il se rendait en toute hâte à Reichshofen, en prévision d'une rencontre imminente avec l'ennemi, qui venait d'obtenir un facile succès sur sa 2ᵉ division. Il avait, en outre, demandé instamment des renforts au général Félix Douay, à Belfort.

Le corps d'armée de Mac-Mahon était ainsi composé :

Première division. — Ducrot.
Première brigade. — Général Moreno : — 13ᵉ bataillon de chasseurs ; 18ᵉ et 96ᵉ de ligne,
Deuxième brigade. — Général de Houlbec ; 45ᵉ et 47ᵉ de ligne.

Deuxième division. — D'abord commandée par Abel Douay ; ses débris furent, après Wissembourg, placés sous les ordres du général Pellé.
Première brigade. — Général de Montmarie : — 16ᵉ bataillon de chasseurs à pied, 50ᵉ et 78ᵉ de ligne.
Deuxième brigade. — Général Pellé : — 1ᵉʳ de zouaves et 1ᵉʳ tirailleurs algériens (turcos).

Troisième division. — Raoult.
Première brigade. — Général L'Hérillier : — 8ᵉ bataillon de chasseurs ; 36ᵉ et 48ᵉ de ligne.
Deuxième brigade. — Général Lefebvre : — 2ᵉ zouaves et 3ᵉ tirailleurs algériens.

Quatrième division. — De Lartigue.
 Première brigade. — Général de Kerléadec :
— 1ᵉʳ bataillon de chasseurs ; 56ᵉ et 87ᵉ de ligne.
 Deuxième brigade. — Général Lacretelle :
— 3ᵉ zouaves et 3ᵉ tirailleurs algériens.

Division de cavalerie. — Duhesme.
 Première brigade. — Général Septeuil : —
3ᵉ hussards et 11ᵉ chasseurs.
 Deuxième brigade. — Général Nansouty : —
2ᵉ et 6ᵉ lanciers, 10ᵉ dragons.
 Troisième brigade. — Général Michel : —
8ᵉ et 9ᵉ cuirassiers.

Au début de la campagne, cet ensemble de forces représentait 55 bataillons, 30 escadrons et 20 batteries.

Après examen du terrain, le maréchal résolut d'établir son armée devant Wœrth, sur la rive droite de la Sauër.

Le 5 au matin, il occupait les positions suivantes :

La 1ʳᵉ division, général Ducrot, formait l'aile gauche. Sa droite était à Frœschwiller, sa gauche au nord de Reischshofen.

La 3ᵉ division formait le centre, ayant sa droite à Elsasshausen, sa gauche en avant de Frœschwiller.

La 4ᵉ division (de Lartigue) formait l'aile droite. Elle avait sa gauche dans le Niederwald, sa droite à Morsbronn.

En seconde ligne, venait la division Pellé (ancienne division Abel Douay), entre Reischshofen et Elsasshausen ; la division de cavalerie, brigade Septeuil et brigade Michel ; enfin, une division d'infanterie, sous les ordres du général Conseil-Dumesnil, envoyée de Belfort par le général Félix Douay, et qui était arrivée le matin en chemin de fer. Cette division se déployait entre Forstheim et Griesbach.

Dans la soirée du 5 août, les avant-postes prussiens étaient placés sur la rive gauche de la Sauër, en avant de Wœrth et de Gunstett. Le 6 au matin, ils engagèrent une assez vive fusillade avec les avant-postes des divisions Raoult et de Lartigue, qui se trouvaient devant eux.

Bientôt l'action s'engagea du côté de Niederwald, et des deux côtés l'artillerie commença le feu.

Les Prussiens n'avaient pas projeté de livrer une bataille ce jour-là. Mais le prince royal de Prusse, ayant sous sa main des forces considérables, résolut de pousser en avant et d'appuyer le mouvement qui venait de se dessiner.

Vers neuf heures du matin, le 5e corps prussien, avec 84 pièces en ligne, attaquait Wœrth; son avant-garde se portait en avant; une lutte acharnée s'engagea. Le général Raoult résiste héroïquement et tombe frappé à mort. L'ennemi s'établit à l'ouest de la ville, sur la rive droite de la Sauër, tandis que la 1re et la 3e division du maréchal de Mac-Mahon se repliaient sur la ligne de Frœschwiller-Elsasshausen.

Attaqués, de leur côté, par le 11e corps allemand, les divisions Lartigue et Conseil-Dumesnil étaient également obligées de reculer devant un ennemi supérieur en nombre.

La situation devenait des plus graves; les

forces prussiennes allaient toujours grossissant; notre aile droite était débordée et menacée d'être complétement coupée; ce fut alors que Mac-Mahon, voulant se relier à elle, fit lancer sur les colonnes prussiennes et wurtembourgeoises les lanciers de la brigade Nansouty et les deux magnifiques régiments de cuirassiers de la brigade Michel. Cette terrible charge est devenue légendaire; les cuirassiers, qu'un formidable ouragan de fer enveloppait de toutes parts, s'abattaient sur les bataillons ennemis, perçaient leur ligne, puis, décimés par les balles, se reformaient avec un ordre admirable, et revenaient se masser en avant pour se lancer de nouveau. Trois fois, ils exécutèrent cette héroïque manœuvre, couvrant la terre de leurs morts. Bientôt ces deux braves régiments étaient anéantis, à peine 150 hommes échappèrent-ils à cette furieuse mêlée. Les autres étaient tombés vaillamment, après avoir rendu immortel le souvenir des cuirassiers de Reichshoffen.

Le maréchal de Mac-Mahon qui, pendant toute l'action, s'était toujours tenu sur les points les plus exposés, qui avait vu tomber à ses côtés le général Colson, son chef d'état-major, dut enfin ordonner la retraite, qui put s'effectuer, sans trop de pertes, par Reichshoffen, sur Niederbronn. L'ennemi, épuisé par la résistance qu'il avait partout rencontrée, et qui, malgré sa grande supériorité, avait dû engager toutes ses troupes, ne put inquiéter l'armée dans sa marche.

Ce ne fut que sur la route de Niederbronn que le maréchal de Mac-Mahon rencontra la division Guyot de Lesparre, que le général de Failly venait seulement de se décider à porter de Bitche sur Niederbronn, bien qu'à diverses reprises des renforts lui eussent été demandés.

L'armée du maréchal ne comptait dans cette malheureuse, mais glorieuse journée, que 30,000 hommes à peine. Les Allemands firent entrer en ligne plus de 110,000 hommes. Nos soldats avaient lutté un contre quatre pendant tout le jour. Ils durent effectuer leur retraite sous une pluie battante, dans une boue effroyable.

Les débris du 1er corps ne purent être complétement ralliés que onze jours après; ils vinrent se reformer au camp de Châlons, où de nouvelles troupes devaient être rassemblées en toute hâte.

Tandis que le maréchal de Mac-Mahon essuyait cet échec à Wœrth, le corps du général Frossard en subissait un autre à Forbach. Ces deux revers avaient pour conséquence de nous faire perdre en un seul jour la ligne des Vosges et celle de la Moselle.

La nouvelle des défaites que nous venions de subir produisit à Paris la plus vive émotion. L'opinion publique tout entière se souleva contre les ministres qui nous avaient précipités dans cette aventure sans que rien fût prêt pour la lutte. Ils avaient affirmé le contraire pourtant; mais de toutes parts des témoignages irrécusables démontraient qu'il n'y avait ni organisation suffisante, ni plan arrêté, ni ordre, ni prévoyance.

Le cabinet du 2 janvier tomba. Le 10 août, un nouveau ministère fut formé sous la présidence du général Cousin-Montauban, comte de Palikao, qui devait à son expédition en Chine une réputation méritée et une sorte de popularité.

L'armée du Rhin fut rassemblée sous Metz; le commandement en chef en fut confié au maréchal Bazaine; et cette nomination avait été en quelque sorte imposée par l'opinion publique.

Au camp de Châlons, Mac-Mahon reconstituait ses régiments autour desquels un grand nombre d'autres vinrent successivement se former. Une nouvelle armée allait être bientôt réunie, d'une qualité moindre sans doute que celles qui avaient été rassemblées dès le début de la guerre, mais capable encore de tenir la campagne et de faire bravement tête à l'ennemi.

L'Empereur, après avoir donné au maréchal Bazaine le commandement de l'armée de Metz, donna au maréchal de Mac-Mahon celui de l'armée de Châlons. Il ne voulait plus être le premier à l'armée ; mais, suivant l'expression vraie de M. Henri Chevreau, il ne pouvait être le second nulle part.

Sur ces entrefaites, le cercle formé par l'armée prussienne autour de Metz allait toujours se resserrant, et, malgré les brillantes victoires que la belle armée de Bazaine allait remporter, il lui allait être bientôt fort difficile, sinon impossible, de rompre les lignes de l'ennemi.

Dans ces conjonctures, un grave problème s'élevait, problème dont la solution dans un sens ou dans l'autre devait avoir les conséquences les plus considérables :

L'armée de Châlons devait-elle couvrir Paris, ou se porter vers Metz au-devant du maréchal Bazaine pour lui tendre la main ?

Le ministre de la guerre, le comte de Palikao, avait un plan bien arrêté dans son esprit. Il y tenait fermement, car il y croyait et il cherchait à en démontrer l'excellence par les arguments suivants :

« Depuis le commencement de la campagne, dit-il (1), j'avais remarqué que tous nos désastres étaient venus de l'éparpillement de nos troupes, tandis que les Prussiens n'agissaient que par masses. J'avais résolu de changer les rôles et d'opposer aux masses prussiennes des masses françaises. »

Et ce que le général voulait, c'était la marche de Mac-Mahon sur Metz, c'était la jonction des deux armées.

« Si l'armée de Châlons, disait-il, était victorieuse, la jonction était faite, et alors nous avions une armée de 250,000 hommes qui forçait le prince Frédéric-Charles à se retirer. Nous avions un succès, et pour qui connaît le caractère du soldat français, cela était beaucoup. Ce sont là des considérations qu'il ne faut pas oublier ; il faut connaître l'état moral des troupes. C'est cela qui me faisait repousser le plan d'aller à Paris. Le soldat français, quand il est découragé, perd beaucoup de ses qualités, et depuis le commencement de la campagne, nous ne faisions que des retraites. »

Ce raisonnement était spécieux ; mais pé-

---

(1) Déposition du général de Palikao devant la commission d'enquête chargée d'examiner les actes du gouvernement de la Défense nationale, p. 171.

chait par la base. Les débuts de la campagne avaient suffisamment démontré notre infériorité. Malgré les rudes avertissements du sort, on continuait à raisonner après nos premiers revers comme on raisonnait avant : on présumait toujours la victoire et l'on ne voulait point prévoir un échec. Le plan Palikao, peut-être séduisant, exigeait qu'on fût victorieux, alors sans doute il était, sinon excellent, du moins satisfaisant; mais que devenait-il dès que nous subissions un échec? Et ne devait-on pas tenir compte de cette éventualité après les premiers désastres, lorsqu'on savait que l'armée de Châlons ne valait pas à beaucoup près l'armée de Metz?

Nous insistons sur ce point, parce qu'il est capital, parce que cette heure est l'instant critique de la carrière de Mac-Mahon, parce qu'on a paru vouloir à ce moment accumuler sur lui toutes les responsabilités, pour dégager d'autant les autres personnalités qui s'agitaient au milieu de ces circonstances difficiles.

Il importe de démontrer que, si les raisons politiques étaient les principaux mobiles de la conduite de quelques personnages, elles ne furent pour rien dans les résolutions du maréchal de Mac-Mahon, et qu'il n'écouta, pour prendre un parti, que la voix de sa conscience, de son dévouement à la patrie.

« Le 17 août, dit le maréchal Mac-Mahon, dans sa déposition, en sortant de chez l'Empereur, vers les trois heures, j'envoyai au maréchal Bazaine une dépêche télégraphique pour l'informer que l'Empereur m'avait donné le commandement de l'armée de Châlons, en me mettant sous ses ordres directs. Je lui demandai, en même temps, ses instructions sur les opérations à exécuter. Le 19 au matin, je n'avais pas reçu de réponse. . . . .

. . . « Le 19 dans la soirée, je reçus du maréchal la réponse à la dépêche que je lui avais adressée.

« Elle était conçue dans ce sens: « Je suis « trop éloigné du centre de vos opérations pour « vous indiquer les mouvements à exécuter. Je « vous laisse libre d'agir comme vous l'enten- « drez. »

« Par suite, je me considérai comme libre de mes mouvements, mais le ministre de la guerre, dans une dépêche du même jour, m'indiquait comme objectif de rejoindre le maréchal. J'étais, je l'avoue, assez indécis. Abandonner le maréchal Bazaine, que je croyais pouvoir arriver d'un moment à l'autre sur la Meuse, me causait un véritable déchirement ; mais d'un autre côté, il me semblait urgent de couvrir Paris, et de conserver à la France la seule armée qu'elle eût encore disponible. . . . .

. . . « Le 21 toute l'armée vint prendre position près de Reims, couverte par le canal de la Marne à l'Aisne.

« Cette marche fut pénible : beaucoup d'hommes appartenant aux régiments de marche et à la marine restaient en arrière : je crus devoir visiter les camps et je ne rentrai à mon quartier général établi auprès de celui de l'Empereur, à Courcelles, que sur les sept heures environ. En arrivant, on m'apprit que l'Empereur m'avait fait demander depuis plusieurs heures. Je me rendis aussitôt au quartier impérial où je rencontrai M. de Saint-Paul, ancien directeur au ministère de l'intérieur, très-lié avec M. Rouher. Il me prévint que M. Rouher était chez l'Empereur, et qu'il insisterait beaucoup pour que l'armée se portât au secours du maréchal Bazaine. J'entrai ; mais j'étais alors bien décidé à marcher sur Paris. »

Des considérations stratégiques guidaient seules le maréchal, mais on allait faire valoir auprès de lui d'autres considérations, toutes politiques celles-là. Quelle influence allaient-elles exercer sur lui ? Nous allons l'apprendre de lui-même.

« En présence de l'Empereur, M. Rouher m'exposa que rien n'exigeait que l'armée se portât sur Paris, que cet abandon de Bazaine serait des plus fâcheux, aurait à Paris les plus graves inconvénients, et qu'en définitive, le conseil des ministres et l'Impératrice étaient d'avis que je me portasse au secours de Bazaine.

« J'exposai, à mon tour, à M. Rouher que je ne me croyais pas en état de risquer de me trouver au milieu des armées prussiennes ; que d'après les renseignements qui m'étaient parvenus la veille au soir, je devais supposer le maréchal Bazaine entouré à Metz par une armée de 200,000 hommes, qu'en avant de Metz, dans la direction de Verdun, se trouvait l'armée du prince de Saxe, estimée à 80,000 hommes, enfin que le prince royal de Prusse arrivait près de Vitry-le-François à la tête de 150,000 hommes, qu'en me portant vers l'Est, je pouvais me trouver dans la position la plus difficile et éprouver un désastre que je voulais éviter.

J'ajoutai que, l'armée de Bazaine pouvant être battue, il était de la plus grande importance de conserver à la France l'armée de Châlons, qui, bien que composée en partie de régiments de marche, avait néanmoins assez d'anciens cadres pour réorganiser une armée de 250,000 à 300,000 hommes. Je concluais en disant que je me dirigerais positivement le surlendemain 23 sur Paris, à moins de recevoir, dans l'intervalle, les intructions que j'avais demandées au maréchal Bazaine.

« L'Empereur ne fit aucune objection, car, ainsi que je l'ai déjà dit, il me laissait libre d'agir comme je le jugerais convenable.

« M. Rouher voyant mes idées de marcher sur Paris bien arrêtées, ajouta alors :

« Puisqu'il en est ainsi, je vais repartir pour
« Paris. Il serait utile que Votre Majesté fît un
« manifeste expliquant ce mouvement. »

« Il écrivit alors lui-même une proclamation qui se trouve insérée dans les *Papiers et correspondances de la Famille impériale.*

« M Rouher m'engagea alors à répondre publiquement à cette proclamation de l'Empereur, qui me remettait le commandement de l'armée de Châlons. Je lui indiquai mes idées à ce sujet, et il rédigea lui-même une note en conséquence.

« Dans la nuit, M. Rouher partit pour Paris avec l'intention de faire publier ces deux proclamations, dès qu'il saurait que je serais en route pour la capitale. »

Dans sa déposition devant la commission d'enquête, M. Rouher confirma absolument les paroles du maréchal de Mac-Mahon. Voici dans quels termes il raconte la conférence qu'il eut avec le maréchal.

« Il y avait là, dit-il, l'Empereur, le maréchal Mac-Mahon et le général Faure, je crois, chef d'état-major du maréchal. La première question qui fut posée entre nous, fut celle-ci : Fallait-il aller vers l'Est au secours de Bazaine ou revenir sur Paris ?

« Je me permis de présenter au maréchal certaines considérations au point de vue militaire, qui me paraissaient justifier la marche sur Metz. C'était bien grave de ne pouvoir délivrer cette armée. Le prince royal est en marche sur Paris, dis-je au maréchal, il ne peut arriver que dans huit jours : vous pourriez peut-être faire votre jonction avec Bazaine et revenir sur le prince royal : Vous reviendriez protéger Paris dans des conditions de victoire et sauvegarder tous nos intérêts.

« Je trouvai le maréchal de Mac-Mahon très-opposé à ces idées. Il me dit : « C'est impossible
« d'aller secourir Bazaine. Bazaine n'a pas de
« munitions, n'a pas de vivres. Nous arriverons
« trop tard. »

« — Qui vous a donné, lui dis-je, les renseignements sur cette absence de munitions et de vivres ? Alors, il se retourna vers le général Faure :

« — Voyons, général, qu'en pensez-vous ?

« — Maréchal, c'est impossible, répondit le
« général Faure, vous n'avez qu'une marche à
« suivre, c'est de revenir sur Paris.

« Immédiatement je dis au maréchal : « Il ne
« peut pas me convenir de discuter une ques-
« tion pareille où je n'ai aucune compétence,

« aucune notion stratégique. Vous dites que
« c'est impossible : je m'incline, vous avez
raison.

« Alors l'Empereur, qui nous avait laissés
discuter ensemble, me dit : « Mais alors que
« faut-il faire ?

« Je lui répondis : « — Si on ne peut aller au
« secours de Bazaine, il faut nommer le maré-
« chal Mac-Mahon généralissime, lui donner le
« commandement de toutes les troupes du
« camp de Châlons. Il faut revenir sur Paris
« avec votre armée, car vous ne pouvez retour-
« ner isolé. Il faut que vous reveniez au milieu
« de vos soldats. Si la pensée de l'Empereur est
« de nommer le maréchal de Mac-Mahon géné-
« ralissime, il faut que le maréchal entre im-
« médiatement en fonctions et prépare toutes
« les mesures qui doivent présider au siége de
« Paris et assurer la plus complète défense. Si
« Sa Majesté y consent, je la prie de me dicter
« par 1°, 2°, 3°, tout ce qu'il y a à faire dans
« ce but.

« L'Empereur consentit à ce que je lui pro-
posais.

« Le maréchal Mac-Mahon dit :

— Je remercie l'Empereur des fonctions de
généralissime qu'il veut bien me confier. Je
suis prêt à les accepter et je suis prêt également
à entrer en fonctions. »

La première pièce qui fut rédigée, et que
M. Rouher écrivit en entier de sa main, indiquait les mesures à prendre en prévision du
siége de Paris. Elle était divisée en dix-huit
paragraphes. A son retour à Paris, M. Rouher
la remit au général de Palikao.

On rédigea ensuite le décret de nomination du maréchal de Mac-Mahon; cette pièce, écrite aussi en entier de la main de M. Rouher et signée par Napoléon III, est ainsi formulée :

« Napoléon, par la grâce de Dieu et la volonté nationale, Empereur des Français,

« A tous présents et à venir, salut;

« Avons décrété et décrétons ce qui suit

ARTICLE PREMIER

« Le maréchal de Mac-Mahon, duc de Magenta, est nommé général en chef de toutes les forces militaires composant l'armée de Châlons, et de toutes celles qui sont ou seront réunies sous les murs de Paris ou dans la capitale.

ARTICLE II

« Notre ministre de la guerre est chargé de l'exécution du présent décret.

« Fait à Reims, le 21 août 1870.

« NAPOLÉON.

« Pour l'Empereur,

« *Le ministre de la guerre.* »

La proclamation de l'Empereur était rédigée sous forme de lettre et adressée au maréchal de Mac-Mahon; elle était, comme les précédentes, écrite en entier de la main de M. Rouher, sous la dictée de l'Empereur; elle était ainsi conçue :

« Maréchal,

« Nos communications avec le maréchal Bazaine sont interrompues.

« Les circonstances deviennent difficiles et graves. Je fais appel à votre patriotisme et à votre dévouement, et je vous confère le commandement général de l'armée de Châlons et des troupes qui se réuniront autour de la capitale et dans Paris.

« Vous aurez, maréchal, la plus grande gloire, celle de combattre et de repousser l'invasion étrangère.

« Pour moi, qu'aucune préoccupation politique ne domine autre que celle du salut de la patrie, je veux être votre premier soldat, combattre et vaincre ou mourir à côté de vous, au milieu de vos soldats. »

(Sans signature.)

Quant à la proclamation que le maréchal devait adresser à l'armée et qui devait être publiée dans l'*Officiel* aussitôt que la marche sur Paris serait commencée, il en fut fait deux brouillons, dont les textes sont intéressants à comparer à cause des variations qui révèlent les préoccupations sous l'empire desquelles ils furent écrits et que nous mettons sous les yeux de nos lecteurs.

PREMIER BROUILLON

« Soldats,

« L'Empereur me confie le commandement en chef de toutes les forces militaires qui, avec l'armée de Châlons, vont se réunir autour de la capitale.

« Mon désir le plus ardent aurait été de me porter au secours du maréchal Bazaine; mais après un mûr examen, j'ai reconnu cette entreprise impossible dans les circonstances où nous nous trouvons. Nous ne pourrions nous rapprocher de Metz avant plusieurs jours. D'ici à cette époque, le maréchal aurait dû briser les obstacles qui l'arrêtent; notre marche directe sur Metz n'aurait.... Pendant notre marche vers l'Est, Paris aurait été découvert et une armée prussienne nombreuse pourrait arriver sous ses murs. Après les revers qu'elle avait subis sous le premier Empire, la Prusse a créé une organisation militaire qui lui permet d'armer rapidement son peuple, et de mettre en quelques jours sous les armes sa population entière ; elle dispose donc de forces considérables.

« Les fortifications de Paris arrêteront le flot ennemi ; elles nous donneront le temps et le moyen d'organiser, d'utiliser à notre tour toutes les forces militaires du pays.

« L'ardeur nationale est immense ; la Patrie est debout ; j'accepte avec confiance le commandement que l'Empereur me confère.

« Soldats, je compte sur votre patriotisme, sur votre valeur, et j'ai la conviction qu'avec de la persévérance.... nous vaincrons l'ennemi et le chasserons de notre territoire. »

DEUXIÈME BROUILLON

« Soldats,

« L'Empereur me confie les fonctions de général en chef de toutes les forces militaires qui, avec l'armée de Châlons, se réuniront autour de Paris et dans la capitale. Mon vif désir et ma première pensée.... Mon désir le plus ardent était de me porter au secours du maréchal Bazaine ; mais cette entreprise était impossible. Nous ne pouvions nous rapprocher de Metz avant plusieurs jours ; d'ici à cette époque, le maréchal Bazaine aura sans doute brisé les obstacles qui l'arrêtent ; d'ailleurs pendant notre marche directe sur Metz, Paris restait découvert et une armée prussienne nombreuse pouvait arriver sous ses murs.

« Le système des Prussiens consiste à concentrer leurs forces et à agir par grandes masses.

« Nous devons imiter leur tactique ; je vais vous conduire sous les murs de Paris, qui forment le boulevard de la France contre l'ennemi.

« Sous peu de jours, l'armée de Châlons sera doublée.

« Les anciens soldats de 25 à 35 ans rejoignent de toutes parts.

« L'ardeur nationale est immense; toutes les forces de la Patrie sont debout.

« J'accepte avec confiance le commandement que l'Empereur me confère.

« Soldats, je compte sur votre patriotisme, sur votre valeur; j'ai l'espoir de vaincre, et j'ai la conviction qu'avec de la persévérance et du temps nous vaincrons l'ennemi et le chasserons de notre territoire. »

Ce dernier projet est tout entier de la main de M. Rouher.

Donc, il reste acquis et démontré que le 21 la marche sur Paris était décidée. Le maréchal de Mac-Mahon ne voulait en aucune façon s'arrêter à des considérations politiques. Il n'avait de Bazaine aucune nouvelle rassurante, rien qui pût le résoudre à se porter vers lui, rien qui pût lui faire penser que l'armée de Metz eût trouvé une issue. Il était fermement convaincu qu'il fallait couvrir Paris, et, quelque objection qu'on lui opposât, il n'écoutait que sa propre conviction.

« Le lendemain 22, dit le maréchal de Mac-Mahon dans sa déposition, je donnai des instructions pour faire diriger l'armée sur Paris, par différentes routes, ce qui devait permettre d'y arriver d'une manière facile.

« Les ordres de mouvement pour cette direction allaient être lancés, lorsque vers les quatre heures, je reçus du maréchal Bazaine, par l'entremise de l'Empereur, une dépêche qui finissait par ces mots:

« Je compte toujours prendre la direction du
« Nord et me rabattre ensuite par Montmédy, sur
« la route de Sainte-Ménehould et Châlons, si elle

« n'est pas fortement occupée. Dans ce cas, je con-
« tinuerai sur Sedan et même Mézières pour gagner
« Châlons. »

« C'est cette dépêche qui me fit penser que
le maréchal Bazaine allait se mettre en route
et que je le trouverais aux environs de Montmédy. Par suite, je donnai les ordres nécessaires pour partir le lendemain dans la direction de l'Est. »

Bazaine appelait Mac-Mahon, Bazaine allait
percer les lignes ennemies, tenter de marcher
vers Châlons! Et l'armée de Châlons ne lui prê-
terait aucun aide! Et Mac-Mahon abandonne-
rait son frère d'armes, son compagnon dans
tant de combats et de dangers! C'était impossible!

Il voulait, la veille, marcher vers Paris, venir
couvrir la capitale et livrer sous ses murs
quelque grande et décisive bataille dans des
conditions choisies par lui. Il pensait que c'était
devant Paris que Metz devait être délivré. Ce
projet mûrement réfléchi, constamment défendu et maintenu avec opiniâtreté était bien
le sien. Mais l'armée du Rhin allait venir vers
lui; pouvait-il se résoudre à la fuir?

Il n'hésita pas à faire ce que les apparences
lui faisaient considérer comme un devoir.

Toutes ses instructions furent changées, et
l'armée de Châlons se porta vers l'Est.

Mac-Mahon allait chercher Bazaine.

Cette funeste dépêche du 22 était, en effet,
bien plus qu'un renseignement, bien plus qu'une
invitation, qu'un conseil, c'était un ordre.

Le général en chef lui donnait rendez-vous

sous les murs de Montmédy ; il ne pouvait plus hésiter.

Toutefois, et telles étaient ses propres idées, il ne devait s'avancer qu'avec prudence ; une marche en avant trop rapide pouvait l'exposer à être enveloppé par le Prince Royal qui se portait sur Châlons. Il ne fallait se mouvoir qu'avec la plus grande circonspection, sans s'aventurer, sans jamais compromettre sa ligne de retraite, et, dans le cas où elle viendrait à être menacée, s'arrêter immédiatement et rebrousser chemin.

Tel fut le plan très-sage et bien mûri que le maréchal Mac-Mahon lui-même exposa, dès le 22, à son état-major. Ce plan, il le poursuivit et l'exécuta fidèlement.

Après cinq jours de marche, le 26 au matin, aucune nouvelle dépêche du général en chef arrêté sous Metz n'était parvenue à Mac-Mahon. Ce fait a été relevé dans des termes précis au cours du procès de Bazaine, et les responsabilités ont été parfaitement établies. Nous résumons comme suit les documents officiels relatifs à ces singulières circonstances :

« Bazaine n'informa que le 20 l'Empereur de la bataille de Saint-Privat, encore lui en dissimula-t-il les résultats, car il expliqua l'échec si grave de l'aile droite par un simple changement de front pour parer au mouvement tournant de l'ennemi, et lui faisait ainsi prévoir la reprise du mouvement de retraite, après que les troupes auraient repris deux ou trois jours de repos.

« Il annonçait ensuite un nouvel objectif ; il ne s'agissait plus de Verdun, comme dans la dépêche du 17, mais « de Sedan et même de Mézières pour gagner Châlons. » Cette dépêche, arrivée à Châlons le 22, met fin aux divergences d'opinion qui existaient entre le gouvernement et M. de Mac-Mahon; celui-ci en effet donna de suite les ordres de marche pour Montmédy.

Juste à ce moment, aurait dû arriver au quartier général de l'armée de Châlons une nouvelle dépêche de Bazaine où celui-ci, tout en affirmant les mêmes intentions que dans la précédente, ajoutait cependant des restrictions significatives sur sa marche qu'il subordonnait cette fois à l'intérêt et à la conservation de son armée. Mais cette dépêche ne parvint pas à son adresse, *bien qu'elle fût arrivée au quartier impérial.*

Cependant une expédition de cette dépêche parvint à temps au ministre de la guerre; mais « elle ne lui fit point modifier le plan qui s'exécutait; » et il ne songea même pas à s'assurer si Mac-Mahon l'avait reçue. Bien mieux, il acquit le lendemain, par une dépêche de lui, la certitude qu'il ne l'avait pas reçue, et M. de Palikao ne parut pas s'en apercevoir, car il insista de nouveau auprès de lui, pour qu'il continuât à marcher rapidement à la rencontre de Bazaine. D'où il résulte *que le général en chef de l'armée de Metz « ne contribua pas seul à la marche de l'armée de Châlons sur la Meuse »*.

Le maréchal de Mac-Mahon, sans nouvelle de Bazaine, devait donc, le 26 août, tenir pour évident que le commandant de l'armée de Metz n'avait pu réussir à percer le mur d'airain qui l'enserrait et que toute jonction entre les deux armées françaises était devenue irréalisable.

Mac-Mahon avait fait un suprême effort pour porter secours à son compagnon d'armes ; mais il ne pouvait sacrifier, pour un résultat non pas simplement douteux, mais qu'il savait d'ores et déjà impossible à atteindre ; il ne pouvait sacrifier la seule armée qui restât pour défendre la capitale et soutenir efficacement la lutte.

Le 26 au soir, le maréchal Mac-Mahon fit appeler auprès de lui tous les commandants de corps d'armée placés sous ses ordres et leur donna des instructions détaillées et précises pour le retour à Paris. Le mouvement commençait à s'exécuter lorsque, dans la nuit, vers trois heures du matin, parvint au quartier général la dépêche suivante du ministre de la guerre :

« Paris, 27 août, 1 heure du matin.

« Si vous abandonnez Bazaine, la révolution est dans Paris et vous serez attaqué vous-même par toutes les forces de l'ennemi. Contre le dehors, Paris se gardera. Les fortifications sont terminées ; il me paraît urgent que vous puissiez parvenir rapidement jusqu'à Bazaine.

« Ce n'est pas le Prince royal de Prusse qui est à Châlons avec une avant-garde et des forces considérables de cavalerie....

« ...... *Vous avez au moins 36 heures d'avance sur lui, peut-être 48 heures. Vous n'avez devant vous qu'une partie des forces qui bloquent Metz, et qui, vous voyant vous retirer de Châlons sur Reims, s'étaient étendues vers l'Argonne. Votre mouvement* sur Reims les avait trompées, comme le Prince royal de Prusse. *Ici tout le monde a senti la nécessité de dégager Bazaine, et l'anxiété avec laquelle on vous suit est extrême.* »

On ne pouvait être ni plus pressant ni plus affirmatif. Cependant le maréchal hésitait encore quand, quelques heures plus tard, un second télégramme vint confirmer le premier; il était ainsi conçu :

« *Au nom du conseil des ministres et du conseil privé,* disait le comte de Palikao, *je vous* INVITE *à ne pas abandonner le maréchal Bazaine et à marcher sur Metz.* »

A la réception de ces dépêches, la décision de Mac-Mahon fut vite prise.

Un ordre formel lui était donné par son supérieur hiérarchique : il ne pouvait qu'obéir. Il ne se faisait aucune illusion sur les immenses périls vers lesquels on le précipitait.

Ce fut sans doute un terrible moment d'angoisse que celui où, n'ayant plus à délibérer, il dut prendre cette résolution suprême. Le maréchal, calme, impassible, se tourna alors vers ses officiers :

— Allons, leur dit-il, nous n'avons plus qu'à bien mourir !

On sait le reste.....

Cependant, si le projet de marche vers Metz trouvait dans les conseils de la régence des défenseurs acharnés, il rencontrait dans le conseil de défense des adversaires convaincus. Parmi ceux-ci M. Thiers se faisait remarquer, par sa vivavicité et son ardeur à désapprouver la marche sur la Meuse, M. Thiers qui, à cette époque, porta sur les événements une vue s pénétrante et si lucide qu'il semble avoir prévu presque toutes les conséquences de cette désastreuse campagne.

« A peine entré dans le conseil, dit-il, l'expédition de Sedan devint notre principale affaire. Ce qui me révoltait dans cette expédition projetée, c'était de penser qu'on allait prendre notre dernière armée pour l'envoyer périr dans les Ardennes. Les motifs qu'on avait pour tenter cette expédition étaient obscurs, difficiles à pénétrer, et nous formions toutes sortes de conjectures. En général, on disait que, dans le gouvernement, c'était l'impératrice qui voulait l'expédition par une sorte de point d'honneur qu'elle s'était fait à l'égard de Metz et du maréchal Bazaine, qu'il était odieux, disait-on, de laisser périr sans secours. Cette idée aurait été généreuse et juste si on n'avait laissé s'écouler tant de temps depuis nos premiers revers. Mais je répétais tous les soirs, et M. le général Trochu avec moi, que les Prussiens avaient eu le temps d'envelopper l'armée de Metz, qu'entre cette armée et Paris, il y avait un mur d'airain, un mur formé de 300,000 hommes et impossible à percer, que le seul résultat qu'on pût obtenir était de perdre inutilement nos dernières forces organisées; que la défense de Paris se concevait avec une armée de secours, campant et manœuvrant autour de ses murs; que sans une armée de ce genre, le siége de Paris serait une affreuse famine, destinée à finir par une reddition à merci et miséricorde, qu'on se priverait donc inévitablement et fatalement du seul moyen de rendre efficace la résistance de Paris, et que, si l'armée de Sedan ne périssait pas, le moins qui pût lui arriver serait d'être bloquée comme celle de Metz. »

« Vous avez un maréchal de bloqué, ajoutai M. Thiers; vous en aurez deux. »

Et, en dépit de toutes les objections qu'on lui opposait, M. Thiers persistait dans son opinion : il y revenait fréquemment et notre armée approchait de Sedan que cette discussion se poursuivait encore au sein du conseil de défense avec une grande vivacité. On croyait, hélas! qu'il était encore temps de modifier la marche du maréchal et d'éviter une catastrophe.

Enfin, un jour, cette question, ramenée sur le tapis, y était encore débattue avec une extrême violence, et la marche sur Sedan y était de nouveau sévèrement blâmée par M. Thiers, quand tout à coup M. Jérôme David se pencha vers lui, lui saisit la main et lui glissa ces mots à l'oreille :

— Monsieur Thiers, n'insistez pas; je vous parlerai tout à l'heure.

M. Thiers se tut alors, pensant bien qu'il y avait quelque chose d'extraordinaire qui rendait vaine toute discussion.

La séance fut promptement terminée et l'on se sépara vers une heure du matin.

M. Jérôme David suivit M. Thiers. Lorsqu'ils se trouvèrent dans la rue Saint-Dominique, le premier, une fois seul avec M. Thiers, lui apprit la terrible nouvelle, encore tenue secrète.

— L'Empereur, lui dit-il avec une indicible tristesse, l'Empereur est prisonnier; le maréchal Mac-Mahon est blessé mortellement.

A ces paroles, M. Thiers resta stupéfait et consterné. Il comprit toute la grandeur de la catastrophe : il voyait le pays perdu, l'intégrité de son territoire profondément atteinte. Enfin il était navré d'apprendre que le maréchal de Mac-Mahon allait mourir. Il ne l'avait vu qu'une fois; mais cette seule rencontre avait suffi pour lui inspirer une vive sympathie.

La conversation engagée entre ces deux hommes, l'un qui avait de toutes ses forces lutté contre les entraînements d'une politique imprudente, l'autre qui avait tout fait pour les provoquer, cette conversation se poursuivit fort avant dans la nuit. Que de tristes réflexions ils échangèrent! quelles craintes pour l'avenir ils durent exprimer! de quelles angoisses étaient étreintes ces deux âmes si différentes, si opposées, ces deux esprits que tout avait séparés, mais qui, sincères tous deux, se trouvaient réunis dans la même sollicitude pour le sort de la patrie! On ne saurait le dire.

Ce que M. Jérôme David venait d'annoncer à M. Thiers n'était que trop vrai.

La marche sur Sedan s'était terminée par un immense désastre. Elle s'était d'ailleurs effectuée dans les plus déplorables conditions. L'arrière-garde, commandée par le général de Failly, s'était laissée surprendre à Beaumont.

Pressé par deux armées chacune supérieure en nombre à la nôtre, le maréchal, parti de Reims avec 100,000 hommes, n'en avait plus que 80,000. Entourés presque de toutes parts, nos soldats, dont le moral était déjà ébranlé, allaient, là comme à Wœrth, avoir à lutter un contre trois.

La bataille s'engagea le 1er septembre dès la pointe du jour. La situation de l'armée était grave, mais le maréchal pouvait peut-être encore se frayer un passage vers Mézières, lorsque, à six heures et quart du matin, il fut très-grièvement blessé à la cuisse par un éclat d'obus. Il dut abandonner le commandement qui, remis par lui au général Ducrot, fut ensuite réclamé, en vertu d'une lettre du ministre de la guerre, par le général Wimpffen.

Ce qui advint, tout le monde le sait. Il n'y eut bientôt plus aucun salut à espérer pour l'armée, qui dut subir la plus malheureuse des capitulations.

Quant au maréchal, on le crut d'abord frappé mortellement; mais la Providence nous épargna ce nouveau malheur; la France avait encore besoin de ses services, de ses talents, de son dévouement inaltérable; Mac-Mahon lui fut conservé.

Transporté à Sedan même aussitôt après qu'il eut été blessé, il y resta deux jours. Il fut conduit ensuite à Pourru-au-Bois, petit village voisin, à quelque distance de la frontière belge. Enfin, dès que sa guérison fut à peu près complète, c'est-à-dire dans la première quinzaine de novembre, voulant partager le sort de ses soldats, il se rendit à Wiesbaden, où il resta jusqu'à la paix.

Les résultats de cette désastreuse campagne sont connus; la commission d'enquête parlementaire, ouverte sur ces faits navrants, en résume ainsi les funestes conséquences :

« Un maréchal de France, 39 généraux, 2,700 officiers, 84,000 soldats, 400 pièces de campagne, tombent aux mains de l'ennemi, et les Prussiens marchent sur Paris. » La capitulation de l'armée française à Sedan, dit le major Blume, était signée au château de Bellevue, le 2 septembre, à onze heures et demie du matin ; et à midi le roi envoyait déjà les ordres préparatoires à la 3e armée de l'armée de la Meuse pour la reprise de la marche sur la capitale de la France. » (Major Blume, p. 16.)

« A cette terrible nouvelle, l'empire s'écroule. Un empire, qui devait une partie de son prestige à la gloire militaire de son premier fondateur, pouvait difficilement survivre à une telle catastrophe.

« Dans sa douleur, le peuple, qui, depuis un mois, s'enivrait de l'espoir du triomphe, s'en prit à tout le monde. Il ne voulut pas, il ne put pas s'expliquer les causes de la défaite. Il accusa l'armée et ses chefs ; les mots de trahison circulèrent de bouche en bouche. La vérité cependant était, qu'une armée brave, mais en voie de formation, dont les divers corps n'étaient pas encore réunis et pourvus des choses nécessaires pour combattre, qui n'avait pas un matériel complet, dont les éléments enfin n'avaient pas pu prendre une cohésion suffisante, avait rencontré une armée solide, supérieure en nombre, bien organisée et bien conduite. »

Oui, certes, le peuple ne voulait pas croire que des désastres si grands, si subits, aient pu nous accabler sans que la trahison y eût eu quelque part. La plupart de nos généraux furent l'objet d'outrageuses accusations. Un seul peut-être conserva toujours le respect universel, sans que le soupçon osât un instant l'effleurer : ce fut le héros de Magenta, le vaincu de Wœrth, le blessé de Sedan.

CHAPITRE VII

1871-1873

—

Sommaire. — Retour du maréchal en France. — Insurrection du 18 mars. — Les illusions. — L'armée de Versailles. — Mac-Mahon général en chef. — Forces des insurgés. — Les forts. — Ducatel au Point-du-Jour. — Entrée des troupes dans Paris; la guerre des rues. — Fin de la lutte; proclamation du Maréchal. — L'épée d'honneur. — Etat des esprits. — Les partis dans l'Assemblée. — La « politique du message ». — La crise décisive. — M. Thiers donne sa démission. — Le maréchal de Mac-Mahon président de la République. — Le ministère du 25 mai. — Premier message du président; sa ligne de conduite. — Comment la Bourse accueille son élévation. — — Le Shah de Perse à Paris. — La fusion. — Les projets monarchiques. — L'armée et la politique. — Le devoir du soldat. — La royauté est faite. — Manifeste du comte de Chambord. — Le « Bayard des temps modernes ». — La proposition Changarnier. — Nécessité de créer un pouvoir stable. — La prorogation pour sept ans et les lois constitutionnelles. — Déclaration du président de la République. — Séance du 18 novembre. — MM. Bertault et Prax-Paris. — Discours de M. de Castellane. — M. Jules Simon et les *dix* voix de majorité. — MM. Rouher et Naquet. — Discours de M. Depeyre. — La séance de nuit du 19 novembre. — M. de Broglie. — Le vote. — Le maréchal de Mac-Mahon président pour sept ans. — Message du 21 novembre. — Le nouveau ministère.

La patrie, frappée au cœur par les revers successifs qui avaient amené la révolution du

4 septembre, n'avait cependant pas atteint le comble de ses maux. La guerre, et quelle guerre! se poursuivit à outrance. De nouvelles défaites détruisirent nos armées improvisées, épuisèrent nos dernières ressources; Paris affamé dut se rendre. Il fallut conclure une paix cruelle qui nous enlevait deux provinces et nous imposait une rançon de cinq milliards.

Enfin la guerre civile devait faire succéder ses horreurs à toutes celles de la guerre étrangère.

Le maréchal de Mac-Mahon n'était rentré à Paris que le 16 mars 1871. Deux jours après éclatait la terrible insurrection de la Commune.

M. Thiers dut se retirer sur Versailles et y rallier toutes les troupes. Le maréchal s'y rendit. Le chef du pouvoir exécutif dut, avant d'entreprendre des opérations militaires d'une certaine importance, réorganiser l'armée et lui donner la cohésion dont elle manquait. Il mit à la tête des divers corps les généraux les plus expérimentés et les plus considérés; enfin, le 6 avril, il nomma le maréchal de Mac-Mahon général en chef de toutes les forces dont il pouvait disposer. Alors le second siège commença.

On sait ce que fut cette lutte désolante, et au milieu de quelles scènes de dévastations elle se termina; mais, sans chercher à en retracer la triste histoire, il est intéressant de connaître les appréciations du maréchal sur l'ensemble des faits.

« Dès le début, a-t-il raconté lui-même, lorsque les troupes ont marché contre les insurgés, elles se sont trouvées en face non-seulement d'une masse d'hommes armés considérable, mais d'une foule nombreuse qui les suivait et semblait faire cause commune avec eux. On peut donc en conclure, tout d'abord, que les insurgés étaient organisés depuis longtemps et prêts à la résistance. Un fait qui vient à l'appui de cette assertion, c'est que, dès que les troupes eurent quitté Paris, les insurgés dirigèrent du monde sur les forts, et s'en emparèrent. Quelque temps après, ils prirent l'offensive ; ils se portèrent sur Neuilly et même jusqu'à Rueil, où ils sont arrivés au nombre de 17,000 hommes, tandis qu'ils tentaient une autre sortie par le sud, dans la direction de Châtillon. Ces mouvements indiquent qu'ils étaient organisés et qu'ils avaient un but.

« Cependant, avant le 18 mars, le gouvernement ne paraissait pas prévoir une pareille résistance. Ce qui me porterait à le croire, c'est que le 18 au matin, ayant entendu battre le rappel dans le faubourg Saint-Germain, que j'habitais, et m'étant rendu chez le ministre de la guerre, je trouvai ses officiers, que je connaissais presque tous, très-calmes et sans inquiétude. Ils m'assurèrent que tout était terminé, que les troupes s'étaient emparées des buttes Chaumont, qu'elles occupaient une partie des hauteurs de Montmartre, et que, si on faisait battre le rappel, ce n'était pas pour faire agir la garde nationale, mais dans le but de pouvoir dire qu'elle avait concouru aux opérations de l'armée.

« On ne s'attendait donc pas évidemment à une résistance aussi grande que celle qu'on a rencontrée, et à ce propos je me permettrai de remarquer qu'on est souvent tombé chez nous dans des illusions du même genre. Depuis trente et quelques années seulement notre histoire en offre des exemples frappants. J'ai été témoin de quelques-uns. La première expédition de Constantine en 1837, celles de Rome, de Sébastopol, du Mexique, et enfin la guerre de 1870. Dans chacune de ces entreprises nous n'avons pas su mesurer, du premier coup, l'étendue des difficultés à vaincre. Est-ce là un défaut naturel de notre esprit porté à se créer des illusions, ou la conséquence du régime constitutionnel sous lequel on craint souvent de demander aux Chambres des ressources suffisantes ? Je ne saurais le décider.

« Quoi qu'il en soit, les troupes évacuèrent Paris, elles abandonnèrent même tous les forts, à l'exception du Mont-Valérien, et se retirèrent à Versailles, en ne laissant entre cette ville et Paris qu'un seul régiment chargé d'occuper Sèvres et Saint-Cloud,

« On était depuis quelques jours seulement à Versailles, et déjà l'opinion publique impatiente accusait le gouvernement de faiblesse et prétendait qu'avec les forces dont on disposait on pouvait marcher sur Paris. A mon avis, c'était une grande erreur, c'était une illusion analogue à celle dont je vous parlais tout à l'heure. Le gouvernement a bien fait de n'y pas céder et d'attendre pour attaquer Paris que l'armée fût organisée. Pour s'en convaincre, il suffit de jeter un coup d'œil sur l'état de cette armée au moment où elle a quitté Paris.

« Elle se composait alors de trois divisions d'infanterie seulement et d'une brigade de cavalerie. De ces trois divisions, il n'y en avait qu'une qui fût solidement constituée : c'était la division Faron. Elle était formée de troupes qui n'avaient point été désarmées. Vous savez, en effet, que, d'après les conventions faites avec les Prussiens, il avait été décidé que nous ne conserverions dans Paris qu'un corps de 12,000 hommes pour le maintien de l'ordre, et c'était la division Faron qui avait été conservée. Toutes les autres troupes avaient été désarmées et renvoyées de la capitale.

« Ce chiffre de 12,000 hommes paraissant trop faible, eu égard à l'esprit qui animait une grande partie de la population et de la garde nationale, et au nombre considérable de fusils dont celle-ci disposait, on obtint des Prussiens de le porter à 40,000 hommes. Mais ce dernier chiffre était loin d'être atteint quand éclatèrent les événements. On avait bien formé deux nouvelles divisions pour les ajouter à la division Faron ; mais, outre qu'elles étaient numériquement assez faibles, elles manquaient encore de consistance, de cohésion ; elles étaient composées d'hommes rassemblés de toutes les parties de la France. Beaucoup de ces hommes étaient très-jeunes, sans instruction, sans expérience ; les cadres étaient incomplets et formés d'éléments très-divers. Les officiers, venus de tous les côtés, comme la troupe, ne connaissaient pas leurs hommes, et souvent ne se connaissaient pas entre eux. C'étaient de mauvaises conditions pour combattre et pour aborder les obstacles sérieux que présentait Paris.

« Les insurgés avaient, en effet, mis à profit tous les moyens de défense accumulés pendant le siége soutenu contre les Prussiens. Ils disposaient d'une artillerie formidable et d'au moins 450,000 fusils. Ils avaient des munitions en abondance et étaient parfaitement retranchés. Les forts du Sud étaient entre leurs mains; l'enceinte de la ville était intacte, les ponts-levis en bon état, et des ouvrages défendaient l'approche de toutes les portes. Enfin, au delà de l'enceinte, de nouvelles lignes de défense avaient été préparées.

« Dans ces conditions, il était sage de ne pas s'exposer à un échec par une précipitation fâcheuse, et M. le chef du pouvoir exécutif eut raison de procéder d'abord à la réorganisation de l'armée avant de rien entreprendre.

« Il fit revenir à Versailles la division Bruat, qui avait gardé l'Assemblée à Bordeaux et qui était composée de bonnes troupes. Il fit venir, en outre, des régiments de toute la France, et en forma cinq divisions nouvelles; il y ajouta trois divisions de cavalerie, qu'il réunit en un corps d'armée, et me donna le commandement de toutes ces forces le 6 avril. J'hésitai d'abord à l'accepter et en fis connaître les raisons; mais, sur les observations qui me furent faites, je crus devoir céder.

« Dès le début, j'eus occasion de reconnaître chez M. le chef du pouvoir exécutif une disposition que je me plais à constater, et qui n'a pas été sans influence sur la marche des choses. Il avait une confiance entière dans l'armée et ne doutait pas du succès; il réunissait souvent les officiers généraux à sa table, leur manifestait ses sentiments, et leur faisait partager son opinion sur le résultat final de la lutte, opinion fort légitime, du reste, puisque l'Assemblée, sur laquelle il s'appuyait, représentait la France, et qu'il avait ainsi pour lui le droit, et la force pour le faire prévaloir.

« Ces réunions donnaient lieu souvent, de la part des généraux, à des observations relatives aux difficultés de la situation. M. le chef du pouvoir s'efforçait de les lever; mais il était indispensable de les signaler, car la tendance à ne voir de difficultés nulle part commençait à reparaître. On s'étonnait, par exemple, qu'on n'eût pas enlevé les forts d'Issy et de Vanves d'un coup de main, mais particulièrement celui d'Issy, qu'on disait à moitié détruit par les Prussiens et dont on pouvait s'emparer, assurait-on, avec une poignée d'hommes et quelques échelles. Cela n'était point exact. Ce fort avait souffert à la vérité; quelques casemates avaient été enfoncées et une partie de l'escarpe détruite. Mais les ouvertures faites dans les casemates avaient été bouchées avec des sacs à terre; les déblais tombés dans le fossé avaient été enlevés, et le mur d'escarpe avait été rendu de nouveau infranchissable.

« Les observations faites après le siége ne laissent pas de doute à cet égard. Pendant une dizaine de jours, notre artillerie a tiré sur une des courtines du fort avec des pièces nombreuses et de gros calibre. Les effets de nos projectiles sur une muraille déjà entamée par les projectiles prussiens ont déterminé une brèche, qui était à la rigueur praticable, mais qui n'avait guère plus de deux mètres et demi de largeur vers le haut, et qu'il aurait fallu agrandir pour donner passage à une colonne d'assaut. Dans tous les cas, la contrescarpe était restée intacte, et, par suite, la descente dans le fossé était une opération difficile.

« On a donc eu raison de ne pas tenter cette attaque prématurément. Pour justifier cette tentative, on disait, en outre, que la garnison du fort était ivre toutes les nuits. Sur la foi de ce renseignement, on a essayé de s'approcher des remparts pendant la nuit; mais chaque fois, nos troupes ont été reçues à coups de canon et à coups de fusil. Il est vrai que, pendant une soirée, les fédérés ont abandonné le fort; mais on ne l'a su que le lendemain. Eudes avait alors réoccupé ce poste; l'ennemi était sur ses gardes quand on s'est présenté; donc la surprise était devenue impossible.

« Quelques jours après, un détachement de travailleurs, croyant la place abandonnée, se jeta, sans ordres, sur le pont-levis, le trouva fermé et fut ramené avec pertes.

« On s'était imaginé que les batteries de Montretout renverseraient les murailles de Paris; c'était une autre erreur; le gouvernement prit le sage parti de recourir aux opérations d'un siége régulier. La première chose à faire était de choisir un point d'attaque. L'enceinte bastionnée de Paris, de la porte Maillot à la porte de Gentilly, se développe sur deux longues lignes droites, qui se rencontrent vers le Point-du-Jour et y forment un saillant prononcé; c'est ce saillant qu'on résolut d'attaquer. Mais pour y arriver, il fallait préalablement s'emparer du fort d'Issy, dont les feux prennent le Point-du-Jour à revers.

« Cette mission fut confiée au 2e corps, sous les

ordres du général de Cissey, qui commença ses travaux d'approche le 12 avril, pendant que le 1er corps, à l'aile gauche, sous les ordres du général de Ladmirault, s'emparait de tout le cours de la Seine jusqu'à Asnières. On sait avec quelle rapidité le général de Cissey et son chef du génie, le général de Rivière, poussèrent les opérations du siége d'Issy. Dès le 26, on put reconnaître, à l'attitude des insurgés, qu'ils étaient ébranlés par les progrès de l'attaque. Le génie en profita pour pousser hardiment ses tranchées entre le fort et la ville, de manière à leur couper toute retraite; entreprise périlleuse qu'autorisait le commencement de démoralisation remarqué chez l'ennemi. Le but était près d'être atteint; il ne restait plus qu'un petit intervalle de quelques centaines de mètres à fermer, entre l'église d'Issy et le chemin qui conduit à Clamart; on espérait faire prisonniers tous les hommes enfermés dans le fort; mais, au dernier moment, ils profitèrent de la nuit pour s'échapper.

« Le 9 mai, nos troupes entrèrent dans le fort abandonné. Maîtres de ce point et du Mont-Valérien, on pouvait cheminer vers le Point-du-Jour sans être inquiété sur ses flancs.

« Le général Douay, qui commandait le 4º corps, devait être chargé de cette attaque; il devait être secondé sur sa gauche par le 5e corps, aux ordres du général Clinchant. A partir de ce moment, les attaques de droite et de gauche marchent pour ainsi dire parallèlement. L'attaque de droite est dirigée contre le fort de Vanves; l'attaque de gauche s'avance dans le bois de Boulogne et embrasse bientôt toute la partie de l'enceinte comprise entre la Seine et la porte de la Muette.

« Après la prise du fort de Vanves, le 2e corps menace les portes de Sèvres et d'Issy et entreprend de faire brèche au bastion 69. Les 4e et 5e corps, sous la protection des batteries de Montretout et du Mont-Valérien, s'avancent pour couronner le chemin couvert vers Auteuil, Passy et la porte de Saint-Cloud.

« Des batteries sont établies pour faire brèche aux bastions 62 et 63 ; d'autres sont destinées à abattre les pont-levis, les grilles et les murs qui fermaient les portes de Saint-Cloud, d'Auteuil, de Passy et de la Muette.

« D'après le degré d'avancement des travaux on espérait pouvoir entrer dans Paris le 22 ou le 23.

« Voici, à la date du 24, quel était l'état des choses :

« Le flanc gauche du bastion 69, sur la rive gauche, en face du 2e corps, était fortement entamé. En prolongeant le feu quelque temps encore, on était certain d'y avoir une brèche praticable.

« Sur la rive droite, le mur reliant le bastion 67 à la Seine était complètement détruit. Le 4e corps touchait presque à la porte de Saint-Cloud, dont une partie du pont-levis était abattue ; un peu plus à gauche, il couronnait le chemin couvert. Les murs élevés devant les portes de Passy et de la Muette étaient renversés, mais les grilles étaient encore debout et présentaient de grandes difficultés. Les boulets les traversaient sans les abattre. L'artillerie pourtant ne doutait pas qu'avec un jour de plus de feu, elle en viendrait à bout et qu'elle pourrait livrer ainsi un large passage à l'armée. L'ouverture de la porte de la Muette est de 120 mètres.

« Pour donner le temps de détruire ces derniers obstacles, je venais de prescrire de différer l'attaque jusqu'au 23, lorsqu'on me rendit compte que le Point-du-Jour était abandonné par les insurgés, et que, sur l'avis qui leur en avait été donné par M. Ducatel, conducteur des ponts et chaussées, deux compagnies du 37ᵉ y avaient pénétré. Quelques sapeurs, munis d'outils, les avaient suivies et avaient établi une passerelle avec les débris du pont-levis.

« Les gardes de tranchées et les travailleurs furent amenés en toute hâte pour soutenir le combat; car, malgré cette surprise, les insurgés n'avaient pas perdu l'espoir de défendre Paris. Il y avait, en arrière de l'enceinte, de nombreux obstacles qui pouvaient nous arrêter. Derrière la porte de Saint-Cloud se trouvait le chemin de fer de Ceinture, qui formait une ligne de défense naturelle. Les arcades du viaduc avaient été murées pendant le siége et les murs percés de créneaux.

« Un peu plus loin, on rencontrait le château et le parc de la Muette, entourés de fossés, de parapets, de grilles et de batteries qui en rendaient l'abord inaccessible du côté des remparts. De la Muette jusqu'à la Seine, tous les murs de clôture étaient crénelés et formaient comme une seconde enceinte.

« Toutes les avenues, toutes les places étaient couvertes de barricades et défendues par des canons. Enfin, Montmartre et les buttes Chaumont étaient comme des réduits, où l'insurrection pouvait se concentrer et faire une défense désespérée.

« Tels étaient les obstacles qui attendaient l'armée dans Paris. Elle est parvenue à les surmonter sans de trop grands sacrifices; ses pertes, eu égard à la difficulté de la tâche, ont été relativement assez faibles. Elle a eu 600 hommes tués et 7,000 blessés environ. Il n'en faudrait pas conclure que la lutte n'a pas été aussi sérieuse qu'on l'a représentée. La défense de Paris avait été organisée de longue main et d'une façon formidable contre les Prussiens. L'insurrection en a profité et n'a rien ménagé pour rendre la victoire de l'armée aussi sanglante que possible. Si celle-ci n'a pas fait plus de pertes, il faut attribuer ce résultat aux précautions qui ont été prises, à la prudence des opérations et à la façon dont les chefs ont conduit leurs troupes. »

Tel est, dans son énergique concision, le récit qu'a donné le maréchal de Mac-Mahon des opérations militaires qui ont amené la prise de Paris. Son opinion sur l'esprit et l'attitude des insurgés est aussi intéressante à recueillir.

« Dans le premier moment, dit-il, il y avait chez ces gens-là une grande surexcitation. Quelques-uns se sont battus avec une énergie extraordinaire. Il en est qui, leur drapeau rouge à la main, se sont fait tuer sur les barricades; ils paraissaient croire qu'ils défendaient une cause sacrée, l'indépendance de Paris. Dans leur exaltation, quelques-uns pouvaient être de bonne foi.

« Il y avait donc d'abord une grande exaltation chez eux; huit jours après, c'était l'inverse : il y avait un affaissement général; ils disaient qu'ils n'avaient pris les armes que parce qu'ils ne pouvaient pas faire autrement; qu'on les forçait de marcher, qu'on tirait sur eux par derrière; d'autres disaient que c'était pour vivre; enfin, que c'était pour empêcher le désordre. »

Nous n'avons point ici à raconter toutes les péripéties de la lutte. Qu'il nous suffise de rappeler que le 28 à quatre heures tout était fini. A cinq heures le maréchal annonçait ce résultat en ces termes :

« Habitants de Paris,

« L'armée de France est venue vous sauver. — Paris est délivré.— Nos soldats ont enlevé à quatre heures les dernières positions des insurgés.

« Aujourd'hui la lutte est terminée; l'ordre, le travail et la sécurité vont renaître.

« Au quartier général, le 28 mai 1871.

« *Le maréchal de France, commandant en chef,*

« DE MAC-MAHON, DUC DE MAGENTA. »

Les éclatants services que le maréchal de Mac-Mahon venait de rendre à la cause de l'ordre, de la civilisation, au salut même du pays, devaient lui attacher la reconnaissance de tous ceux qu'il venait de délivrer, reconnaissance déjà tant de fois méritée. Il en reçut de nombreux et vifs témoignages. Une souscription publique, dont le journal *le Figaro* prit l'initiative, fut ouverte pour lui offrir une épée d'honneur qui devait perpétuer le souvenir de la victoire remportée sur les fauteurs de la guerre civile.

Mais une récompense plus haute encore lui était réservée.

Profondément ébranlée par les épouvantables malheurs qu'elle avait subis, épuisée de sang et de forces, la nation commença à respirer, elle reprit peu à peu courage. Elle avait sa rançon à payer, son crédit à reconstituer, ses pertes à réparer. Laborieuse ouvrière, elle se remit résolûment au travail. La paix et le calme lui étaient rendus. A défaut de l'ordre moral, elle avait du moins retrouvé l'ordre matériel.

Dans l'état des esprits encore tout troublés, après des secousses si nombreuses et si violentes, on ne pouvait espérer que toutes les passions s'apaisassent subitement, et que la fièvre politique que les derniers événements avaient allumée s'éteignît tout à coup. Non, assurément, les partis devaient encore s'agiter, les ambitions se déployer, et cela d'autant plus sûrement que l'organisation même des pouvoirs publics et l'observation de cette trêve désignée sous le nom de pacte de Bordeaux laissaient une libre carrière à toutes les espérances et ne décourageaient aucune prétention.

L'antagonisme des partis se manifesta à plusieurs reprises, avec plus ou moins de violence, au sein même de la représentation nationale. La majorité conservatrice se montra plus d'une fois inquiète des tentatives de la gauche radicale, et témoigna dans diverses circonstances son désir de voir le gouvernement rompre absolument, par une scission ouverte et publique, avec ce parti. Pendant les deux années qui suivirent la défaite de la Commune, plusieurs conflits s'élevèrent entre le président de la République et la majorité; mais l'esprit de conciliation finissait par l'emporter et des concessions réciproques ramenaient la concorde.

Cependant, le 13 novembre, M. Thiers avait adressé à l'Assemblée nationale un message dans lequel il exprimait le désir de voir organiser sur des bases définitives l'ordre de choses qui n'existait jusqu'alors qu'à titre provisoire. La majorité avait vu dans ce message une sorte de manifeste qui, en favorisant plus particulièrement les institutions républicaines, portait atteinte au pacte de Bordeaux. Elle protesta. L'accord se rétablit; mais il ne devait pas être de longue durée.

Enfin une crise, décisive cette fois, éclata, lorsque le président de la République, au mois de mai 1873, vint affirmer de nouveau à la tribune la nécessité de suivre la ligne de conduite qu'il avait tracée et qui avait reçu le nom de « politique du message. » La majorité était résolue à la résistance; elle fit une vive opposition aux idées du président qui, à la suite d'un ordre du jour défavorable à son gouvernement, crut devoir donner sa démission. Cette démission fut acceptée, le 24 mai, par l'Assemblée, après une séance des plus orageuses; elle voulut en outre procéder sans désemparer à la nomination d'un nouveau président. Elle porta ses vues sur le maréchal de Mac-Mahon, qui fut élu par 390 voix, sur 392 votants, l'extrême gauche et la gauche s'étant abstenues.

Il fut décidé qu'une députation du bureau de l'Assemblée se rendrait auprès du nouveau président pour lui faire part de cette décision. La séance ne devait être levée que lorsqu'on aurait reçu la réponse du maréchal, car on n'était encore nullement certain de son acceptation.

Il n'était certes pas évident, en effet, que le maréchal, absolument maître de la situation, et assuré qu'il était du dévouement de l'armée, consentirait à accepter la dignité, suprême mais dangereuse, qu'on lui offrait.

Il n'envisageait pas sans une sorte de crainte les graves responsabilités qui désormais allaient peser sur lui. Il ne pouvait que se résoudre difficilement à remplir, lui, soldat, lui, l'homme des camps et des champs de bataille, la première magistrature du pays. Les dangers de la politique lui semblaient autrement redoutables que ceux de la guerre. Il était résolu à refuser le périlleux honneur que l'Assemblée venait de lui décerner. Il ne céda qu'aux instantes prières de M. Buffet et des députés qui l'accompagnaient.

Le président de l'Assemblée rendit compte en ces termes de la mission qu'il venait de remplir et du succès qui avait couronné ses efforts :

« Messieurs,

« Conformément aux ordres de l'Assemblée, une députation de son bureau, dont j'avais l'honneur de faire partie, s'est rendue auprès de M. le maréchal de Mac-Mahon, et lui a fait part de la décision de l'Assemblée.

« Je dois dire que, pour vaincre la résistance, les objections et les scrupules de l'illustre maréchal, nous avons dû faire un énergique appel à cet esprit de dévouement, de sacrifice au pays, dont le maréchal a déjà donné tant de preuves, et dont il donne aujourd'hui une preuve plus éclatante encore, en acceptant les hautes, mais si difficiles fonctions que l'Assemblée lui confie.

« Je suis chargé par M. le maréchal, — ce qui est peut-être d'ailleurs superflu, — d'exprimer l'espérance et la conviction que MM. les ministres actuels continueront à exercer leurs fonctions jusqu'à ce qu'un nouveau ministère ait été formé. »

De nombreux applaudissements, plusieurs fois répétés, accueillirent cette déclaration.

De son côté le maréchal adressait à l'Assemblée nationale la lettre suivante :

« Messieurs les représentants,

« J'obéis à la volonté de l'Assemblée, dépositaire de la souveraineté nationale, en acceptant la charge de président de la République. C'est une lourde responsabilité imposée à mon patriotisme. Mais avec l'aide de Dieu, le dévouement de notre armée, qui sera toujours l'armée de la loi, l'appui de tous les honnêtes gens, nous continuerons ensemble l'œuvre de la libération du territoire et du rétablissement de l'ordre moral dans notre pays. Nous maintiendrons la paix intérieure et les principes sur lesquels repose la société. Je vous en donne ma parole d'honnête homme et de soldat.

« Maréchal DE MAC-MAHON,
« DUC DE MAGENTA. »

Le lendemain, dimanche 25 mai, le ministère du nouveau gouvernement était formé. Il était ainsi composé :

M. le duc DE BROGLIE, ministre des affaires étrangères, vice-président du conseil.

M. Ernoul, garde des sceaux, ministre de la justice.

M. Beulé, ministre de l'intérieur.

M. Magne, ministre des finances.

M. le général de Cissey, ministre par intérim de la guerre, remplacé quelques jours après par M. le général du Barail.

M. le vice-amiral de Dompierre d'Hornoy, ministre de la marine et des colonies.

M. Batbie, ministre de l'instruction publique, des cultes et des beaux-arts.

M. Deseilligny, ministre des travaux publics.

M. de la Bouillerie, ministre de l'agriculture et du commerce.

Le lundi, 26 mai, le président de la République exprimait, dans son message à l'Assemblée, comment il comprenait les devoirs que sa haute situation lui imposait et les considérations qui l'avaient guidé dans le choix de son ministère ce message était ainsi conçu :

« Messieurs,

« Appelé par l'Assemblée nationale à la présidence de la République, j'ai exercé sans retard le pouvoir que vous m'avez confié, et fait choix d'un ministère dont tous les membres sont sortis de vos rangs.

« La pensée qui m'a guidé dans la composition de ce ministère, et celle qui devra l'inspirer lui-même dans tous ses actes, c'est le respect de vos volontés et le désir d'en être toujours le scrupuleux exécuteur.

« Le droit de la majorité est la règle de tous les gouvernements parlementaires. Mais cette règle est surtout d'une application nécessaire dans les institutions qui nous régissent, en vertu desquelles le magistrat chargé du pouvoir exécutif n'est que le délégué de l'Assemblée en qui réside la seule autorité véritable et qui est l'expression vivante de la loi.

« Cette Assemblée, dans le cours des deux années d'existence qu'elle a déjà parcourues, a eu deux grandes tâches à remplir : libérer notre territoire envahi après d'affreux malheurs, et rétablir l'ordre dans une société travaillée par l'esprit révolutionnaire.

« La première de ces deux tâches a été poursuivie avec un dévouement constant, non par la majorité seulement, mais par l'unanimité de ses représentants, la France peut le dire avec orgueil. Aucune des grandes mesures qui ont eu pour but le rachat de notre indépendance nationale n'a soulevé dans cette enceinte un débat ni rencontré un contradicteur.

« Disons bien haut que ces mesures n'auraient pu être prises si le pays lui-même, le pays tout entier ne s'y était prêté, quelque onéreuses qu'elles fussent, avec une patience héroïque qui n'a laissé échapper ni une réclamation ni un murmure. Ce concours de toutes les classes est la force principale qui est venue en aide, dans d'habiles et patriotiques négociations, à l'homme illustre que je remplace, et dont une dissidence, que je déplore, sur la politique intérieure, a seule pu vous séparer.

« Je compte sur vous, messieurs, pour retrouver la même force dans les efforts que je devrai faire, afin d'achever par l'entière exécution de nos engagements cette œuvre aujourd'hui, grâce à Dieu, presque accomplie.

« La tâche, d'ailleurs, sera facilitée par les excellents rapports que le dernier gouvernement a su rétablir entre la France et les puissances étrangères et que je m'efforcerai d'entretenir.

« Ma ligne de conduite à cet égard sera exactement celle qui a été indiquée plusieurs fois par mon prédécesseur, à cette tribune, et que vous avez toujours approuvée : Maintien de la paix assez hautement professé et pratiqué pour que l'Europe, convaincue de notre sincérité, ne puisse voir dans la réorganisation de notre armée, — à laquelle je continuerai de travailler sans relâche, — que le désir légitime de réparer nos forces et de conserver le rang qui nous appartient.

« Dans la politique intérieure, le sentiment qui a dicté tous vos actes est l'esprit de conservation sociale. Toutes les grandes lois que vous avez votées à d'immenses majorités ont eu ce caractère essentiellement conservateur. Quelquefois divisés sur les questions purement politiques, vous vous êtes trouvés aisément réunis sur le terrain de la défense des grands principes fondamentaux sur lesquels repose la société, et que menacent aujourd'hui tant d'audacieuses attaques.

« Le gouvernement qui vous représente doit donc être et sera, je vous le garantis, énergiquement et résolûment conservateur.

« Des lois très-importantes sur l'organisation de l'armée, sur l'administration municipale, sur l'enseignement public, sur d'autres questions encore qui touchent à des intérêts de premier ordre, commerciaux et financiers, sont préparées ou débattues en ce moment dans vos commissions. Je crois avoir choisi des ministres compétents pour en traiter avec vous.

« D'autres lois qui soulèvent des questions constitutionnelles d'une haute gravité ont été présentées par mon prédécesseur, qu'une décision expresse de vous en avait déchargé. Vous en êtes saisis; vous les examinerez, le gouvernement lui-même les étudiera avec soin, et quand viendra le jour où vous jugerez convenable de les discuter, il vous donnera sur chaque point son opinion réfléchie.

« Mais pendant que vous délibérez, messieurs, le gouvernement a le devoir et le droit d'agir. Sa tâche est, avant tout, d'administrer, c'est-à-dire d'assurer par une application journalière l'exécution des lois que vous faites et d'en faire pénétrer l'esprit dans les populations. Imprimer à l'administration entière l'unité, la cohésion, l'esprit de suite, faire respecter partout et à tout instant la loi, en lui donnant à tous les degrés des organes qui la respectent et se respectent eux-mêmes, c'est un devoir étroit, souvent pénible, mais par là même plus nécessaire à remplir à la suite des temps révolutionnaires. Le gouvernement n'y faillira pas.

« Telles sont, messieurs, mes intentions, qui ne sont autres que de me conformer aux vôtres. A tous les titres qui commandent notre obéissance, l'Assemblée joint celui d'être le véritable boulevard de la société menacée en France et en Europe par une faction qui met en péril le repos de tous les peuples, et qui ne hâte votre dissolution que parce qu'elle voit en vous le principal obstacle à ses desseins.

« Je considère le poste où vous m'avez placé comme celui d'une sentinelle qui veille au maintien de l'intégrité de votre pouvoir souverain.

« Maréchal DE MAC-MAHON,

« DUC DE MAGENTA. »

Le maréchal avait en outre adressé à la nation une ferme et brève proclamation dans laquelle il déclarait, en accordant pleine justice aux grands services rendus par M. Thiers, que les institutions existantes ne subiraient pas, par suite de ce changement de personne, la moindre atteinte.

La nomination du maréchal de Mac-Mahon avait été accueillie avec une vive satisfaction, et comme un gage de sécurité pour l'avenir, par tout ce que le pays compte d'hommes d'ordre, de paix et de travail.

La Bourse se fit l'interprète de l'opinion publique et traduisit par des faits l'impression qu'avait produite sur le monde des affaires l'évolution parlementaire qui venait de s'accomplir :

De 54,95, cours du 23 mai, le 3 0/0 s'élevait à 56,85 le 31.

De 77,50, le 4 1/2 0/0 montait à 80,75.

De 87,92, l'Emprunt 5 0/0 montait à 91,10.

Enfin le 5 0/0 libéré s'élevait de 86,85 à 89,80.

Une période de calme succéda à cette transformation gouvernementale.

Le voyage en France du shah de Perse Nasser-Eddin fut l'occasion de fêtes splendides auxquelles le maréchal et madame de Mac-Mahon présidèrent avec une grâce et une dignité parfaites. A son départ, le shah put dire que nulle part il n'avait trouvé un accueil plus cordial et plus flatteur que celui qu'il avait reçu du président de la République française.

L'œuvre de la libération du territoire, habilement poursuivie et hâtée par les négociations de M. Thiers, s'accomplit graduellement sous le maréchal de Mac-Mahon. Grâce aux sages mesures qu'il sut prendre, elle s'effectua complétement sans que le départ des Prussiens donnât lieu à cette agitation dont le ministère précédent avait en quelque sorte menacé la France et l'Assemblée. Le 5 septembre, notre sol était délivré, sauf, hélas! les deux provinces que les exigences du vainqueur nous avaient arrachées.

Cependant les partis légitimiste et orléaniste

déployaient une grande activité. La fusion des deux branches de la maison de Bourbon était toujours poursuivie des deux parts avec ardeur et, il faut le dire, cette fois avec des chances de succès qui paraissaient sérieuses. Le comte de Paris était allé rendre à Frohsdorf une visite au comte de Chambord, et, en lui faisant hommage comme au chef de la famille, avait reconnu en lui l'unique dépositaire des droits monarchiques.

Des négociations avaient été entamées entre les fractions monarchiques de l'Assemblée et le comte de Chambord; on parlait de concessions accordées, de garanties obtenues; la question même du drapeau était, disait-on, sur le point d'être tranchée. Enfin l'accord parut complet et les partisans de la royauté se croyaient certains de la victoire; les voix étaient comptées et l'on affirmait déjà que la future monarchie obtiendrait une majorité sinon très-forte, du moins suffisante.

Sur ces entrefaites, un officier général, M. Carré de Bellemare, général de brigade, déclara, dans une lettre rendue publique, qu'il ne consentirait jamais à servir sous le drapeau blanc et ne reconnaissait point d'ailleurs aux représentants de la nation le droit de disposer des destinées de la nation. Cette irruption faite en pleine politique par un officier, par un soldat, au mépris des règlements militaires, devait attirer sur son auteur, à quelque parti qu'il appartînt, quelque opinion qu'il exprimât, une prompte répression.

En effet, la note suivante du ministre de la guerre fut mise à l'ordre de l'armée :

« Le ministre de la guerre a reçu de M. le général de Bellemare, commandant la subdivision de la Dordogne, une lettre par laquelle cet officier général se refuse à reconnaître la souveraineté de l'Assemblée nationale.

« Le ministre de la guerre ne pouvant tolérer qu'un officier sous les drapeaux méconnaisse la représentation légale du pays, M. le général de Bellemare a été immédiatement démis de son commandement et mis en non-activité par retrait d'emploi, par décret de M. le maréchal, président de la République.

« Général DU BARAIL.

« Versailles, le 28 octobre 1873. »

Le maréchal, de son côté, adressait à l'armée cet ordre du jour éloquent dans son énergique concision :

« Soldats,

« Un seul acte d'indiscipline a été commis dans l'armée.

« Le maréchal président de la République est convaincu qu'il ne se renouvellera pas ; il connaît l'esprit de dévouement qui vous anime. Vous saurez maintenir dans l'armée cette union et cette discipline dont elle a toujours donné l'exemple, qui font sa force, et qui seules peuvent assurer la tranquillité et l'indépendance du pays.

« Comme soldats, notre devoir est bien tracé ; il est indiscutable : en toutes circonstances nous devons maintenir l'ordre et faire respecter la légalité.

« *Le président de la République,*

« Maréchal DE MAC-MAHON,

« Duc DE MAGENTA.

« Versailles, le 28 octobre 1873. »

La conduite du général Carré de Bellemare fut blâmée même par les organes du parti auquel il se rattachait. Tout le monde comprenait que la France serait perdue le jour où, suivant l'Espagne dans la funeste voie où elle est entrée depuis plusieurs années, elle serait à la merci des *pronunciamientos*.

D'ailleurs, le général de Bellemare s'était *prononcé* trop tôt, et il dut, le lendemain même, regretter amèrement cette manifestation prématurée. Trop tôt aussi s'était réjoui le parti monarchique. Au moment même où sa victoire lui paraissait assurée, le comte de Chambord publiait un manifeste qui donnait le démenti le plus complet aux bruits qui avaient couru sur ses intentions conciliantes et sa résignation à certains sacrifices.

Il maintenait absolument tous ses principes, toutes ses prétentions, et n'admettait pas qu'on pût exiger de lui des garanties. Il exprimait, du reste, une profonde admiration pour le maréchal de Mac-Mahon, en qui il saluait « le Bayard des temps modernes. » On ne pouvait, il faut bien l'avouer, perdre plus dignement une couronne.

Les espérances monarchiques ainsi brisées, le désarroi se mit parmi les partisans du trône. L'Assemblée était en vacances depuis trois mois ; elle allait se réunir de nouveau. Il était évident qu'il lui faudrait songer à prendre au plus tôt une résolution pour mettre un terme aux entreprises qui agitaient le pays et fonder enfin un pouvoir solide.

Dès que la session se fut rouverte à Versailles, le général Changarnier présenta à l'Assemblée une proposition, appuyée par un grand nombre de ses collègues, et ayant pour objet la prorogation pour dix ans des pouvoirs du maréchal de Mac-Mahon et la nomination d'une commission de trente membres pour l'examen des lois constitutionnelles. (Séance du 5 novembre 1873.)

Dans le message que, à l'occasion de l'ouverture de cette session, le président de la République avait adressé à l'Assemblée, il insistait lui-même sur la nécessité d'organiser les pouvoirs publics sur des bases plus sûres, en les entourant de garanties plus sérieuses.

Présentant un fidèle tableau des événements qui s'étaient accomplis pendant les longues vacances de l'Assemblée, il s'exprimait ainsi :

« Messieurs,

« Au moment où vous vous sépariez, je vous disais que vous pouviez vous éloigner sans inquiétude, et qu'en votre absence rien ne viendrait troubler le repos public.

« Ce que je vous annonçais s'est réalisé. En vous réunissant aujourd'hui, vous retrouvez la France en paix. La libération du territoire est maintenant un fait consommé. L'armée étrangère a quitté le sol français, et nos troupes sont rentrées dans nos départements évacués au milieu de la joie patriotique des populations. Notre délivrance s'est opérée sans causer de troubles au dedans et sans éveiller de méfiance au dehors.

« L'Europe, assurée de notre ferme résolution de maintenir la paix, nous voit sans crainte reprendre possession de nous-mêmes. Je reçois de toutes les puissances le témoignage de leur désir de vivre avec nous dans des relations d'amitié.

« A l'intérieur, l'ordre public a été fermement

maintenu ; une administration vigilante, confiée à des fonctionnaires d'origine politique différente, mais tous dévoués à la cause de l'ordre, a fait strictement appliquer les lois existantes; elle s'est inspirée partout de cet esprit conservateur dont la grande majorité de cette Assemblée s'est montrée toujours animée et dont, en ce qui me concerne, tant que vous me confierez le pouvoir, je ne me départirai pas. A la vérité, la tranquillité matérielle n'a pas empêché l'agitation des esprits, et à l'approche de votre réunion, la lutte engagée entre les partis a redoublé de vivacité; il fallait s'y attendre.

« Au nombre des objets que vous avez indiqués vous-mêmes comme devant vous occuper dès la reprise des travaux figure l'examen des lois constitutionnelles présentées par mon prédécesseur. Cette attente ramenait nécessairement la question jusqu'ici réservée de la forme définitive du gouvernement. Il n'est donc pas étonnant que ce grave problème ait été soulevé d'avance par les divers partis et traité par chacun d'eux avec ardeur dans le sens conforme à ses vœux

« Je n'avais point qualité pour intervenir dans leur débat ni pour devancer l'arrêt de votre autorité souveraine. L'action de mon gouvernement a dû se borner à contenir les discussions dans les limites légales et à assurer, en toutes hypothèses, le respect absolu de vos décisions.

« Votre pouvoir est donc entier, et rien n'en peut entraver l'exercice. Peut-être pourtant penserez-vous que l'émotion causée par ces discussions si vives est une preuve que, dans l'état présent des faits et des esprits, l'établissement d'une forme de gouvernement, quelle qu'elle soit, qui engage définitivement l'avenir, présente de graves difficultés.

« Peut-être trouverez-vous plus prudent de conserver à nos institutions le caractère qui leur permet de rallier comme aujourd'hui, autour du pouvoir, tous les amis de l'ordre, sans distinction de parti.

« Si vous le jugez ainsi, permettez à celui que vous avez élu, sans qu'il ait cherché cet honneur, de vous dire avec franchise son sentiment. Pour donner au repos public une garantie sûre, il manque au régime actuel deux conditions essentielles dont vous ne pouvez sans danger le laisser privé plus longtemps : il n'a ni l'autorité ni la stabilité suffisantes.

« Quel que soit le dépositaire du pouvoir, il ne peut faire un bien durable si son droit de gouverner est chaque jour remis en question, et s'il n'a devant lui la garantie d'une existence assez longue pour éviter au pays la perspective d'agitations sans cesse renouvelées. Avec un pouvoir qui peut changer à tout moment, on peut s'assurer la paix du jour, mais non la sécurité du lendemain; toute grande entreprise est par là même rendue impossible; le travail languit; la France, qui ne demande qu'à renaître, est arrêtée dans son développement.

« Dans les relations avec les puissances étrangères, la politique ne peut acquérir l'esprit de suite et de persévérance, qui, seul, à la longue, inspire la confiance et maintient ou rétablit la grandeur d'une nation. Si la stabilité manque au pouvoir actuel, l'autorité aussi lui fait souvent défaut. Il n'est pas suffisamment armé par les lois pour décourager les factieux, et même pour se faire obéir de ses propres agents; la presse se livre avec impunité à des écarts et des violences qui finiraient par corrompre l'esprit des populations; les municipalités élues oublient qu'elles sont les organes de la loi et laissent l'autorité centrale sans représentants sur bien des parties du territoire. Vous songerez à ces périls et vous ferez don à la société d'un pouvoir exécutif durable et fort, qui prenne souci de son avenir et puisse la défendre énergiquement.

« Maréchal DE MAC-MAHON,
« duc de Magenta.

« 5 novembre 1873. »

On ne pouvait certes faire entendre un langage plus loyal et plus digne, surtout après les vaines tentatives d'une partie de l'Assemblée pour restaurer la monarchie.

L'urgence de la proposition avait été déclarée, la formation d'une commission décidée ; mais il se produisit ce fait curieux, qui s'explique d'ailleurs par le mode de nomination dans les bureaux, que la majorité dans la commission était représentée par les membres de la minorité dans l'Assemblée. Le gouvernement devait donc s'attendre à rencontrer une certaine opposition au sein de la commission. Cependant de nombreux pourparlers furent échangés ; la commission trouvait trop longue la prorogation de dix ans fixée par la proposition Changarnier ; elle voulait aussi recevoir l'assurance que, une fois la prorogation prononcée, l'examen des lois constitutionnelles ne serait pas abandonné.

Quant au maréchal de Mac-Mahon, il ne voulait plus détenir le pouvoir dans des conditions précaires, et avec des garanties telles que leur insuffisance devait nécessairement énerver l'autorité et rendre absolument impossible, dans un grand nombre de circonstances, l'action du gouvernement.

Le 12 novembre, la commission chargée de l'examen de la proposition Changarnier se rendit chez le maréchal de Mac-Mahon.

Le comte de Rémusat, président de la commission, porta la parole et déclara qu'il était chargé d'exprimer les sentiments de respect dont cette commission était animée envers le maréchal et de son intention de proroger ses pouvoirs.

Le président de la République répondit en ces termes au comte de Rémusat :

« Lorsque, hier, le président et le secrétaire de votre commission sont venus m'annoncer que vous désiriez être reçus par moi, j'ai hésité d'abord, en me demandant si cette démarche était bien réellement conforme aux principes constitutionnels; mais j'ai cédé au vif désir que j'éprouvais de vous exprimer à tous ma reconnaissance pour la confiance que vous me témoignez en vous prononçant pour la prorogation de mes pouvoirs. Quant à discuter ici avec vous le projet et les amendements proposés, je ne crois pas pouvoir le faire.

« Vous comprendrez, j'en suis certain, la réserve qui m'est imposée dans une question où je suis personnellement en cause. Je n'ai rien d'ailleurs à modifier aux termes de mon dernier message; il y a deux choses que je vous demande, non par un motif d'ambition, mais dans l'intérêt du pays : c'est de hâter vos travaux et de donner dès aujourd'hui au pouvoir exécutif les conditions de durée et de force qui lui sont nécessaires. S'il est d'autres points se rattachant au projet en discussion, c'est aux membres du gouvernement qu'il appartient de les traiter avec vous et avec l'Assemblée. »

M. de Rémusat fit alors observer qu'il ne s'agissait pas d'une question de cabinet, mais d'une question de constitution, et que, par conséquent, il lui semblait important de connaître les sentiments personnels du maréchal; qu'il désirait notamment savoir si le président ne jugeait pas indispensable de faire concorder avec la prorogation des pouvoirs le vote de lois constitutionnelles qui donneraient à la France un gouvernement *défini*.

Le maréchal répliqua qu'il partageait l'opinion de M. de Rémusat sur la nécessité de voter les lois constitutionnelles après la prorogation; mais que la discussion de ces lois appartenait exclusivement à l'Assemblée, à laquelle il se soumettrait toujours, sauf à se retirer s'il ne croyait pouvoir être l'instrument de ses décisions souveraines.

Le plus grand nombre des membres de la commission remercia le maréchal de ces déclarations et ajouta qu'elles paraissaient suffisantes.

La commission se disposait à se retirer, quand son président, prenant de nouveau la parole, déclara qu'il croyait devoir insister pour que le président de la République prît un engagement plus catégorique à l'égard des lois constitutionnelles.

Le maréchal répondit qu'il lui était impossible d'admettre que ces lois ne fussent pas votées, attendu qu'elles seules peuvent donner à lui et à son gouvernement la *stabilité et l'autorité* dont ils ont besoin.

Le maréchal tenait à ce qu'on ne se méprît pas sur ses intentions et que l'on comprît bien à quelles conditions il consentirait à conserver la présidence. En conséquence, il adressa à l'Assemblée nationale le message suivant, qui avait été lu et examiné en conseil des ministres :

« Versailles, 17 novembre 1873.

« Messieurs,

« Au moment où va s'ouvrir la discussion sur la

prorogation de mes pouvoirs, je crois qu'il est de mon devoir d'indiquer les garanties sans lesquelles il serait imprudent, selon moi, d'accepter la tâche redoutable de gouverner un grand pays.

« MM. les ministres, conformément aux usages du régime parlementaire, expliqueront les actes du gouvernement devant l'Assemblée, qui est leur juge souverain; mais, lorsque son autorité est mise en discussion et que ma responsabilité est engagée, personne ne sera surpris que je fasse moi-même connaître ma pensée.

« La France, dont les vœux demandent pour le gouvernement de la stabilité et de la force, ne comprendrait pas une résolution qui assignerait au président de la République un pouvoir dont la durée et le caractère seraient soumis, dès son début, à des réserves et à des conditions suspensives.

« Renvoyer aux lois constitutionnelles, soit le point de départ de la prorogation, soit les effets définitifs du vote de l'Assemblée, ce serait dire à l'avance que, dans quelques jours, on remettra en question ce qui sera décidé aujourd'hui.

« Je dois désirer plus que tout autre que ces lois constitutionnelles, nécessaires pour déterminer les conditions d'exercice des pouvoirs publics, soient discutées prochainement, et l'Assemblée voudra certainement exécuter sans retard la résolution qu'elle a déjà prise sur ce point; mais subordonner la proposition qui est en discussion au vote des lois constitutionnelles, ne serait-ce pas rendre incertain le pouvoir que vous voulez créer et diminuer son autorité?

« Si je n'avais consulté que mon goût, je n'aurais pas parlé de la durée de mes pouvoirs; toutefois, je cède aux désirs qu'un grand nombre de membres de l'Assemblée ont manifestés de connaître mon opinion à ce sujet.

« Je comprends la pensée de ceux qui, pour favoriser l'essor des grandes affaires, ont proposé de fixer la prorogation à dix ans; mais, après avoir bien réfléchi, j'ai cru que le délai de sept ans répondrait suffisamment aux exigences de l'intérêt général et serait plus en rapport avec les forces que je puis consacrer encore au pays.

« Si l'Assemblée pense que, dans la position où elle m'a placé, je suis en mesure de rendre encore quelques services, je déclare hautement que j'userai des pouvoirs qui me seront confiés pour la défense des idées conservatrices, car je suis convaincu que la majorité de la France est attachée à ces principes aussi fermement que la majorité de la représentation nationale.

« *Le président de la République,*

« Maréchal DE MAC-MAHON,

« duc DE MAGENTA. »

Aussi nettement posée, la question n'admettait pas plusieurs solutions. Elle devait être tranchée dans le sens indiqué par le maréchal; dans le cas contraire, la présidence allait de nouveau devenir vacante.

La discussion commença le 18 novembre; elle fut ardente, passionnée, violente même de part et d'autre.

M. Berthault parla le premier contre le projet Changarnier, contre les conclusions de la commission. Après lui, M Prax-Paris montait à la tribune pour réclamer l'appel au peuple. M. le marquis de Castellane lui succède; il est franchement monarchique; mais il convient que la monarchie est « momentanément empêchée »; et, appuyant le gouvernement, il émet le vœu que les doctrines conservatrices soient appliquées sous le protectorat du maréchal de Mac-Mahon. Cet orateur termine son discours par une juste et brillante comparaison :

« Faites aujourd'hui pour la France, dit-il à l'Assemblée, ce que Mac-Mahon fit, il y a seize ans, pour l'armée. C'était à Malakoff; le premier, il entre dans la citadelle ; elle est minée, elle va l'ensevelir sous ses ruines: n'importe ! Il se jette sur le télégraphe, écrit à son chef cette parole sublime dans sa simplicité : « J'y « suis et j'y reste ! »

« Que le parti conservateur, aujourd'hui, imite cet exemple. Lui aussi, il est dans une tour minée, entourée de tous côtés de piéges et d'abîmes; qu'il ait le courage de crier à la France : « J'y suis et j'y reste ! » et la France le bénira, parce qu'en agissant ainsi il aura assuré son avenir. »

Plusieurs salves de bravos accueillent ces paroles.

Mais M. Jules Simon parle à son tour. Il parle du danger de se jeter dans les bras d'un homme ; il parle des doctrines qu'on sacrifie, dit-il, à une question de personne ; il parle, enfin, du gouvernement personnel. Il rappelle le 18 brumaire et la dictature; affirme qu'une prorogation de sept ans avec dix voix de majorité ne donnera aucune force au maréchal et conclut en disant qu'en votant cette prorogation la majorité sera accusée d'avoir voulu chercher une revanche à la déconvenue de ses espérances monarchiques. M. Ernoul, garde des sceaux, lui réplique vivement. Mais le discours de M. Jules Simon devait être le lendemain repris et commenté par M. Depeyre, qui, dans cette discussion solennelle, vint porter des coups décisifs à l'opposition avancée.

Le 19 novembre, après M. Rouher, qui réclame l'appel au peuple; après M. Naquet, qui se rallie à la proposition de M. Rouher; après M. Laboulaye, qui, rapporteur de la commission, vient soutenir son projet et repousse l'appel au peuple, tandis que M. Raoul Duval l'accepte volontiers en principe, M. Depeyre monte à la tribune.

Il montre d'abord que les exigences de la majorité, exigences formulées dans l'art. 3 de son projet, ne sont qu'un témoignage de ses défiances.

Cet article 3 était ainsi conçu :

« La disposition énoncée dans l'art. 1er (prorogation pour sept ans) ne prendra place dans les lois organiques, et n'aura le caractère constitutionnel qu'après le vote de ces lois. »

Cet article signifie, M. Depeyre le prouve : Nous subissons la prorogation, parce qu'il nous faut « compter avec l'opinion »; mais ce sera la prorogation à condition qu'il n'y aura rien de fait, que tout demeurera suspendu, ou plutôt que tout sera résoluble; car la condition contenue dans l'art. 3 n'était pas suspensive, mais vraiment résolutoire. Cette restriction était-elle motivée ?

« Admettrez-vous, demandait M. Depeyre, admettrez-vous que nous qui voulons faire le pouvoir, qui voulons le constituer avec la durée de sept ans, nous entendions le laisser sans aucun des organes qui lui sont nécessaires pour vivre, pour se défendre, pour protéger la société, c'est-à-dire pour remplir le mandat que nous voulons lui confier?

« Quoi donc, messieurs! nous demandons la prorogation des pouvoirs du maréchal de Mac-Mahon, nous la voulons, et vous feriez croire au pays que, après l'avoir obtenue, nous nous isolerons de ce pouvoir, nous le laisserons en quelque sorte en l'air, sans être soutenu par aucun des appuis nécessaires, sans aucun des organes qui lui sont indispensables? A qui donc ferez-vous croire une pareille chose?

« Et puis, ce n'est pas seulement à notre sincérité que vous vous attaquez maintenant; vous vous attaquez à la sincérité du maréchal lui-même. Ah! je sais bien que dans la discussion à laquelle nous avons assisté hier, si les attaques ne nous ont pas été épargnées, elles ne nous ont pas frappés seuls; elles ont cherché à atteindre plus haut, et, pour ma part, je ne dissimule pas la douloureuse impression que j'ai éprouvée lorsque, dans le discours de l'honorable M. Jules Simon, si voilées que fussent ses paroles, j'ai vu la noble et loyale figure du maréchal disparaître en quelque sorte, pour faire place à je ne sais quel soldat orgueilleux et brutal, prêt à mettre le pied sur tous les droits du pays; oui, je le déclare, ces attaques m'ont profondément froissé dans un sentiment qui doit être ici le sentiment de tous; car c'est un sentiment qui prend sa source dans les inspirations du patriotisme.

« Je dis que ce n'est pas à nous, que ce n'est pas à notre sincérité seule que vous vous attaquez, nous vous la livrons en nous réservant le droit de répondre à vos défiances par des défiances réciproques; mais c'est au maréchal lui-même, et par deux fois vous avez entendu sa déclaration. Une première fois, vous êtes allés la solliciter dans le palais de la présidence.

« Le maréchal vous a répondu une première fois oralement : « Les pouvoirs qu'on propose de me
« confier, je ne les comprendrais pas sans des lois
« constitutionnelles qui pussent les affermir; je ne
« comprendrais pas un pouvoir qui manquerait de
« base, un pouvoir qui ne saurait comment vivre,

« qui ne saurait comment se défendre, qui ne sau-
« rait protéger les intérêts qui lui sont confiés. »

« Et, après vous l'avoir déclaré oralement, voici comment il s'exprime dans son second message:

« Je dois désirer plus que tout autre que les lois
« constitutionnelles nécessaires pour déterminer les
« conditions d'exercice des pouvoirs publics soient
« discutées prochainement, et l'Assemblée voudra
« certainement exécuter sans retard la résolution
« qu'elle a déjà prise sur ce point; mais, subordon-
« ner la proposition qui est en discussion au vote
« des lois constitutionnelles, ne serait-ce pas rendre
« incertain le pouvoir que vous voulez créer et dimi-
« nuer son autorité ? »

« Ainsi, messieurs, le vote des lois constitutionnelles, il est assuré ; c'est une nécessité ; et si les lois constitutionnelles n'étaient pas votées, nous n'aurions rien fait en prorogeant les pouvoirs du maréchal de Mac-Mahon, car nous le laisserions désarmé. »

En revenant au discours prononcé la veille par M. Jules Simon, M. Depeyre ajoutait :

« Il faut oublier, je le répète, certaines choses qui ont été dites dans la séance d'hier. Quant à moi, en lisant ce matin le discours de l'honorable M. Jules Simon, je me suis arrêté avec un sentiment douloureux et profond sur les dernières paroles relatives au 18 brumaire :

« Le 18 brumaire, a dit M. Jules Simon, on de-
« mandait dix ans de pouvoir, on ne disait pas quel
« pouvoir. Cependant, ce jour-là, on a créé une
« force ; ce ne sont pas les dix ans qui étaient la
« force, c'était l'homme.

« Cet homme, il sortait aussi, — j'emprunte une
« expression au rapport de M. Laboulaye, — de
« notre glorieuse armée ; je n'emprunte pas un au-
« tre passage du rapport, celui où il est dit : « Il
« avait eu sa part de nos succès et de nos revers.»

« Messieurs, il ne faut pas vouloir pénétrer trop avant dans la pensée qui se cache au fond de cette phrase, parce que, si je la creusais trop profondément, peut-être j'y trouverais l'intention de rappeler un sombre revers. La France tout entière en a connu le récit, devenu légendaire, et le revers lui a semblé aussi glorieux qu'une victoire.

« M. Jules Simon, s'obstinant dans les souvenirs du 18 brumaire, se plaît à constater que le héros put violer l'enceinte des lois sans que sa force fût affaiblie, parce qu'il lui restait toujours le prestige de son génie et de ses victoires. Et il s'écrie ensuite :
« Quelle est donc la force que vous donnerez au
« maréchal ?

« Quatorze voix, dit M. Jules Simon, c'est peu.»

« Eh bien, nous compterons ce soir les suffrages. On demande quelle force aura le maréchal ! Celle que lui donnera votre concours énergique et résolu, celle que lui donneront des lois faites par vous. Et puis, il aura encore une force dont je ne désespérerai jamais dans mon pays : c'est la force de l'honnêteté.... (Applaudissements à droite et au centre droit), c'est la force de la loyauté ; et celle-là, voyez-vous, quoi que vous en disiez, elle restera toujours la plus respectée et la plus puissante. »

Ce discours, à la fois éloquent et habile, produisit le plus grand effet. Dès ce moment l'opposition radicale sentit que la partie était perdue ; mais elle ne s'attendait pas à essuyer un échec aussi complet que celui qui lui fut infligé.

Une séance de nuit eut lieu, où le duc de Broglie, vice-président du conseil, vint frapper le dernier coup.

Il précise ainsi la portée de l'acte qui va s'accomplir :

« L'Assemblée, au nom de la France, fait un grand acte de confiance en remettant le pouvoir pour plusieurs années entre les mains du président de la République. Elle fait un grand acte de confiance dans sa loyauté, dans sa sagesse, dans son impartialité.

« Le président lui rend immédiatement le témoignage de sa confiance en lui abandonnant complétément, sans y intervenir, ni de près ni de loin, le soin de déterminer les attributions et l'organisation de son pouvoir. Pour le moment, il reste dans les conditions actuelles, délégué de l'Assemblée, responsable pour les cas d'accusation devant elle, n'ayant aucune participation au pouvoir législatif. Voilà sa condition actuelle. Pour le reste, il s'en remet à l'Assemblée. On me permettra de remarquer que voilà un singulier dictateur qui attend qu'on lui offre le pouvoir et qu'on lui fasse sa part.

« Nous en avons connu qui prenaient le pouvoir sans qu'on le leur offrit, n'attendaient pas qu'on leur fît leur part, mais se la faisaient large et tout entière.

« Je ne conçois pas que, quand on est d'avis de donner cette preuve de confiance au président, on y vienne joindre immédiatement en post-scriptum un témoignage de méfiance. Or, il m'est impossible de ne pas voir dans l'article 3 un véritable témoignage de méfiance.

« Oui, quoi qu'en ait dit M. le rapporteur, l'article est évidemment dicté par la pensée qu'on pourrait ne pas faire, ou faire le moins possible, ou faire le plus tard possible les lois constitutionnelles. C'est un témoignage de méfiance pour la majorité de l'Assemblée et pour le président.

« La majorité de cette Assemblée a promis de faire les lois constitutionnelles ; elle nommera dans trois jours la commission pour les faire, il n'y a pas besoin de prendre contre elle des gages et des garanties !

« M. le président de la République a promis directement à la commission, et publiquement par son message, de concourir autant qu'il était en son pouvoir aux lois constitutionnelles. L'Assemblée mettrait-elle sa parole en doute? Ce serait donc la première Assemblée en France, je pourrais même dire la première personne en France qui concevrait un pareil soupçon. Vous savez quelle est l'épithète qui ne se sépare pas de son nom; vous savez quel est le prestige qui l'environne, malgré l'assombrissement de son auréole de gloire militaire au milieu de nos malheurs; vous savez qu'il est le loyal soldat par excellence; vous savez que, même dans le rang où vous l'élevez, le premier de ses titres est la grandeur morale, et je plaindrais ceux qui n'estimeraient pas la France heureuse de posséder une telle grandeur.

« Cette confiance que vous lui témoignez lui est plus nécessaire dans ce poste où vous l'appelez, et je vous conjure de ne l'affaiblir par aucun témoignage contraire; vous ne pensez sans doute pas que ce poste soit pour lui un agrément et un avantage...; vous ne pensez sans doute pas que ce poste soit autre chose que le poste avancé où il brave avec vous et pour vous les grands périls sociaux.

. . . .

« Est-ce que vous n'entendez pas déjà, depuis qu'il est à votre tête et qu'il a pris votre défense, son nom, jusque-là si respecté, livré aux grondements des factions et aux violences de la presse?

« Défenseurs de l'ordre social, n'abandonnez pas votre chef; ne diminuez pas ses forces quand vous accroissez son fardeau; ne détruisez pas votre ouvrage avant de l'avoir commencé! »

En vain l'opposition fit-elle donner ses dernières troupes. On alla aux voix; il était plus d'une heure et demie du matin. Enfin, le résultat du scrutin sur l'ensemble du projet de loi, tel que le gouvernement demandait qu'on l'adoptât, fut proclamé.

Ce projet était voté par 378 voix contre 310.

Un des représentants, M. Monnet, s'écria :

« Nous sommes loin des DIX voix de M. Jules Simon ! »

Ce fut sur ce mot que se ferma cette séance solennelle ; l'éclatante marque de confiance que l'Assemblée nationale venait de donner au maréchal fut accueillie dans le public avec la plus entière satisfaction. La Bourse, qui avait si bien accueilli, après le vote du 24 mai, l'élection du président, accueillit mieux encore la nouvelle de la prorogation de ses pouvoirs, et manifesta sa joie par une hausse plus considérable encore.

A l'issue de cette double séance, dont nous avons voulu retracer les diverses et intéressantes péripéties, les membres du bureau, malgré l'heure avancée de la nuit, s'étaient rendus à la présidence.

Le président de l'Assemblée dit au maréchal que ses collègues du bureau et lui avaient tenu à lui faire part de la décision de l'Assemblée qui lui conférait pour sept années le pouvoir exécutif, et lui témoignait ainsi la confiance absolue du pays, dévouement dont il a déjà donné tant de preuves.

M. le président de la République répondit :

« Je suis très-touché des sentiments que vous venez de m'exprimer.

« Je vous prie, monsieur le président, de dire à l'Assemblée nationale combien je suis reconnaissant de la haute marque de confiance qu'elle vient de m'accorder. »

Quand, le 24 novembre, l'Assemblée reprit ses séances, le maréchal crut devoir renouveler cette déclaration d'une manière plus explicite encore ; il adressa à l'Assemblée la lettre suivante :

« Messieurs,

« Je tiens à vous exprimer ma vive reconnaissance pour la haute marque de confiance que vous venez de me donner. En me remettant pour sept ans le dépôt du pouvoir exécutif, vous avez voulu assurer au pays la sécurité, gage nécessaire de sa prospérité. Je répondrai, je l'espère, à votre attente ; vous trouverez toujours en moi un ferme soutien de l'ordre et un fidèle défenseur des décisions de l'Assemblée nationale. »

Un nouvel ordre de choses commençait ; suivant les usages parlementaires, le ministère remit sa démission collective entre les mains du président de la République.

Le 27 novembre, le cabinet était reconstitué. Il était composé comme suit :

M. le duc DE BROGLIE, ministre de l'intérieur, vice-président du conseil.

M. DEPEYRE, garde des sceaux, ministre de la justice.

M. le duc DECAZES, ministre des affaires étrangères.

M. MAGNE, ministre des finances.

M. le général DU BARAIL, ministre de la guerre.

M. le vice-amiral DOMPIERRE D'HORNOY, ministre de la marine et des colonies.

M. DE FOURTOU, ministre de l'instruction publique, des cultes et des beaux-arts.

M. le baron DE LARCY, ministre des travaux publics.

M. DESEILLIGNY, ministre de l'agriculture et du commerce.

Ainsi, quatre ministres s'étaient retirés : MM. Arnoul, Beulé, Batbie et de La Bouillerie; quatre nouveaux ministres avaient été nommés : M. Depeyre, le duc Decazes, M. de Fourtou et M. de Larcy. M. de Broglie avait échangé le portefeuille des affaires étrangères contre celui de l'intérieur; M. Deseilligny était passé des travaux publics à l'agriculture.

Enfin, trois emplois de sous-secrétaires d'Etat furent créés : l'un à l'intérieur, pour M. Baragnon; le second aux finances, pour M. Lefébure; le troisième à l'instruction publique, pour M. Desjardins.

Ce ministère, un instant menacé à la suite d'un vote que la gauche enleva par surprise à l'occasion de la discussion du projet de loi sur les maires, ce ministère, disons-nous, rassuré par un vote de confiance, dut retirer la démission collective qu'il avait donnée (1), et resta encore longtemps aux affaires.

Pendant cette courte mais brillante campagne politique, si heureuse par ses résultats, le duc de Broglie avait déployé les plus précieuses qualités de l'homme d'Etat. Il fut le premier et le plus ferme soutien du pouvoir tutélaire qui se consolidait. Et plus tard, quand des complications parlementaires, dont nous n'avons pas à parler ici, l'eurent obligé à se retirer, il resta le défenseur le plus ardent et le plus éloquent du principe du septennat.

(1) 12 janvier 1871.

CHAPITRE VIII

1874

—

Sommaire. — Le septennat devant la nation. — Le septennat et les partis. — Le Maréchal au tribunal de commerce. — Son discours. — Une revue à Longchamp. — Ordre du jour à l'armée. — Le Maréchal c'est la paix!

Après le vote du 19 novembre 1873, qui prorogeait pour sept années les pouvoirs du maréchal de Mac-Mahon, on devait penser que c'était là un pas décisif vers l'organisation d'un régime définitif. Il semblait que le résultat de ce vote, qui avait réuni autour du nom du maréchal une majorité considérable, ne pouvait être en aucune façon contesté, et que, sur ce point tout au moins, l'accord devait se faire entre les partis.

C'est ainsi que la nation l'avait compris, et elle était déjà convaincue qu'elle pouvait compter avec une entière sécurité sur sept années d'ordre, de calme, sur sept années d'un travail paisible et réparateur.

Le vote du 19 novembre devait être considéré, non plus comme une trêve entre les partisans des divers régimes, mais comme une paix irrévocablement signée et ratifiée par le pays tout entier.

Mais on comptait sans les brigues, sans les passions des partis, sans les ambitions un instant déconcertées et qui se réveillèrent plus vives, plus âpres que jamais.

Ce vote, qui avait été rendu après une discussion si ardente, à la suite de déclarations si complètes, si loyales ; ce vote, qui avait été entouré de circonstances si solennelles et n'était amoindri par aucune réserve, par aucune restriction, les partis tentèrent de le reprendre, d'en atténuer la valeur, d'en nier le sens et la portée.

Bonapartistes, légitimistes, républicains, cherchèrent à remettre en question le pouvoir du maréchal, et affirmèrent à l'envi que le mandat confié à l'illustre soldat pouvait être révoqué par ceux-là mêmes de qui il le tenait. C'était un retour à la situation dans laquelle on se trouvait la veille du 24 mai ; c'était replonger la France dans une déplorable incertitude.

La ferme volonté du maréchal, sa pleine conscience des devoirs qui lui étaient imposés, des droits qui lui avaient été conférés, pouvaient seules déjouer ces calculs intéressés, dissiper les doutes qu'on cherchait à élever sur les intentions du chef de l'État et rassurer les esprits. Aussi le président ne tarda-t-il pas à faire connaître ses vrais sentiments.

Le mercredi 4 février 1874, le maréchal de

Mac-Mahon quittait Versailles accompagné du colonel de Broye, un de ses aides de camp, et d'un officier d'ordonnance. A onze heures du matin, il arrivait à Paris et touchait un instant, pour changer de chevaux, à son hôtel de la rue de Bellechasse.

Il en repartit aussitôt, et à midi sonnant descendit au parvis Notre-Dame, devant l'Hôtel-Dieu, sur le seuil duquel il fut reçu par MM. Ferdinand Duval, préfet de la Seine, et Léon Renault, préfet de police, par le secrétaire général de la Seine et par MM. Davillier, Frémyn, Moissenet et Saglio, membres du conseil de l'assistance publique.

Le président de la République visita les salles des malades et voulut se rendre compte par lui-même des divers services de ce vaste établissement.

Il se rendit ensuite sur les chantiers du nouvel Hôtel-Dieu, afin de s'assurer de l'état d'avancement des travaux et de ce que leur complet achèvement pouvait encore exiger. Cette visite doit avoir sans doute les plus heureux résultats, et bientôt sans doute les nouveaux bâtiments de notre grand hôpital pourront être enfin inaugurés.

Le président remonta alors en voiture, se fit conduire au Palais de Justice, où il pénétra par la cour du Palais.

Il fut reçu au pied de l'escalier de la Tour par M. le premier président Gilardin, par le procureur général et le président du tribunal de première instance. Il se fit présenter MM. Duc et Daumet, architectes du Palais de Justice. Le maréchal alors parcourut les galeries du palais et visita plusieurs salles d'audience. Comme on lui offrait d'assister à une séance de la cour d'assises, il répondit, paraît-il, que, depuis le procès du général Trochu, le spectacle d'une cour d'assises n'avait rien qui pût l'attirer.

Le public, qui n'avait pas été informé de la visite du maréchal, et qui jusqu'alors avait ignoré sa présence au palais, l'apprit à ce moment. Bientôt se pressa devant la grande grille une foule considérable; tout le monde voulait apercevoir, ne fût-ce qu'un instant, le héros de Malakoff, de Magenta, de Reichshoffen.

Le maréchal parut. Il sortait du palais pour se rendre au tribunal de commerce; sa suite s'était grossie de tous les personnages qui l'avaient successivement accueilli et guidé.

Il était attendu dans la chambre du conseil par les juges du tribunal de commerce, les membres de la chambre de commerce et les présidents des conseils des prud'hommes; à leur tête se tenaient MM. Daguin, président du tribunal, et Gouin, président de la chambre.

M. Daguin prit la parole et s'exprima en ces termes :

« Monsieur le président,

« Soyez le bienvenu dans le palais de la justice consulaire. Vous y trouvez réunis, pour vous y recevoir, les membres du tribunal et de la chambre de commerce, les présidents des conseils des prud'hommes, tous sortis, à des titres divers, des rangs de l'industrie et du commerce parisien. Je suis, je n'en doute pas, l'interprète de la pensée des hommes honorables qui m'entourent, en vous affirmant notre reconnaissance pour le témoignage de sollicitude que vous donnez aujourd'hui aux grands intérêts que nous représentons.

« Ces intérêts ont été profondément troublés par les désastreux événements qui ont affligé notre pays. L'industrie et le commerce parisien ont montré leur vitalité et leur énergie au milieu de ces épreuves douloureuses dont les effets se font encore sentir et ont retardé jusqu'ici le retour des jours prospères.

« Cet état de choses, il faut le reconnaître, tient à des causes multiples. Les crises financières et commerciales qui ont frappé les grandes places de l'Europe et les deux Amériques ont eu fatalement en France leur contre-coup. D'autre part, la récolte peu favorable de l'an dernier a été pour le pays une source de malaise. Enfin, les impôts devenus nécessaires pour parer aux charges que nous ont léguées la guerre et la Commune ont contribué aussi aux difficultés de la situation commerciale et industrielle.

« Mais à ces considérations, seulement économiques, s'en ajoutent d'autres d'un ordre différent.

« Le commerce et l'industrie ont besoin, pour prospérer, d'être assurés du lendemain et de ne pas se trouver sans cesse à la merci des luttes politiques et des perturbations qu'elles peuvent entraîner.

« Votre élévation à la présidence septennale mettra fin à ces préoccupations qui paralysent la reprise des affaires, et doit être acceptée sans arrière-pensée par tous les bons citoyens.

« La trêve des partis, qui en est la conséquence logique, permettra de fortifier dans vos mains un pouvoir respecté de tous et de rassurer ainsi les intérêts conservateurs, dont vous n'avez cessé d'être le défenseur dévoué.

« Grâce à votre sagesse et à la fermeté de votre gouvernement, chacun sera tenu au respect de la loi, et nous verrons réduits à l'impuissance les idéologues et les anarchistes dont les idées captieuses et les infâmes conceptions constituent l'un des plus grands fléaux de la société

« Alors la confiance renaîtra, les affaires reprendront leur développement normal, l'apaisement se fera dans les esprits, et la France régénérée, redevenue maîtresse d'elle-même sous votre présidence, pourra en toute liberté choisir les institutions qui devront assurer sa prospérité et sa grandeur. »

A ce discours, que de nombreuses salves d'applaudissements accueillirent, le maréchal président répondit en ces termes :

« Messieurs,

« Je connaissais déjà les souffrances qui affectent certaines branches du commerce parisien et l'énergie qu'il met à les supporter.

« Ces souffrances, monsieur le président, proviennent, comme vous le dites avec raison, de causes diverses, dont la plupart échappent à l'action de l'administration ; mais elles n'en sont pas moins l'objet des préoccupations constantes de mon gouvernement. Il fera tous ses efforts pour les alléger, et se souvenant, suivant un dicton parisien, que la prospérité de l'industrie du bâtiment est un des plus sûrs indices de la prospérité générale, il v reprendre, dans la mesure des ressources dont il dispose, les travaux interrompus de la capitale.

« Je suis heureux d'avoir à mes côtés M. le préfet de la Seine, qui pourra vous renouveler l'assurance qu'il me donnait tout à l'heure de la reprise prochaine des constructions de l'Hôtel-Dieu.

« Dans peu de jours, une œuvre importante sera entreprise à quelques pas de ce palais : ce sont les grands ponts qui doivent être jetés sur les bras du fleuve pour former le prolongement du boulevard Saint-Germain.

« Un autre travail, vivement sollicité par de grands industriels, pourra, je l'espère, être commencé bientôt ; je veux parler des deux gares de Grenelle et de Gentilly, et du chemin de fer de grande ceinture dans la banlieue de Paris. En outre, le gouvernement est résolu à mettre en adjudication plusieurs des terrains dont l'Etat est propriétaire dans l'enceinte de la ville, en imposant aux acheteurs l'obligation expresse de construire dans un délai rapproché.

« Je puis vous annoncer en même temps que le ministre des travaux publics vient de demander et d'obtenir de la commission du budget qu'elle proposerait à l'Assemblée le vote d'un crédit important destiné à la reconstruction ou à l'achèvement des galeries du Louvre et du pavillon de Marsan.

« Enfin, d'autres travaux que les maux de la guerre ont rendus nécessaires, la reconstruction de forts et des ouvrages autour de Paris occuperont cette année même de nombreux ouvriers.

« Nous espérons contribuer, par ces mesures, à rendre à une des industries les plus importantes, la seule peut-être à laquelle l'Etat puisse apporter un concours direct, l'activité et la prospérité qu'elle a momentanément perdues.

« Parmi les raisons que vous donniez tout à l'heure du ralentissement des affaires, vous avez parlé des préoccupations d'ordre politique, et du doute qui persiste dans l'esprit public sur la stabilité du gouvernement. J'aurais compris ces craintes il y a quelques mois. Aujourd'hui, elles ne me paraissent plus fondées.

« Le 19 novembre, l'Assemblée nationale m'a remis le pouvoir pour sept ans. Mon premier devoir est de veiller à l'exécution de cette décision souveraine. Soyez donc sans inquiétude. Pendant sept ans, je saurai faire respecter DE TOUS l'ordre de choses légalement établi.

« Nous verrons ainsi, je l'espère, se rétablir le calme dans les esprits et la confiance renaître; la confiance ne se décrète pas, mais MES ACTES SERONT DE NATURE A LA COMMANDER. »

Cette déclaration si claire, si ferme, si rassurante, fut saluée par de vifs bravos.

Le président de la République, accompagné des magistrats consulaires, visita la salle d'audience, puis la grande galerie du palais. Il se retira alors et remonta en voiture pour regagner Versailles.

Le lendemain, 5 février, le *Journal officiel* publiait le texte du discours que nous venons de reproduire plus haut. Cette publication prêtait aux paroles du maréchal, si significatives par elles-mêmes, une importance exceptionnelle.

Ce n'était plus seulement un discours prononcé par le maréchal dans une circonstance quelconque, mais une sorte de manifeste, un véritable programme renfermant la pensée du chef de l'Etat, et montrant nettement quelle ligne de conduite son gouvernement devait suivre.

Ce discours eut un grand retentissement; tout ce qui en France aime vraiment l'ordre et le travail se sentait rassuré. On applaudit tout d'abord aux paroles pleines de franchise, et aussi de précision, qui touchaient à la politique générale ; on se réjouit aussi, dans un autre ordre d'idées, de ces promesses qui annonçaient la reprise des grands travaux si longtemps suspendus. Paris surtout se mit à espérer que, après tant d'épreuves, il allait retrouver ses jours d'activité laborieuse et de prospérité. Ces espérances se réaliseront, n'en doutons pas, et le nom du maréchal restera attaché aux grandes entreprises politiques ou économiques qui auront contribué à rendre au pays son repos, sa grandeur et sa puissance productrice.

Cette déclaration du maréchal de Mac-Mahon était plus qu'une promesse : c'était un engagement pris à la face du pays de lui assurer sept années de calme, d'ordre et de paix. Cet engagement, le président voulut le renouveler avec plus d'énergie encore. Dans une cérémonie purement civile, il s'était adressé aux représentants du commerce et de l'industrie; il voulait maintenant s'adresser à l'armée, à cette armée qui est l'image si complète, si parfaite de la nation, à cette armée qui est, à cette heure, la seule force organisée qui nous reste.

Une grande revue fut annoncée.

Le 28 juin, les troupes de l'armée de Paris et de Versailles étaient massées dans la plaine de Longchamps, aux abords de laquelle se pressait une foule immense.

A trois heures moins un quart, le maréchal, suivi de sa maison militaire, arriva à la porte de Boulogne, où l'attendait un brillant état-major,

A trois heures précises, il entra sur le champ de manœuvres, où il fut reçu par le général de Ladmirault. Les salves d'artillerie éclataient, les tambours battaient aux champs.

Le maréchal passa devant le front des troupes formées en ligne, la droite de bataille du côté de Saint-Cloud.

Le maréchal vint ensuite se placer en face de la tribune, au centre du champ de courses, qui présentait à ce moment un admirable coup d'œil.

A la droite du maréchal se tenaient le général de Ladmirault et le général de Cissey, ministre de la guerre; à sa gauche, le général commandant le corps qui défilait, et le duc de Nemours, général de division, dont Mac-Mahon, jadis, a été l'aide de camp. Derrière le maréchal se pressait un nombreux état-major composé d'officiers généraux et d'officiers supérieurs de toutes armes, des attachés militaires des ambassades et légations étrangères, tous en grand costume national.

Une grande et brillante assistance remplissait les tribunes. Dans celle du milieu avait pris place M. Buffet, président de l'Assemblée nationale, ayant à sa droite les ambassadeurs d'Autriche, de Turquie et d'Italie, à sa gauche, M. Martel et le général Chabaud la Tour, vice-présidents de l'Assemblée, et M. Renouard, procureur général de la cour de cassation.

Derrière M. Buffet étaient les membres du bureau de l'Assemblée, tous les ministres, les sous-secrétaires d'Etat, la plupart des hautes notabilités de la diplomatie, de la politique, de la marine et de l'armée : citons MM. le duc de

Broglie, le maréchal Canrobert, les généraux de Martimprey, Chareton, le Flô, notre ambassadeur près l'empereur de Russie, l'amiral de La Roncière le Noury, l'amiral Saisset, Léon Renault, préfet de police, etc., etc.

La tribune de droite était occupée par l'Assemblée nationale, qui avait tenu à honneur d'assister en corps à cette solennité militaire.

Dans la première tribune de gauche, réservée au corps diplomatique, on remarquait, parmi les représentants de toutes les puissances, l'ambassade birmane en grand costume.

A côté de cette tribune était celle de madame la duchesse de Magenta.

Dans les autres tribunes se tenaient les membres du conseil d'Etat, du conseil municipal, le haut personnel de l'assistance publique, les membres de l'Institut, etc., etc.

Le temps favorisait cette grande et belle fête. Quelques légers nuages tempéraient l'ardeur du soleil et épargnaient à nos soldats la fatigue d'une journée passée sous les armes par les chaleurs de juin.

Le défilé commença. Il s'éxécuta dans l'ordre suivant :

Le bataillon de Saint-Cyr.

La gendarmerie mobile.

Les gardes de Paris.

Les sapeurs-pompiers de Paris.

Le corps du génie.

Les divisions de troupes de ligne : bataillons de chasseurs à pied et régiments d'infanterie.

L'escadron de Saint-Cyr.

L'artillerie.

Les gendarmes à cheval.
Les gendarmes mobiles à cheval.
Les gardes de Paris à cheval.
Les chasseurs à cheval.
Les dragons.
Les cuirassiers.

C'était avec un bien vif intérêt que le public des tribunes et la population accourue de toutes parts suivaient les défilés des divers corps. Jusqu'alors, en effet, on pouvait douter des progrès effectués dans la reconstitution de nos forces militaires. Mais à la vue de ces beaux régiments, dont chacun admirait l'allure martiale, l'aisance et la régularité dans les mouvements, la solidité dans le rang, toutes les craintes se dissipaient; et l'on se réjouissait d'avoir retrouvé la fière et vaillante armée d'autrefois.

Les divers corps qui se succédèrent soulevèrent tour à tour de chaleureux applaudissements; mais la sympathie publique se manifesta plus vivement au passage de certains d'entre eux.

Le bataillon et l'escadron de Saint-Cyr furent l'objet d'une véritable ovation.

Les gendarmes furent aussi particulièrement applaudis : on saluait en eux les fidèles défenseurs de l'ordre, les courageux serviteurs de la loi, dont le dévouement ne s'est jamais démenti pendant nos jours d'épreuves. L'artillerie, toujours remarquable par sa tenue sévère et la rigoureuse précision de ses mouvements, eut aussi sa large part du succès. Enfin nos magnifiques régiments de cuirassiers, dont l'aspect imposant réveillait des souvenirs si douloureux et si héroïques à la fois, furent bruyamment acclamés. Lorsqu'ils parurent devant les tribunes, une sorte de frémissement courut à travers la foule et les bravos éclatèrent.

Le maréchal alors se tourna vers la tribune du centre et salua de l'épée le président de l'Assemblée nationale, rendant ainsi un juste hommage au grand corps de l'Etat qui partage avec lui le pouvoir souverain.

Toute cette armée, se conformant strictement, et à regret sans doute, à la règle sévère du silence sous les armes, avait défilé devant son chef sans pouvoir pousser un cri. Le maréchal, rigoureux observateur de la discipline, n'eût pas permis qu'elle fût violée en cette occasion; mais la foule n'avait aucune raison de se contenir dans une semblable réserve. De nombreux cris de : *Vive Mac-Mahon!* avaient salué le maréchal à son arrivée; de vives acclamations le suivirent au départ.

Avant de quitter le champ de manœuvres, le maréchal avait félicité le général de Ladmirault sur la belle tenue des troupes. A l'issue de la revue, il adressa à l'armée l'ordre du jour suivant :

« Soldats,

« Je viens de passer la revue des troupes placées sous le commandement du gouverneur militaire de Paris. Je n'ai qu'à me louer de leur bonne tenue et de la régularité des mouvements qu'elles ont exécutés devant moi.

« Je saisis cette occasion pour vous exprimer la vive satisfaction que j'ai éprouvée en entendant tous les généraux commandant les corps d'armée m'affirmer le bon esprit qui vous anime.

« L'Assemblée nationale, en me confiant pour sept ans le pouvoir exécutif, a placé entre mes mains, pendant cette période, le dépôt de l'ordre et de la paix publique. Cette partie de la mission qui m'a été imposée vous appartient également. Nous la remplirons ensemble jusqu'au bout, maintenant partout l'autorité de la loi et le respect qui lui est dû.

« Versailles, le 2 juin 1874.

« *Le président de la République,*

Maréchal DE MAC-MAHON,
duc DE MAGENTA. »

Cet ordre du jour, que l'on put lire le lendemain dans le *Journal officiel*, dans tous les autres journaux, et qui fut affiché partout par les soins de l'autorité, produisit un effet immense et profond.

Tous les partis, jusque-là aveuglés par leurs passions, demeurèrent consternés; les hommes d'ambition et de désordre comprirent que la réalisation de leurs espérances était désormais impossible, ou tout au moins longuement ajournée. La partie honnête et laborieuse de la nation s'en réjouit hautement.

Jamais, même dans son discours au tribunal de commerce, le maréchal n'avait fait connaître si clairement et si complétement de quelle manière il comprenait les devoirs qu'il avait pris l'engagement de remplir. Aucune équivoque ne pouvait plus obscurcir sa pensée, aussi formellement exprimée :

Le maréchal avait reçu *pour sept ans* le pouvoir exécutif;

Il devait rester, *pendant sept ans*, le dépositaire de l'ordre et de la paix publique;

Cette tâche, *il la partageait avec l'armée*, dont le dévouement certain l'aiderait à l'accomplir;

Cette tâche, il la remplirait jusqu'au bout.

A partir de ce moment, la confiance publique se raffermit, les intérêts se rassurèrent, et la popularité du nom de Mac-Mahon, déjà si grande, s'étendit de jour en jour.

Lorsque, au début de la Commune, on avait appris que Mac-Mahon était à la tête de l'armée de l'ordre, on avait pu dire : le maréchal, c'est le salut, on pouvait dire désormais :

le maréchal, c'est la paix !

Le maréchal, c'est la paix à l'intérieur, c'est la paix au dehors, c'est la sécurité et la dignité partout.

Cette paix sûre et désirée, cette paix digne et honorée, quel autre que lui pourrait nous la donner?

Auquel des partis qui la sollicitent la France irait-elle la demander?

Les partis ont tenté leurs expériences, aucune n'a réussi. Chacun d'eux a sa solution, qu'il propose, qu'il préconise : de toutes ces solutions, en est-il une qui soit prête, une seule qui soit immédiatement réalisable, une seule qui puisse réunir un nombre de suffrages suffisant, recevoir une consécration légale? En est-il une seule qu'on puisse accepter aujourd'hui, demain, dans un an, dans cinq ans même ?

Cette solution, les légitimistes nous la donneront-ils ? Deux tentatives avortées, deux projets longuement mûris, bien conçus, habilement conduits, mais déconcertés par les honorables résistances de leur prince, ont démontré l'inutilité de leurs efforts.

Est-ce le groupe de l'appel au peuple qui nous conduira au port de salut ? Mais il forme dans la représentation nationale une bien faible minorité, et dans la nation même, ses adhérents sont bien dispersés, bien hésitants, bien peu convaincus des garanties que leur présente un prétendant encore bien jeune, et qui n'a pu se mûrir beaucoup dans ses premières études d'adolescent.

S'adressera-t-on aux princes d'Orléans ? Satisfaits d'être rentrés dans le sein de la nation et sur le sol de la patrie, ils se bornent à exercer librement leurs droits de citoyens. N'est-ce pas d'ailleurs le prince de Joinville qui a dit : « *Il n'y a plus d'orléanistes, il n'y a plus que des mac-mahoniens ?* »

Est-ce, enfin, le parti radical qui nous donnera cet ordre, cette sécurité que le pays réclame ? Qu'il nous suffise ici de rappeler que les tendances avouées de ce parti, ses agissements, ses alliances, éloignent et effrayent tous les esprits modérés, bonapartistes, monarchistes de toutes couleurs, républicains même.

Que nous reste-t-il donc ?

Une Assemblée délibérante, constituante, souveraine;

Une armée dont la fidélité est certaine, et qui est fortement organisée ;

Un homme, enfin, placé à la tête de cette armée, à la tête du pays ; un homme qui représente près d'un demi-siècle de gloire nationale, dont le nom signifie honneur, loyauté, dévouement sans bornes, abnégation constante ; un homme illustre entre ceux (ils sont rares) que n'ont point compromis nos déplorables luttes et nos funestes dissensions.

Ce chef énergique et respecté, cette Assemblée qui peut assurer l'organisation des pouvoirs publics, cette vaillante armée, ne suffisent-ils point à garantir l'avenir ?

Mais que l'on considère l'état actuel de la France. Ses blessures ne sont pas encore fermées, et l'on peut les compter ; on peut compter aussi ses ruines, mal réparées ; les milliards payés pour sa rançon, les milliards dépensés pendant la guerre, pendant la Commune, nos monuments brûlés, les sources de notre richesse naguère encore près de tarir. Quelle tâche que celle de la réorganisation de cette grande nation ! Tout un système militaire à fonder, une dette énorme à amortir, des impôts à réformer, à atténuer, de grands travaux publics à exécuter partout : chemins de fer, routes, canaux, ports, bassins à flots, digues à la mer. Quelle œuvre à accomplir ! Et que d'efforts avant que ce pays ait retrouvé et sa force première et sa puissance productrice !

Au dehors, par delà nos frontières, les derniers échos d'une guerre récente frémissent encore parfois ; au dedans, les ferments de nos discordes civiles bouillonnent encore dans les bas-fonds de la société. Et nous délaisserions tant de soins qui nous appellent, tant de préoccupations qui nous sollicitent, pour tenter d'inutiles essais, pour recommencer sans cesse de vaines expériences, où nous épuisons et notre courage et nos forces, encore bien faibles, à peine renaissantes.

Ce qu'il faut avant tout, c'est réorganiser la nation tout entière, au point de vue moral comme au point de vue matériel; la faire progresser, au sein de la paix, jusqu'à ce qu'elle ait retrouvé toutes les conditions d'une existence normale. Est-ce trop de six années pour une telle entreprise?

Or, cette paix indispensable, nécessaire, sans laquelle rien ne se peut tenter, rien ne se peut exécuter, on ne l'aura, on ne la conservera sûrement que sous l'autorité tutélaire du maréchal

Placé au-dessus de tous les partis, indiscutable et indiscuté dans sa personne et dans son caractère, le maréchal est le seul qui puisse, à cette heure, organiser un pouvoir fort, stable, toujours respecté, parce qu'il sera toujours juste et loyal.

Ceux que préoccupe surtout la reconstitution de notre puissance matérielle trouveront les plus complètes garanties pour l'avenir dans la science militaire de Mac-Mahon, dans sa connaissance de toutes les choses de la guerre, de tous les besoins d'une armée, dans sa sollicitude même pour le soldat.

Ceux qu'inquiètent l'état de notre commerce, la langueur passagère de notre industrie, le salut de notre crédit, savent déjà ec que le réveil de la confiance a produit de résultats : nos lourds impôts se perçoivent régulièrement ; notre billet de banque, malgré le cours forcé, fait prime à l'étranger ; nos rentes 3 0/0 et 5 0/0 ont, depuis que le maréchal est au pouvoir, dépassé le pair et atteint des cours qu'elles ne connaissaient plus, que personne n'osait espérer.

Ceux qui se montrent jaloux de l'intégrité des libertés publiques trouveront dans le passé du maréchal un gage précieux de ses sentiments à cet égard. Ils se souviendront de ce jour (1) où Mac-Mahon, au sein d'une Assemblée complaisante, sous un régime tout-puissant, de qui il pouvait tout espérer et tout craindre, osa, seul, élever la voix pour revendiquer la liberté des citoyens.

Enfin, à ceux qui ont le légitime et noble désir d'assister à la régénération morale de leur patrie, nous nous contenterons de rappeler le juste et magnifique éloge que le duc de Broglie faisait naguère de Mac Mahon :

« Même dans ce rang où vous l'élevez, le premier de ses titres est la grandeur morale, et il faudrait plaindre ceux qui n'estimeraient pas la France heureuse de posséder une telle grandeur ! »

(1) Voir pages 92 et suivantes.

CHAPITRE IX

NOTES. — RÉCITS. — SOUVENIRS. — ADDITIONS.

SOMMAIRE. — Portrait. — Équitation. — Les chevaux du Maréchal. — Le 3 septembre à Sedan. — L'homme. — Le Maréchal chez lui. — Mac-Mahon et l'armée. — Histoire d'un drapeau. — Discipline et bonté ; la folie de la soif. — Les humbles. — L'omelette. — Une commission. — Des gens heureux. — Les modistes de Pont-de-Cé. — Le chasseur. — Deux heures de réflexion. — *Punch*. — Le complot d'Autun. — Madame la maréchale de Mac-Mahon. — Conclusion. — *Pour la France !*

PORTRAIT

Jeune, le maréchal, nous ont dit ceux de ses anciens compagnons d'armes que nous avons consultés, était un des plus beaux et des plus élégants officiers de l'armée. De taille moyenne, mais de fière allure et de belle prestance sous le costume militaire, qu'il porte admirablement, il s'est fait partout remarquer par la distinction de sa personne et ses manières aristocratiques.

Son extrême timidité et sa modestie excessive devaient infailliblement lui nuire, et l'on ne comprend guère qu'en dépit de ce perpétuel effacement de soi-même, un officier ait pu obtenir un avancement aussi brillant. Certaines vertus sont, il faut bien le dire, fort défavorables au succès de l'homme qui les pratique, et l'on peut dire que le maréchal a réussi, non à cause de ses qualités, mais malgré elles. Il lui a fallu un mérite bien éclatant, des talents militaires bien étendus, bien éprouvés, pour que l'on consentît à reconnaître en lui cette valeur qui toujours a semblé s'ignorer elle-même.

Tel il était en 1840, tel on le retrouve 25 ans après. L'âge est venu ; quelques plis bien rares se sont formés sur cette belle et calme figure, il a un peu neigé sur ce front intelligent et développé ; mais il est le même. De tous ceux qui, à l'heure de sa plus grande célébrité, ont tracé le portrait du maréchal, c'est peut-être M. Fulbert Dumonteilh qui a été le plus exact et le plus fidèle.

« Le militaire, dit-il, vous le voyez ! Sa taille n'est pas des plus élevées, mais son corps est de fer et d'acier, fait pour l'étape, fait pour le camp, fait pour l'assaut. Son visage est calme et doux comme un paysage d'Irlande, et son énergie sereine et comme voilée d'une vague tristesse. L'œil est enfoncé ; le regard clair et méditatif ; les moustaches tombent négligemment comme celles d'un vieux chasseur d'Afrique ; les cheveux sont rares et plats, fatigués par le képi. La physionomie est ouverte et franche, simplement, sans affectation; l'attitude est noble et modeste tout ensemble; je ne sais quelle négligence aristocratique d'un gentilhomme qui a vieilli dans les camps.

« Il n'aime pas le monde ni beaucoup la politique, et je crois qu'il monterait plus volontiers à l'assaut qu'à la tribune. Sa tribune, à lui, c'est la tour de Malakoff d'où il parle aux Russes, un rocher de Kabylie d'où il débusque l'Arabe, un pan de muraille à Anvers, à Oran, à Constantine.

« Le voyez-vous passant au galop de son cheval, le corps rivé à la selle, l'épée rivée à la main? Le démon des combats le possède et l'agite. Il est transformé, son œil brille, son visage se colore, sa lèvre est frémissante; il va et il commande; il est lui-même. Son coup d'œil est rapide et sûr, et, comme la pensée, il va droit au but. Il embrasse et découvre, il approfondit, il décide, et l'exécution est aussi prompte, aussi ferme que la résolution : l'une succède à l'autre comme le tonnerre suit l'éclair. La foudre s'annonce et frappe presque à la fois. Ses ordres partent comme des balles, et sa voix de commandement a la précision du roulement du tambour. Le soldat la connaît, cette voix qui a retenti à ses oreilles d'un bout de l'Algérie à l'autre, sur les hauteurs de Malakoff, à Magenta, à Solférino. Elle ne commande pas seulement l'obéissance, elle souffle le patriotisme et l'enthousiasme. »

On pouvait dire à cette époque qu'il participait à la fois de Ney et de Masséna, et qu'il était tout ensemble le *brave des braves* et *l'enfant chéri de la victoire.*

Hélas! depuis cette époque la victoire l'a

trahi deux fois. Wœrth et Sedan ont jeté un crêpe de deuil sur Malakoff, Magenta et Solférino, mais loin d'en ternir la gloire, ces deux revers l'ont rehaussée du prestige de l'infortune et de la souffrance. Wœrth est une admirable défaite; la matinée de Sedan, une de ces heures sanglantes où le capitaine malheureux est entouré de la compassion des siens et du respect des vainqueurs.

Ces douleurs, ces revers, cette blessure, n'ont point laissé de trace sur cette physionomie tranquille et pure. Les cheveux ont encore blanchi, les traits se sont encore accusés, mais la mélancolie qu'on trouve dans son regard tranquille et bon ne lui vient point de ses épreuves. Il a toujours été ainsi : doux, calme et en quelque sorte méditatif.

La blessure de Sedan est la troisième qu'ait reçue le maréchal.

Il reçut la première dans les attaques qui précédèrent l'assaut du second siége de Constantine.

La seconde, très-légère, presque une contusion, il la reçut en 1857, dans la grande Kabylie, à la prise d'Ichériden.

Quand la nouvelle de la grande catastrophe du 1er septembre 1870 arriva à Paris, tout le monde croyait que le maréchal était mortellement blessé. A Sedan même, où il était soigné par M. Fayot, chirurgien-major, on désespérait de sa vie. Il ne semble pas cependant que cette atroce blessure ait exercé une influence sensible sur sa santé, une santé de fer, vraiment à toute épreuve, et qui, elle du moins, n'a jamais trahi le maréchal.

Après les plus grandes fatigues, les plus rudes combats, après des journées de route et des nuits passées à cheval, il est aussi alerte, aussi actif que s'il avait fait une simple promenade.

Au lendemain de la bataille de Wœrth, pendant la retraite, cette affreuse retraite si pénible et si harassante, le maréchal, couvert de boue, les vêtements en désordre, fut rencontré à Saverne par M. Edmond About, qui assurait ne l'avoir jamais vu plus frais, ni plus rose.

Dieu sait pourtant quelles épreuves physiques et morales le vaillant homme de guerre avait eu à supporter !

Les mille émotions d'une bataille glissent sur lui sans l'affecter en apparence, à peine prend-il un court repos, et il dicte son rapport. Le seul rapport que nous ayons sur les désastres qui inaugurèrent la campagne contre la Prusse, est celui du maréchal de Mac-Mahon après la bataille de Wœrth.

Heureux homme ! et heureuse santé qui lui promet encore de longs jours à consacrer, comme tous ceux qu'il a vécu jusqu'ici, à la France, à son salut, à la restauration de sa grandeur.

ÉQUITATION

Le maréchal, dès sa première jeunesse, était déjà connu comme un excellent cavalier. Alors qu'il était encore à l'école d'état-major, il aimait passionnément l'équitation ; il ne montai guère que des chevaux de sang; sa grande fortune d'ailleurs lui permettait ce luxe.

Tous ceux qui l'ont connu en Afrique se rappellent ses exploits de cavalier et se plaisent à les raconter. Il fut une occasion surtout où son talent d'écuyer servit merveilleusement sa bravoure.

C'était en Algérie. Mac-Mahon était simple officier d'état-major et aide de camp du général Achard.

Il fallait faire parvenir un ordre important et duquel dépendait peut-être le sort d'une de nos colonnes qui risquait d'être gravement compromise. Il n'y avait pas de temps à perdre; il fallait partir sur-le-champ. L'ennemi occupait toutes les positions environnantes; il fallait passer au travers; en un mot arriver quand même.

Le général Achard appela son aide de camp.

— Il faut que cet ordre parvienne. Prenez avec vous un escadron de chasseurs.

— C'est trop ou trop peu, répond le jeune officier. Trop peu pour percer l'ennemi, trop pour lui échapper. Je pars seul.

Et il part ventre à terre.

Mais bientôt les Arabes l'ont aperçu et s'élancent sur ses traces.

Mac-Mahon monte un cheval anglais, robuste et vif. Il le presse et gagne du terrain; les balles sifflent autour de lui, mais l'épargnent; il est sûr maintenant de se soustraire aux poursuites de l'ennemi.

Mais soudain s'ouvre, béant devant lui, un large ravin au fond duquel coule un torrent.

Cheval et cavalier hésitent. Les Arabes se

rapprochent; ils vont l'atteindre. L'ordre ne parviendra pas ; c'en sera fait peut-être de plusieurs centaines de braves.

Alors Mac-Mahon rassemble son cheval, le lance et, d'un bond prodigieux, lui fait franchir l'obstacle.

La vaillante bête est tombée, les jambes brisées, de l'autre côté du ravin, mais l'aide de camp est sain et sauf et il part à pied, accompagné par les balles que lui envoient les Arabes stupéfiés, qui n'ont osé, eux, tenter ce saut périlleux.

LES CHEVAUX DU MARÉCHAL

Mac-Mahon se fit d'ailleurs toujours remarquer à l'armée d'Afrique par la beauté et la pureté de race des chevaux qu'il montait.

Il tenait ce goût de famille. Tous les Mac-Mahon ont été non-seulement cavaliers consommés, mais grands amateurs de chevaux, de chasses et de course. Cette passion, avons-nous dit, coûta la vie à l'un d'eux.

A la revue solennelle qui eut lieu à Berlin, le 23 octobre 1861, le maréchal de Mac-Mahon montait un magnifique cheval anglais, superbe alezan de grand prix qui avait assisté, lui aussi, à la bataille de Magenta.

Le maréchal a d'ordinaire dans ses écuries : quatre paires de chevaux de voiture et quatre chevaux de selle. Parmi ces derniers, il en est un qu'il monte de préférence : c'est *Cadio*, cheval très-doux et très-rapide, qui porte le plus souvent son maître dans ses promenades du matin.

A Sedan, le maréchal perdit tous ses chevaux ; les uns furent frappés auprès de lui sur le champ de bataille même, les autres tombèrent aux mains des Prussiens après la capitulation.

Un témoin oculaire nous rapporte à ce sujet l'épisode suivant :

LE 3 SEPTEMBRE, A SEDAN

Ce que l'on a trop peu rappelé dans les récits qui ont été publiés de la dernière guerre, c'est l'espèce de crainte mystérieuse que Mac-Mahon inspirait aux Prussiens. Leur sanglante victoire de Wœrth n'avait rien enlevé au maréchal de son prestige militaire. Aux yeux des Allemands, il était le seul adversaire que l'on dût redouter, et pendant sa retraite sur Châlons et sa marche sur la Meuse, ce fut pour eux un grand sujet d'inquiétude, de savoir ce qu'il devenait, où il allait, quel était son but. Partout sur leur route, la première question qu'ils faisaient aux habitants était invariablement : « Mac-Mahon? Où est Mac-Mahon ? »

Aussi fut-ce une grande joie pour les Prussiens de tenir enfin entre leurs mains, prisonnier, blessé, presque mourant, ce vaillant et terrible adversaire.

Le lendemain de la capitulation de Sedan, le 3 septembre 1870, vers deux heures de l'après-midi, quelques officiers assimilés insistaient, auprès d'un major bavarois, commandant alors la place, pour obtenir des laisser-passer, afin de pouvoir retourner en France. L'officier allemand ne prêtait à leur réclamation, fort légitime puisqu'ils n'étaient point considérés comme soldats, qu'une oreille assez peu bienveillante. Le groupe se tenait à quelque distance de l'hôtel de ville, devant une maison au premier étage de laquelle on avait transporté l'illustre maréchal blessé. Trois ou quatre chevaux stationnaient devant la porte, gardés par un sergent d'infanterie.

Une patrouille allemande passa et ramassa à la fois chevaux et gardien.

Le commandant bavarois répondait d'assez mauvaise grâce à ses interlocuteurs, se défendant de pouvoir leur être utile, quand un officier de l'état-major du maréchal, le rouge au front, lui dit d'une voix qui tremblait d'émotion :

— Monsieur, une patrouille de vos soldats vient, au mépris des égards dus au malheur, d'enlever les chevaux du maréchal et l'homme qui les tenait en bride. Toute grande que soit une victoire, elle n'autorise aucun procédé d'aussi mauvais genre à l'égard des blessés.

Le major bavarois resta un instant interdit; puis d'une voix arrogante et brutale :

— Eh! s'écria-t-il, le maréchal Mac-Mahon est prisonnier comme les autres!

Il est impossible d'exprimer ici la joie féroce, la profonde satisfaction qui éclataient dans ces paroles et sur les traits de l'officier allemand. Mac-Mahon était hors de combat; Mac-Mahon était prisonnier *comme les autres*, il n'était plus à craindre. Quel triomphe!

L'HOMME

« Il faut, a dit Montaigne, pour juger bien à point d'un homme, principalement contrerooller ses actions communes et le surprendre en son *à touts les jours* » (1).

Et Montaigne a raison. C'est la vie privée d'un homme illustre qui nous répond de sa sincérité dans la vie publique.

Que de grands hommes, et nous parlons des plus grands, sont doubles en quelque sorte. Au dehors c'est un rôle, c'est un personnage qu'ils jouent. A vrai dire, c'est hors de chez eux, hors d'eux-mêmes seulement qu'ils sont grands; là seulement qu'ils sont nobles, vertueux, continents, sobres, désintéressés.

C'est Salluste écrivant, en tête de ses livres, les austères préfaces que nous savons, après s'être fait chasser du sénat pour ses mœurs, et professant le dédain des plaisirs des sens au sein même des jouissances les plus raffinées.

C'est Sénèque qui, louant Diogène,

« Buvait le Falerne dans l'or. »

C'est encore cet admirable et éloquent Mirabeau, dont il faut oublier la vie intime si l'on veut garder quelque respect pour sa mémoire.

C'est parmi les grands capitaines, ce duc de Vendôme, si habile général, et le plus dissolu comme le plus indolent des hommes.

(1) Montaigne. — *Essais*, t. II, ch. 29.

Mais pour être doubles, ces caractères n'en sont pas moins incomplets. Lorsqu'on les étudie, on ne peut, quoi qu'on fasse, rester sur son admiration, et l'*homme* nous gâte singulièrement le *grand homme*. L'un dément l'autre à chaque instant, le trahit, l'avilit et souvent le déshonore.

Le caractère et la vertu qui ne se manifestent qu'en tel lieu et à tel moment, et s'éclipsent en tel autre lieu et à tel autre moment, ne sont ni un caractère, ni une vertu.

Or, l'on peut passer au crible de la plus sévère morale toutes les actions privées du maréchal, il n'en est pas une qui démente celles qui font l'honneur de sa vie publique.

Ni la modestie ni la timidité qu'on lui connaît au dehors, ne sont affectées, qu'on les prenne et les regarde comme on veut, qualités ou défauts, il les a chez lui. L'extrême simplicité de sa personne, dont on s'étonne dans le monde, ne le quitte point lorsqu'il franchit le seuil de sa maison.

Nous avons montré dans le cours de cet ouvrage, que le courage qu'il déploie sur le champ de bataille ne l'abandonne point dans la vie civile. Après avoir bataillé devant Malakoff en franc chevalier, il viendra, en franc gentilhomme, en loyal conseiller, blâmer en plein sénat, en plein empire, une loi qui tient au cœur du gouvernement impérial, et protester, seul, au nom de la liberté individuelle. Les généraux les plus vaillants, et l'on en peut citer, affrontent les balles et n'osent braver une disgrâce. Mac-Mahon n'est point de ceux-là.

Sa bravoure n'a point de spécialité ; elle

s'exerce partout ; elle ne choisit pas telles ou telles occasions ; elle les saisit toutes. Tel il s'est montré ici, tel il se montre là, tel il se montrera partout.

Au camp de Châlons, après Reichshoffen, quand il s'agira de savoir si l'on doit marcher sur Metz ou sur Sedan, il luttera et contre le ministère, et contre M. Rouher, et contre l'empereur, et contre tout ce que la politique peut trouver de raisons spécieuses et convaincantes, il n'écoutera que sa conscience. Lorsqu'il se décidera pour Metz et pour Bazaine, il n'obéira encore qu'au sentiment du devoir, de ce devoir que semble lui imposer un fait matériel, une dépêche de ce général en chef, dont il n'est en quelque sorte que le lieutenant.

Plus tard, quand il devrait, lassé d'une guerre ingrate, d'une captivité douloureuse, n'aspirer qu'au repos, et qu'une guerre civile atroce vient à éclater, lui, qui peut se dispenser d'y prendre part, il consent à accepter le lourd fardeau du commandement en chef. Pourquoi? Parce qu'il va là où est le devoir, là où sa conscience le pousse. Il n'a plus ni gloire à désirer, ni honneurs, ni dignités à attendre, et cependant il agit, il agit toujours, sans souci de lui-même, sans souci de son repos.

Plus tard encore, quand le parti de l'ordre ne sait plus sur qui se reposer, en qui placer sa confiance, et songe enfin à choisir pour chef cet infatigable défenseur de tout ce qui nous reste de précieux et de pur, il consent, malgré ses répugnances, malgré ses craintes. On ne lui donne que dix minutes pour réfléchir.

Mais dix minutes suffisent à une conscience comme la sienne pour se résoudre à bien des sacrifices. Et il accepte la tâche ardue qu'on lui impose, en dépit de ses goûts, de sa répulsion pour la politique, en dépit de cette responsabilité qui l'effraie, à cause même peut-être de cette responsabilité.

Sa suprême vertu, vertu bien militaire, il faut le reconnaître, c'est l'abnégation, le renoncement de soi-même. Et cette abnégation s'étend jusque sur ceux qui entourent le maréchal. Ses aides de camp, ses officiers d'ordonnance, qui lui sont depuis longtemps attachés, n'ont en général avancé que lentement, tant le maréchal a craint de solliciter pour les siens ! Il lui eût semblé qu'il sollicitait pour lui-même.

Le maréchal Canrobert, lui aussi, agit de la sorte. Il a, nous assurait-on récemment, pris pour règle de ne jamais recommander ceux qui le touchent de près, et lorsqu'une juste faveur tombe sur l'un d'entre eux, c'est que tel ou tel ministre a appris par hasard que celui qui la méritait est un ami de Canrobert.

Sentiment délicat entre tous qui fait que, voyant dans les siens une partie de soi-même, on a pour eux la même discrétion et la même pudeur que l'on a pour sa propre personne. — Que de gens diront cependant que c'est là de l'ingratitude !

Mais nous voilà entraînés bien loin de notre dessein. Nous voulions simplement voir l'homme dans *son à tous les jours*, selon le mot de Montaigne, que nous citions plus haut. Revenons donc à notre propos.

LE MARÉCHAL CHEZ LUI.

Quelques jours après le vote du 24 mai, qui le plaçait à la tête de la nation, le maréchal alla habiter l'hôtel de la préfecture de Versailles, dont une partie seulement a été réservée au Président. Les différents services de la Présidence et les appartements du maréchal n'occupent que l'aile droite et celle du centre; quant à l'aile gauche, on y a conservé divers services de la préfecture de Seine-et-Oise. Cet hôtel, qui était une demeure somptueuse pour un préfet, n'est plus pour le chef de l'État qu'une fort modeste habitation.

Le maréchal, pour avoir été ainsi élevé au rang suprême, n'a cependant rien changé à ses habitudes. Elles sont des plus simples et des plus austères.

En toute saison, le maréchal se lève vers six heures du matin. Dès qu'il est debout, il sonne François, son valet de chambre, un vieux soldat d'Afrique, qui, depuis des années, n'a point quitté Mac-Mahon; François lui apporte une tasse de café noir léger.

Le maréchal se rase lui-même, puis s'habille tantôt en tenue civile, tantôt en tenue militaire; et il a toujours pour cette dernière une préférence marquée, qui s'explique d'ailleurs facilement.

Il descend alors dans son cabinet et y travaille soit avec M. le vicomte d'Harcourt, son secrétaire, soit avec ses aides de camp, jusqu'à onze heures et demie, sauf, bien entendu, les jours où a lieu le conseil des ministres. Ce conseil, que le maréchal préside assidûment, se réunit d'ordinaire les mardi, jeudi et samedi, à dix heures. Le maréchal reçoit souvent aussi quelques visiteurs le matin.

À onze heures et demie, il déjeune en famille, déjeuner fort léger et fort court. On connaît la sobriété tout africaine de Mac-Mahon. Il donne quelques instants à la maréchale et à ses enfants, puis va reprendre, pendant une heure environ, son travail de cabinet.

De une heure à trois heures de l'après-midi, le maréchal reçoit les hauts fonctionnaires qui ont besoin de l'entretenir. Les membres de l'Assemblée nationale et les préfets sont reçus sans lettres d'audience; les personnages munis de lettres et astreints à cette formalité sont également reçus à ce moment, ainsi que les généraux et les officiers supérieurs.

Les jours où des séances importantes ont lieu à l'Assemblée nationale, le maréchal ne quitte pas son cabinet. De quart d'heure en quart d'heure, des dépêches lui sont transmises, qui lui rendent un compte précis de toutes les phases de la discussion et de tous les incidents qui ont pu se produire.

Les autres jours, il monte à cheval vers trois heures, et va le plus souvent visiter un camp, une caserne, ou passer en revue quelque régiment. Parfois aussi il va chasser dans les environs.

Le maréchal rentre habituellement vers cinq heures et demie. Il parcourt alors rapidement les journaux, dont la lecture, nous devons le dire, n'a jamais été pour lui d'un intérêt bien puissant.

La famille du président se trouve de nouveau réunie pour le dîner. Quelques amis, en petit comité, sont admis à sa table les jours ordinaires. Les jeudis sont consacrés aux dîners et réceptions officiels.

Après le dîner, le maréchal prend connaissance des journaux du soir, s'entretient avec les siens, puis, vers dix heures et demie, se retire.

C'est là son « à tous les jours. » C'est, on le voit, une vie bien remplie, et dont un sybarite s'accommoderait médiocrement. Elle se résume en trois mots : le travail, la famille, l'exercice.

La plupart des personnes qui entourent le maréchal, ses officiers, ses amis, ses serviteurs, lui sont attachés depuis de longues années. Affectueux et bon pour tous, il a inspiré des affections vives, durables, qui se sont rarement démenties. Ses anciens chefs d'état-major, ses anciens aides de camp ont toujours gardé pour lui une respectueuse amitié.

MAC-MAHON ET L'ARMÉE.

Il est presque inutile d'ajouter que bien des heures de ces journées, toujours semblables, que nous venons de raconter, sont consacrées à l'armée.

Le maréchal n'a pas seulement aimé la guerre, il aime l'armée, il aime le soldat. Sévère lorsqu'il s'agit du maintien de la discipline, dont il a toujours été, lui, un scrupuleux observateur, il est plein de sollicitude pour le soldat, pour ce troupier qu'il connaît si bien et dont il est si connu. Il veille sur lui, sur son bien-être, sur sa santé.

Le seul avantage attaché à la dignité suprême qui ait quelque prix à ses yeux, c'est de pouvoir travailler plus efficacement à l'amélioration de tous les services de l'armée, à sa réorganisation, à son éducation physique, intellectuelle et morale.

Aussi s'est-il réservé personnellement toutes les grandes questions militaires. Il leur consacre tous ses loisirs. Il a de longues et fréquentes conférences avec le ministre de la guerre, avec les chefs de service, avec les officiers généraux les plus expérimentés et les plus habiles.

Il étudie avec soin tous les rapports militaires qui lui sont adressés, se fait rendre compte dans le plus grand détail de la situation de nos arsenaux, de l'état de notre armement, de l'instruction dans les dépôts. Il recherche lui-même avec ardeur toutes les réformes qui peuvent ou améliorer la situation de nos troupes, ou aider au développement de notre puissance militaire, si fortement ébranlée par nos derniers revers.

Cette affection qu'il porte à l'armée, l'armée la lui rend bien. De tout temps Mac-Mahon fut l'idole de ses troupes. Mac-Mahon est sorti de l'armée; il s'est donné tout entier à elle et il lui a donné encore son fils aîné, qui, au moment où nous écrivons, achève à l'Ecole de Saint-Cyr ses études militaires.

Il connaît et l'esprit et le cœur du soldat, parce qu'il est lui-même le premier et le meilleur des soldats. Nul ne sait comme lui, qui parle si peu, leur parler et s'en faire comprendre. Son éloquence est toute militaire; elle entraîne ceux qui l'écoutent. Jetée dans leur âme, elle y pénètre comme une semence d'honneur, qui germe, grandit et se perpétue. Nous en citerons un frappant exemple.

HISTOIRE D'UN DRAPEAU.

C'était le 19 juin 1859, à Brescia, où séjournait l'armée qui venait de vaincre à Magenta.
Le 2ᵉ régiment de zouaves, en grande tenue, était rassemblé sous les armes. Le maréchal de Mac-Mahon, entouré de son état-major, vint le passer en revue, le fit former en carré, face en dedans, lui au milieu; puis, faisant avancer le drapeau, il prononça l'allocution suivante :

« Soldats du 2ᵉ régiment de zouaves,

« L'empereur, voulant conserver les habitudes de l'ancien empire, a décrété que les drapeaux des régiments qui feraient une action d'éclat seraient décorés de l'ordre de la Légion d'honneur.

« Zouaves, vous méritez tous une récompense, car tous vous vous êtes montrés dignes du nom français; vous vous êtes avancés sur l'ennemi sans hésiter. Vos pères, qui vous contemplent, sont fiers de vous. L'honneur de la bataille de Magenta vous revient.

« Le drapeau du 2ᵉ zouaves est le premier de l'armée d'Italie qui sera décoré. Je suis heureux que ce soit dans le 2ᵉ corps d'armée, que je commande, qu'un tel honneur soit rendu, et je suis fier que ce soit vous, soldats du 2ᵉ zouaves, dont la réputation ne s'est démentie ni en Crimée, ni en Afrique, ni à Magenta, qui ayez mérité cet honneur.

« Mais ce n'est point encore assez, zouaves, il faut que votre drapeau porte la croix d'officier de la Légion d'honneur. »

Alors, au milieu de l'émotion générale, le maréchal s'avança vers le drapeau qui s'inclina; il y attacha la croix au ruban rouge en prononçant ces paroles :

« Aigle du 2ᵉ régiment de zouaves, sois fière de tes soldats. Au nom de l'empereur, et d'après les pouvoirs qui me sont dévolus, je te donne la croix de chevalier de la Légion d'honneur. »

Puis il distribua des croix et des médailles aux soldats qui les avaient méritées.

Onze ans après, le 1ᵉʳ septembre 1870, Napoléon III, rejeté avec notre armée dans les murs de Sedan, était contraint de signer une capitulation qui livrait aux Prussiens 80,000 prisonniers. La nuit venue, dans un endroit écarté, des officiers, des soldats qui depuis trois jours s'étaient battus avec héroïsme, creusaient la terre et y enfouissaient leur drapeau pour n'avoir pas à le rendre à l'ennemi.

Ces officiers, ces soldats étaient ceux du 2ᵉ zouaves; ce drapeau était celui qui avait été décoré, le 19 juin 1859, des mains du maréchal de Mac-Mahon, Mac-Mahon qui, à cette heure, s'agitait sanglant sur un lit de douleur.

Enfin, trois ans encore s'écoulèrent.

Par une belle journée du mois de novembre 1873, on vit arriver à Sedan une députation d'officiers : ils venaient d'Afrique. C'étaient les délégués du 2ᵉ régiment de zouaves qui venaient exhumer le glorieux étendard qu'ils avaient confié au sol de la patrie pour le soustraire à la honte et à l'exil. Tel ils l'avaient enfoui, tels ils le retrouvèrent, orné de sa croix.

Il avait été à l'honneur, il avait été à la peine ; il n'avait pas été à l'infamie.

LA DISCIPLINE ET LA BONTÉ.

On a dit, nous avons dit nous-même, que Mac-Mahon, plein d'un respect absolu pour la discipline, exigeait qu'elle fût partout et toujours respectée de ses soldats. Mais la sévère et stricte justice ne fait perdre au maréchal aucune des généreuses qualités de son cœur. L'épisode que nous allons raconter en est une preuve touchante.

C'était en Algérie, dans le sud. Mac-Mahon n'était encore que colonel et commandait une de ces colonnes légères que l'on envoyait par intervalles poursuivre, parfois fort avant dans le pays, les tribus mutinées.

On avait marché, sans repos, sans trêve, pendant quinze heures, sous un soleil de plomb, par une chaleur dévorante. On n'avait rencontré ni un puits, ni une source. Les hommes, accablés de fatigue, épuisés par l'horrible souffrance de la soif, n'avançaient plus qu'avec peine; déjà la voix de leurs chefs n'était plus entendue.

Soudain, à quelque distance, dans ce désert aride et brûlant, ô joie sans égale, on aperçoit de l'eau. Est-ce la source désirée? Non; ce n'est qu'une de ces excavations qu'on appelle *retiro* (1), sorte de pli de terrain, où l'eau des pluies se retire et s'amasse. Cette eau est-elle saine? Qu'importe! C'est de l'eau, et aussitôt les rangs sont rompus, les hommes se débandent et se précipitent en désordre vers la nappe liquide qui scintille au soleil.

Mais Mac-Mahon a pris les devants au galop de son cheval; il arrive au bord du *retiro*. Des cadavres de chameaux putréfiés gisent au milieu d'une eau corrompue, fétide, empoisonnée. Il n'y a pas pour lui de doute possible: cette eau, c'est la maladie, c'est la mort pour qui y boira. Et ses hommes, altérés, avides, que rien ne peut arrêter, accourent sur ses traces.

Alors, Mac-Mahon se retourne, tire son épée. Il tuera le premier qui osera s'approcher de l'infect cloaque.

A cet aspect, les soldats s'arrêtent, hésitants; l'un d'eux cependant, égaré par cette sorte de démence qu'on pourrait appeler la folie de la soif, ajuste le colonel; le coup part, la balle atteint Mac-Mahon, mais elle dévie, déchirant seulement le collet de sa tunique.

On entoure le coupable, on le désarme, on l'entraîne.

---

(1) Peut-être faudrait-il écrire *retire-eau*.

— Le malheureux, s'écrie Mac-Mahon, il est fou ! Il faut lui pardonner !

Et ce soldat ne fut pas même puni.

LES HUMBLES.

Et comment le maréchal n'aimerait-il pas le soldat, le troupier, lui que sa bonté porte naturellement, instinctivement vers les humbles, vers les pauvres gens. Il les approche volontiers, leur parle, les questionne, les encourage par son accueil affectueux et gai.

Nous en pourrions citer de nombreux exemples ; quelques-uns suffiront à montrer ce côté aimable et enjoué du caractère de Mac-Mahon.

L'OMELETTE.

C'était au palais de l'Industrie. Le maréchal y distribuait les prix décernés par le Jury de l'Exposition d'Agriculture. Plusieurs médailles avaient déjà été délivrées aux propriétaires des plus beaux bestiaux. C'était le tour de la race porcine. De magnifiques porcs avaient obtenu un prix : le nom de l'exposant est proclamé. Une paysanne se présente au maréchal.

— Votre nom ? lui demande celui-ci.
— Olympe Lebret.
— Que désirez-vous ?
— Mon maître est indisposé et je viens le

remplacer. C'est moi qui garde ses porcs.

— Ah! Et que leur donnez-vous pour les rendre si beaux.

— Des œufs.

— Des œufs! vraiment? Et faites-vous cuire ces œufs?

— Oh, mon Dieu non. Je leur y donnons ben tout crus.

— Eh bien, alors, répartit le maréchal, c'est une omelette au lard toute faite.

UNE COMMISSION.

Cette familiarité affectueuse, le maréchal la montre ainsi partout, et elle se communique, elle gagne les cœurs, elle touche, elle entraine.

Le voyage que le maréchal fit récemment dans nos provinces de l'ouest a montré quelle impression produisait sur les populations laborieuses cette simplicité que Mac-Mahon a gardée et garde partout.

Le maréchal allait quitter Quimper, il venait de monter en wagon et le signal du départ allait être donné, quand tout à coup une certaine émotion se manifesta parmi les personnages officiels qui se serraient sur le quai.

Un Breton, en costume national, s'agitait au milieu de ce monde, écartant les uns, pressant les autres, avançant toujours. Il voulait absolument approcher le maréchal, le voir, lui parler.

Enfin, grâce à sa persistance, grâce à la

complaisance de quelque officier d'ordonnance, il parvient jusqu'au wagon du Président.

— J'oubliais de vous dire, maréchal, s'écrie-t-il, vous devez connaître le général Halna du Frétay.

— Oui, répond le maréchal. Je le vois même assez souvent à Versailles.

— Ben vrai, maréchal ?... Alors vous seriez bien aimable de lui souhaiter le bonjour pour moi.

Puis, tendant la main sans façon, et saisissant celle du maréchal, il la lui serra avec une effusion et une cordialité des plus expressives.

Le brave Breton peut être assuré que le maréchal se sera acquitté de cette commission, et même avec un certain plaisir.

DES GENS HEUREUX.

Au cours de ce même voyage, à Indret, le maréchal visita dans le plus grand détail les vastes usines où se fabriquent les machines à vapeurs de nos vaisseaux de guerre.

Les ouvriers exécutèrent devant lui les divers travaux que nécessitent la construction de ces pièces gigantesques.

Le maréchal, vivement intéressé, s'informa du sort de tous ces travailleurs.

Il voulut savoir comment ils vivaient, s'ils avaient un certain bien-être, une existence supportable. On le conduisit alors dans la partie de l'île où s'élèvent les habitations des ouvriers.

Mais, ce n'était pas assez pour le maréchal, de l'aspect de ces humbles demeures. Il voulut y pénétrer. Il demanda aux femmes la permission de visiter leurs logements; il grimpa les escaliers peu doux qui conduisent au premier étage, frappant aux portes, examinant les chambres, la cuisine. Il embrassait les enfants, les caressait, les questionnait sur leur instruction; interrogeait les mères doucement, gaiement, avec un intérêt qui les surprenait et les touchait.

Enfin, après avoir tout regardé, tout observé, dans ces modestes ménages, pauvres mais propres et bien tenus, comme il sortait d'une maison, il aperçut MM. Caillaux et Grivart; il les héla aussitôt.

— Messieurs les ministres, venez, entrez ici. Cela en vaut la peine. Vous allez voir des gens qui se trouvent heureux.

Oui, certes, le maréchal avait raison, oui, cela vaut la peine. Il est bon, il est utile de connaître cette vie laborieuse des classes pauvres, avec ses joies, ses bonheurs, ses besoins, et c'est un spectacle bien rassurant et bien touchant que de voir ainsi le chef de l'État porter ses regards sur tout ce qui intéresse ces braves gens.

LES MODISTES DE PONT-DE-CÉ.

Le maréchal voulut, comme dernière station de ce voyage, s'arrêter à Angers et visiter les vastes ardoisières situées non loin de là, à

Trélazé. Nous donnerons ici le récit très-pittoresque et très-fidèle que M. Alfred d'Aunay a fait de cette visite.

« Les ardoisiers ont été superbes. Et je m'en étonne moins quand je les vois, en grand nombre, parés de la médaille d'Italie. Les soldats de Magenta et de Solférino pouvaient-ils faire autrement que d'acclamer Mac-Mahon !...

« Aussi toutes les maisons de cette longue route des Justices sont-elles parées de fleurs et de drapeaux !

« Durant six kilomètres, c'est une ovation permanente. Le maréchal, heureux jusqu'aux larmes, met pied à terre à l'entrée de Trélazé.

« Le maire, M. Fourcault, lui adresse ses compliments de bienvenue. Le maréchal demande une épingle aux femmes qui l'entourent.

« — C'est pour décorer votre maire, leur dit-il.

« Et il attache, sur la poitrine de M. Fourcault, la croix de la Légion d'honneur.

« Alors c'est un délire. On avance les enfants *pour qu'ils touchent le maréchal !...* Lui, ne sait quelle contenance garder...

— Quel joli bonnet vous avez là, madame! dit-il à une belle paysanne superbe sous la voilette de dentelle qui lui couvre le front et jette sur ses yeux une ombre légère.

— Où donc fait-on ces jolis bonnets ? continue le maréchal.

— A Pont-de-Cé, *monseigneur!*

— Eh ! bien, vous pouvez dire de ma part aux modistes de Pont-de-Cé, que ce sont des femmes de goût, car ces bonnets sont charmants!

« Le cri de : Vive Mac-Mahon ! retentit

encore plus puissant que tout à l'heure. »

Comme le fait justement remarquer, M. Alfred d'Aunay, ce sont ces petits détails qui *enlèvent* un peuple; ils sont sur lui d'un effet irrésistible. Et le peuple, qui juge surtout avec le cœur, a raison de juger ainsi, car ces détails trahissent l'homme tout entier et montrent ce qu'il y a de vraie bonté, de douceur et de charme dans cette nature si énergique et si vaillante.

LE CHASSEUR.

Il est un proverbe qui dit : *tel chasseur, tel soldat*. Si jamais homme au monde l'a justifié, c'est bien le maréchal de Mac-Mahon. La chasse est chez lui une passion, on pourrait pour plus d'une raison ajouter : une passion violente. Il se montre bien là tel qu'il est à la guerre : ardent, calme pourtant, mais infatigable.

Que la chasse soit grande ou petite, que ce soit un tiré ou un laisser-courre, il y excelle; il y est habile entre tous. On se rappelle encore les chasses de Compiègne et de Fontainebleau sous l'empire; on publiait alors, à la suite de ces fêtes cynégétiques, une liste de ceux qui avaient tué le plus de gibier et accompli les plus brillantes prouesses; le maréchal était presque toujours en tête.

Autrefois le maréchal s'en allait chasser jusqu'au fond de l'Autriche, sur les propriétés du baron Sina, dont la fille a épousé le duc de Castries, frère de madame la duchesse de

Magenta. Dieu sait quels exploits Mac-Mahon accomplit dans les vastes forêts de ces lointains pays, et les belles prises qu'il y dut faire !

Aujourd'hui le maréchal est obligé de se contenter de nos maigres bois et de notre rare gibier. Il va chasser, quand ses devoirs lui permettent de s'absenter pendant deux ou trois jours, tantôt en Bourgogne, sur ses terres patrimoniales de Sully, près d'Autun; tantôt dans le Loiret, à un autre Sully. — Ce Sully-là, c'est le vrai, le célèbre; Sully-sur-Loire, le Sully du grand ministre. — C'est là que le plus souvent se rend le maréchal pendant les courts congés qu'il prend. Le château et les bois appartiennent au comte de Béthune-Sully, qui a, croyons-nous, des liens de parenté avec les Mac-Mahon.

Ces petites expéditions sont, assure-t-on, la terreur des officiers qui jouissent de la pénible faveur d'accompagner le maréchal. On part le soir de Versailles, on passe la nuit en chemin de fer; puis à peine arrivés, vite, en chasse ! Et c'est une chasse longue, passionnée, furieuse. On reste plusieurs heures à cheval, toujours trottant, toujours galopant. Le soir on remonte en express, on passe une nouvelle nuit blanche et l'on rentre à Versailles où il faut reprendre son service. Tout le monde est sur les dents, épuisé, harassé, tout le monde, excepté le maréchal, qui se retrouve seul dispos, toujours frais, toujours rose, tel qu'on le voyait à Saverne après Reichshoffen, tel qu'il est après les plus écrasantes fatigues et les plus poignantes émotions.

DEUX HEURES DE RÉFLEXION.

Nous avons dit ce qui advint du ministère après le 19 novembre.

Tous les membres du Cabinet remirent leur démission entre les mains du Président de la République, le ministère dut être reconstitué. MM. Beulé, Batbie, Ernoul et de La Bouillerie se retirèrent. On raconte à ce sujet une anecdote assez piquante et qui paraît avoir un sérieux caractère d'authenticité.

Le maréchal, d'accord en cela avec le duc de Broglie, avait pensé à faire rentrer dans le nouveau cabinet MM. de Larcy et Depeyre. Ceux-ci hésitaient à accepter.

— Je vous donne deux heures pour réfléchir, leur dit le maréchal.

— Deux heures! pour prendre une pareille résolution! c'est trop peu! s'écriaient les deux ministres en expectative.

— C'est trop peu de deux heures? répartit le maréchal. — Moi, on m'a donné dix minutes pour accepter la Présidence.

Puis il ajouta :

— Vos noms seront à l'*Officiel* demain : vous donnerez votre démission si vous le jugez à propos.

Le lendemain les noms étaient à l'*Officiel* et il n'y eut point de démission donnée.

PUNCH.

Voici comment le joyeux *Punch* de Londres célébrait, dans son enthousiasme humoristique, la prorogation des pouvoirs du maréchal. Nous reproduisons textuellement et dans sa forme matérielle même ce curieux article :

LE ROI DE FRANCE.

« Santé et salutation à Magenta Ier, roi de France !

« Le vieux soldat l'a emporté et règne plus absolument qu'Henri V n'a jamais espéré régner. — Nous n'avons aucun doute qu'il ne fasse un très-bon roi, mais l'Assemblée s'est montrée généreuse et confiante en le prenant sans conditions. — Un roi, d'après Carlyle, est un homme qui *a la puissance de faire, is a man who* CAN DO, et le roi Magenta a montré et son énergie et sa capacité sur le champ de bataille.

« Lorsque nous lisons les scènes de frénésie et de fureurs aveugles qui ont marqué les changements de divers gouvernements, et lorsque nous voyons une petite majorité de 10 monter à 68, nous ressentons un profond mépris pour nos ancêtres et leur méthode précautionneuse de transférer l'autorité. L'Assemblée est entrée bravement en action, et nous espérons que son œuvre durera autant que celle de nos pères.

« Vive le ROI MAGENTA ! »

LE COMPLOT D'AUTUN.

Nous l'avons dit, le maréchal de Mac-Mahon est né à Sully, près d'Autun ; là est le patrimoine de la famille, le château des aïeux. Nous avons dit la charmante hospitalité qu'y recevaient les écoliers qui se sont tour à tour succédé sur les bancs où le jeune Mac-Mahon fit ses premières armes.

Le château de Sully est aujourd'hui habité par madame la marquise de Mac-Mahon, nièce du Président de la République. Sa bienfaisance s'étend sur tous les pauvres qui l'approchent : elle est la providence de la contrée.

Qui croirait cependant qu'elle faillit, il y a peu de temps, au milieu d'une population qui lui est dévouée, devenir victime d'une odieuse machination, d'un complot qui rappelle les plus mauvais souvenirs de la Commune ?

Le jeudi 24 septembre, Charlot, forgeron à Sully, alla trouver M. Jobey, notaire, et lui dit qu'il avait des révélations secrètes à lui faire. Introduit dans le cabinet de l'officier ministériel, il lui parla en ces termes :

« Je ne suis pas aussi mauvais qu'on le pense généralement ; je suis républicain, mais j'ai horreur de la Commune et de tous les forfaits qui en ont été la suite.

« Hier, trois individus, Baudot, Guinot et Duverne, sont venus me trouver à Sully, entre deux et trois heures de l'après-midi ; ils m'ont prié de passer au cabaret, et là ils m'ont demandé s'il y avait des armes au château et en quelle quantité.

« J'ai répondu qu'il n'y en avait plus depuis la guerre. Ils me demandèrent si madame la marquise devait s'absenter : je répondis que non, que madame voulait, avant son départ, faire procéder à l'installation d'une forge, et qu'elle ne devait s'absenter que vers la fin de janvier.

« Ils me dirent ensuite qu'il y avait une association dans toute la France; que si la royauté était proclamée le 27 octobre ou le 5 novembre, les députés de notre département, MM. Boisset et Lacretelle, se mettraient à la tête de l'insurrection; qu'on arrêterait des otages; qu'à Sully on arrêterait le curé et madame la marquise de Mac-Mahon.

Ils me demandèrent si dans le pays il n'y aurait pas des gens disposés à arrêter la marquise. Je répondis que non, que personne dans le pays ne voulait se charger de cela.

« Ils me dirent alors que son arrestation n'était pas faite dans le désir de lui faire du mal, mais seulement dans le but de la garder comme otage. »

Le notaire doutait. Charlot lui dit :

« C'est plus sérieux que vous ne le pensez. On viendra au château sous prétexte de chercher des armes. Un officier de gendarmerie du pays viendra se joindre à eux, les guider, se mettre dans leurs rangs. »

M. Jobey se rendit aussitôt chez madame la marquise de Mac-Mahon, il ne la trouva pas. Il alla alors avertir le curé, puis se rendit à Autun et raconta tout ce qu'il avait appris au procureur de la République. Des mesures furent prises sur-le-champ pour s'assurer des coupables.

Deux d'entre eux, Guinot, membre du conseil d'arrondissement de la ville d'Autun, et Lazare Duverne, directeur du journal le *Morvan*, qui avait été récemment supprimé, furent arrêtés. Mais les sieurs Josserand, avocat, rédacteur en chef de ce journal, et Baudot, pharmacien à Autun, également impliqués dans l'affaire et gravement compromis, ayant eu vent des poursuites dirigées contre eux, prirent la fuite.

Les prévenus, présents ou absents, furent traduits devant le tribunal correctionnel d'Autun.

Le forgeron Charlot fit du projet infâme conçu par Guinot, Duverne, Josserand et Baudot, le récit suivant :

« J'ai été appelé au cabaret, j'ai trouvé là MM. Guinot, Baudot et Duverne ; ils causaient entre eux ; ils disaient : Si la République était menacée, que ferait-on? J'ai dit : Si on proclame un autre gouvernement, il faut se soumettre.

« Baudot m'a dit qu'il fallait enlever madame la marquise et la détenir pour ôtage ; si je connaissais dans le pays quelqu'un qui s'en chargerait. J'ai répondu que personne à Sully ne voudrait le faire.

« Guinot a dit : Cette mission sera remplie par les gens d'Epinac ; et Duverne, que si on voulait fusiller des leurs, c'était une garantie, et si on voulait menacer de fusiller ceux des leurs qui seraient arrêtés, ils diraient : Nous avons la marquise en notre pouvoir. »

Or, ce Charlot, qui déposait ainsi, était, comme il le reconnaît lui-même, un républicain convaincu, et s'était souvent montré fort exalté dans ses opinions. Son témoignage n'était donc pas suspect et sa conduite n'en était que plus méritoire. Aussi le président crut-il devoir lui adresser des éloges publics :

« En faisant cette déclaration, lui dit-il, vous avez fait un acte de courage, d'autant plus louable que vous êtes plus directement exposé au ressentiment de ceux contre lesquels elle est dirigée. Vous avez rendu un service important, non-seulement aux personnes menacées, mais encore à la société tout entière; il serait à désirer que tous les citoyens imitassent votre exemple. »

Duverne et Guinot furent condamnés à quatre ans d'emprisonnement, Josserand à trois et Baudot à deux ans de la même peine.

MADAME LA MARÉCHALE DE MAC-MAHON.

Ce n'est qu'avec un respect profond et une extrême discrétion que l'on doit se permettre de parler de cette noble femme dont le nom est prononcé avec reconnaissance par tant de malheureux.

On peut dire qu'elle a été pour beaucoup dans les bienfaits que, depuis vingt ans, la Providence a accordés à ceux qui souffrent.

Il est peu d'œuvres charitables qu'elle n'ait contribué à fonder ou à organiser. Elle est aujourd'hui à la tête de celles qui font le plus de bien et sont à la fois les plus prospères et les plus puissantes.

La duchesse de Magenta a, d'ailleurs, été élevée dans la pratique constante de la charité la plus délicate et la plus éclairée. C'est chez elle une vertu de famille, et, dès l'enfance, sa mère lui a appris à avoir toujours la main et le cœur ouverts.

Mais, si sa pitié est grande et sa bonté prodigue, elles ne sont pas aveugles. Elle a ce grand art de savoir donner, et sa charité est ingénieuse. On l'a vue apporter dans les œuvres placées sous son patronage l'esprit d'ordre et les qualités précieuses d'un véritable administrateur.

Pour faire le bien, rien ne la lassera, rien ne la rebutera, et elle déploiera des trésors d'imagination pour provoquer la charité des autres, stimuler leur générosité, éveiller leur compassion, et attirer ainsi les plus nombreuses et les plus riches offrandes. Grâce à elle, les tièdes, les indifférents, les parcimonieux même, donneront, et les moins généreux seront, quoi qu'ils en aient, moralement forcés de faire une bonne action. Grâce à elle, l'aumône sera un plaisir, souvent une faveur à qui la fera.

Petite-fille du duc de Castries, elle a toute l'élégance et toute la distinction de sa race. C'est un vif sentiment d'affection qui la fit choisir entre de nombreux partis le comte de Mac-Mahon, qu'elle épousa en 1854. Dévouée à son mari, mère tendre et vigilante, on peut dire qu'elle a été la joie et le bonheur de la maison du maréchal. Au lendemain de Sedan, dès qu'elle le sut blessé, elle le rejoignit aussitôt; elle le soigna et le veilla avec la plus tendre sollicitude, et fut dans ces jours de malheur sa seule consolation.

Des honneurs que les représentants de la nation ont décernés au maréchal, elle ne réserve rien pour elle. Elle non plus n'a pas changé et n'a eu d'autre souci que celui du repos, de la gloire et de la dignité personnelle du maréchal. La haute situation où l'élévation de son mari l'a placée ne lui offre rien qu'elle ne puisse quitter sans regret.

— Nous pourrons en descendre, disait-elle un jour à un ami, mais soyez certain que nous saurons en descendre dignement.

Sa bonté native, sa charité, ne sont pas exclusivement réservées aux pauvres; elles s'exercent sur tous ceux qui l'approchent. Affable et bienveillante, elle sait attirer à elle toutes les sympathies, et, une fois attirées, se les attacher; et cela sans effort, sans peine, par la seule influence de ses grandes qualités, de sa douceur et de sa grâce.

Elle ne cherche ni à être admirée ni à être remarquée, pas même à être vue; ce qu'elle veut, c'est être aimée, et elle l'est universellement.

CONCLUSION.

Notre tâche s'arrête ici. Nous avons écrit sur Mac-Mahon, comme sur les siens, sinon tout ce que nous savions, du moins tout ce qui nous paraissait de nature à intéresser, tout ce qu'il était utile de rappeler, tout ce dont la mémoire doit rester. Nous voulons cependant, à la fin de ce travail, fixer, en quelques lignes, l'impression générale que nous a laissée l'étude de ce grand caractère.

Les armes des Mac-Mahon portent cette devise : *sic nos, sic sacra tuemur*. Ces paroles sont belles assurément et le maréchal y a pu trouver un conseil élevé, une règle suprême et sûre. Mais il nous semble que cette existence si pleine, si pure, si glorieuse, pourrait se résumer en trois mots qui sont la vraie devise de Mac-Mahon :

POUR LA FRANCE !

Nous te livrons nos personnes, nos familles et nos biens. (*Page* 41.)

Prise de Malakoff. « J'y suis, j'y reste. » (Page 61.)

Les cuirassiers de Reichshoffen. (*Page* 169.)

Le maréchal de Mac-Mahon au Tribunal de Commerce. (*Page 242.*)

La revue de Longchamp du 2 juin 1874. (*Page* 249.)

DICTIONNAIRE UNIVERSEL
D'HISTOIRE

Avec la Biographie de tous les Hommes célèbres

Un beau volume de de 574 pages
PRIX : 4 FRANCS

Ce Dictionnaire embrasse tous les âges, tous les peuples, tous les pays. C'est un répertoire alphabétique très-complet, de toutes les connaissances historiques.

Il contient l'histoire des institutions, mœurs, ordres monastiques, ordres de chevalerie, civils et militaires, des sectes de toutes sortes : religieuses, politiques, philosophiques ; des grands événements : conciles, guerres, batailles, traités de paix ; de la mythologie de tous les peuples ; enfin de la biographie de tous les personnages célèbres : pontifes, souverains, prêtres, hommes d'État, savants, écrivains, inventeurs, guerriers, industriels, marins, héros et personnages mythologiques.

Tel est, en résumé, cet ouvrage, où l'on trouve, avec les *dates certaines*, tout ce qui, historiquement parlant mérite d'appeler l'attention des hommes et doit laisser trace dans leur mémoire.

Il s'adresse à *tout le monde*. Universel et complet dans toutes ses parties, il peut tenir lieu d'un grand nombre de livres divers, dispendieux à acquérir. A côté de la date précise se trouve toujours l'histoire du fait moral ou matériel.

L'utilité de ce **répertoire de chronologie universelle** est tellement incontestable, qu'elle frappe l'esprit au premier abord ; nous n'insistons pas.

NOTA. — Pour recevoir de suite par la poste *franco* le *Dictionnaire universel d'Histoire*, il suffit d'adresser 4 francs, soit en timbres-poste, soit en un mandat sur la poste, à la librairie universelle d'ALFRED DUQUESNE, éditeur, 16, rue Hautefeuille, à Paris.

DICTIONNAIRE
UNIVERSEL
DES SCIENCES
DES LETTRES ET DES ARTS

Un beau volume de 510 pages
PRIX : 4 FRANCS

Populariser, de la manière la plus favorable aux recherches, l'étude si utile des sciences, des lettres et des arts, tel est notre but.

Nous avons été amené à le composer par le succès obtenu par notre *Dictionnaire universel d'Histoire*, autre ouvrage classique qui, comme celui-ci, s'adresse à tout le monde.

Il faut mettre la science à la portée de toutes les bourses et de toutes les intelligences.

Aux uns, ce livre rappellera ce qu'ils ont appris, aux autres, il donnera des notions claires et précises sur toutes les connaissances humaines ; à tous, il servira de guide sûr qu'on pourra toujours consulter.

Nous avons adopté l'ordre alphabétique à cause de la facilité qu'il donne de trouver, sur les matières les plus diverses, les notions qu'on désire avoir.

Pour recevoir de suite *franco* par la poste *le Dictionnaire universel des sciences*, il suffit d'adresser 4 francs, soit en timbres-poste, soit en un mandat sur la poste à M. ALFRED DUQUESNE, éditeur, 16, rue Hautefeuille, à Paris.

DICTIONNAIRE
UNIVERSEL
DE GÉOGRAPHIE

Rédigé d'après les documents officiels de statistiques
donnant les longitudes et latitudes,
le chiffre des populations ;
indiquant pour chaque pays et pour chaque ville
ses productions, son commerce,
sa distance des villes principales, etc., etc.

Un beau volume de 684 pages

PRIX : 4 FRANCS

On ne saurait trop populariser l'étude de la Géographie, surtout à une époque aussi fertile en découvertes et en progrès que la nôtre.

Faire connaître, avec les détails nécessaires, les empires, royaumes, villes, bourgs, villages, qui couvrent la terre ; les rivières les fleuves, les mers et les îles qui s'y trouvent semées, c'est ce que nous avons entrepris dans cet ouvrage, d'une utilité pratique, universelle, classique et populaire.

Ce livre, qui prend place à côté de nos autres dictionnaires, est le complément indispensable de tous les livres d'histoire, et le guide infaillible pour les recherches géographiques.

Pour recevoir de suite et *franco* par la poste le *Dictionnaire universel de Géographie*, il suffit d'adresser par lettre affranchie 4 francs, soit en timbres-poste, soit en un mandat sur la poste à la librairie universelle d'ALFRED DUQUESNE, éditeur, 16, rue Hautefeuille, à Paris.

(LAURENT MARTIN)

HISTOIRE COMPLÈTE
DE
LA GUERRE
CONTRE LES PRUSSIENS
EN
1870—1871

LA GUERRE DANS LES DÉPARTEMENTS
Strasbourg, Metz, Sedan, etc.

LE SIÉGE DE PARIS

CRIMES, VOLS, PILLAGES, VIOLS, ASSASSINATS,
INCENDIES
commis par les Prussiens pendant la guerre
DOCUMENTS OFFICIELS

Prix : 1 fr. 20 centimes

NOTA. Nous recommandons vivement de lire l'intéressant volume intitulé : *Histoire complète de la guerre contre la Prusse* (1870-1871), par LAURENT MARTIN, 1 volume de 320 pages avec gravures; prix : 1 fr. 20. Pour le recevoir *franco*, il suffit d'envoyer 1 fr. 20, en timbres-poste, à *la librairie universelle d'Alfred Duquesne*, 16, rue Hautefeuille, Paris.

(LAURENT MARTIN)

HISTOIRE COMPLÈTE
DE LA
RÉVOLUTION
DE
PARIS EN 1871

CONTENANT TOUTES LES DÉPÊCHES OFFICIELLES
TÉLÉGRAPHIÉES AUX PRÉFETS
PAR M. A. THIERS

LES CANONS DE MONTMARTRE.
LA COMMUNE. — LE GOUVERNEMENT DE VERSAILLES.
LA GUERRE CIVILE.
LE PILLAGE DANS PARIS.
L'ASSASSINAT DES OTAGES. — LES INCENDIES DE PARIS.
RAPPORTS OFFICIELS.

Prix: 1 fr. 20 centimes

NOTA. — Nous recommandons à nos lecteurs de se procurer l'*Histoire complète de la Révolution de Paris en 1871*, contenant toutes les dépêches officielles, par M. A. THIERS; 1 vol. de 300 pages, prix: 1 fr. 20 expédié *franco*. On reçoit le volume en adressant 1 fr. 20 en timbres-poste *à la librairie universelle d'Alfred Duquesne*, 13, rue Hautefeuille, Paris.

MUSÉE RÉTROSPECTIF

DE

L'INFANTERIE FRANÇAISE

renfermant la COLLECTION COMPLÈTE des

UNIFORMES, ÉTENDARDS

ET DRAPEAUX

Un beau volume in-8°, contenant

CENT CINQUANTE ET UNE PLANCHES

DESSINÉES PAR PHILIPPOTEAUX

et gravées par les premiers artistes

———:◊:———

Pour recevoir l'ouvrage *franco*, par la poste, envoyer **6** francs, soit en un mandat sur la poste, soit en timbres-poste, à M. ALFRED DUQUESNE, éditeur, 16, rue Hautefeuille, à Paris.

UNIVERSITÉ DE FRANCE

ATLAS UNIVERSEL
HISTORIQUE ET GÉOGRAPHIQUE
composé de
CENT UNE CARTES
donnant

les différentes divisions et modifications territoriales des diverses nations

AUX PRINCIPALES ÉPOQUES DE LEUR HISTOIRE
AVEC UNE NOTICE SUR TOUS LES FAITS IMPORTANTS

Et l'indication des lieux où ils se sont passés

Rédigé d'après les meilleures sources

par

A. HOUZÉ

Membre de la Société de Géographie, auteur de la Géographie universelle

Adopté par le Conseil de l'Université

NOTA. — Cet Atlas est de la plus grande utilité pour toutes les personnes qui possèdent les Histoires de Terre-Sainte, de France, d'Angleterre, de Russie, d'Allemagne, de Portugal, d'Amérique, etc., etc. Il est aussi indispensable au professeur qui enseigne qu'à l'élève qui étudie.

Prix : les 101 cartes coloriées avec soin et reliées en un beau volume in-folio . . . . 20 fr.

Le même ouvrage, avec reliure de luxe 35 fr.

NOTA. — Pour recevoir l'ouvrage *franco* de port et d'emballage, dans toute la France, envoyer un mandat sur la poste de 25 francs pour l'édition ordinaire, ou un mandat de 40 francs pour l'édition de luxe, à M. ALFRED DUQUESNE, éditeur, 16, rue Hautefeuille à Paris.

ATLAS-GALERIE

UNIVERSEL

HISTORIQUE & GÉOGRAPHIQUE

COMPOSÉ

1. Cent une cartes coloriées à l'aquarelle

Donnant les divisions et modifications territoriales des diverses nations aux principales époques de leur histoire ;

2. Deux mille cent quatre-vingt-dix-sept notices

Indiquant tous les faits importants, leur date et les lieux où ils se sont passés,

Adoptées par le conseil de l'Université

3. Cent une magnifiques gravures

Représentant tous les faits historiques importants.

Cette magnifique Galerie, véritable panorama historique, **est due** au crayon de notre éminent artiste

VICTOR ADAM

La partie géographique, faite sous la direction de A. Houzé, membre de la Société de géographie, auteur de la *Géographie universelle*, a été adoptée par le Conseil de l'Université.

L'ouvrage complet, magnifiquement relié en un très-fort vol. in-folio. . . . . 80 fr.

Nota. Pour recevoir l'ouvrage *franco* dans toute la France, envoyer un mandat sur la poste de 85 fr. à M. Alfred Duquesne, éditeur, 16, rue Hautefeuille à Paris.

HISTOIRE
DE
PARIS MODERNE
PAR
JACQUES ARAGO

2 forts volumes grand in-8, illustrés de 25 magnifiques gravures sur acier et d'un portrait de l'auteur ; prix : 14 fr.

Pour recevoir de suite l'ouvrage complet, *franco*, adresser 16 fr., soit en mandat sur la poste, soit en timbres-poste, à M. ALFR. Duquesne, éditeur, 16, rue Hautefeuille, à Paris

---

L'immense succès obtenu par cet ouvrage lors de sa première mise en vente, les nombreuses demandes qui nous en sont faites chaque jour, viennent de nous décider à en faire une nouvelle édition. Le soin que nous avons apporté dans l'édition de cet ouvrage, lui assure une place dans les meilleures bibliothèques. Typographie, — papier, — gravures, — rien n'a été négligé pour que l'exécution matérielle fût à la hauteur de l'œuvre.

Tout le monde connaît Jacques Arago : dire son nom, c'est dire ce qu'est son œuvre

LES CAMPAGNES

DE LA

GRANDE ARMÉE

Quatre jolis volumes illustrés

Élever un monument aux glorieux souvenirs de l'Empire, et faire qu'il trouve sa place jusque dans l'atelier et dans la chaumière, voilà le but que s'est presque proposé l'auteur des *Campagnes de la grande Armée.*

Pour recevoir l'ouvrage *franco* par la poste, envoyer 5 francs, soit en mandat sur la poste, soit en timbres-poste, à M. ALFRED DUQUESNE, éditeur, 16, rue Hautefeuille, à Paris.

LE BIENFAITEUR

DE L'HUMANITÉ

SECRETS PUISÉS DANS LA NATURE

POUR CONSERVER LA SANTÉ

ET GUÉRIR

TOUTES ESPÈCES DE MALADIES

RENFERMANT

2000 recettes précieuses

Dont l'efficacité a été reconnue incontestable.

OUVRAGE ORNÉ DE 100 DESSINS

Représentant les plantes qui entrent dans chaque remède et dont la vue suffira pour les faire reconnaître partout où elles croissent.

Par Jean-Claude TERRASSE

Un grand volume in-8°. Prix : **CINQ francs**.

Pour recevoir de suite et *franco* par la poste le BIENFAITEUR DE L'HUMANITÉ, il suffit d'adresser, par lettre affranchie, 5 fr. 60 c., soit en timbres-poste, soit en un mandat sur la poste, à *la librairie universelle* d'Alfred Duquesne, éditeur, 16, rue Hautefeuille, à Paris.

LES
CURIOSITÉS
DE PARIS

PAR

CH. VIRMAITRE

~~~~~

SOMMAIRE

Préface. — La Chasse à l'Homme — La Femme au Perroquet. — Les Mendiants en 1867. — La Mère Baptême. — Un In pace. — Emotions à domicile. — Sainte Geneviève. — Madame Clémence. — La Tour du télégraphe de Montmartre. — L'Eglise Saint-Laurent. — L'Hôtel Carnavalet. — Le Marieur. — Le Jour de Noël. — Le Jour de l'An. — Le Carottier. — Le Charlatan. — Le Chineur. — Le Chanteur. — La Bourse. — Le Bal des gens de Maison. — L'Hôtel de la Poste. — Le Palais-Royal — L'Echafaud. — Le Premier Novembre. — Paris.

Un joli volume in 18. — Prix : 3 fr.

Pour recevoir l'ouvrage de suite et *franco*, adresser trois francs cinquante à M. Alfred Duquesne, éditeur, 16, rue Hautefeuille, à Paris.

MISÈRE
ET
MISÉRABLE

Roman

2 beaux volumes in-8°

Pour recevoir l'ouvrage *franco* par la poste, envoyer **7** francs, soit en un mandat sur la poste, soit en timbres-poste, à M. ALFRED DUQUESNE, éditeur, 16, rue Hautefeuille, à Paris.

LE SAUVEUR – LA VIERGE

Ces deux sujets, admirablement gravés sur acier. ont *cinquante-huit centimètres de hauteur* sur *quarante-deux de largeur*.

ILS FORMENT

DEUX MAGNIFIQUES TABLEAUX

Prix : 5 francs chaque.

AVIS. Pour être expédiés *sans avaries*, il faut que ces tableaux soient envoyés sur rouleaux, *emballés avec soin et entourés de papier goudron*.

Pour recevoir un seul des sujets, envoyer **5 fr. 60**; — pour recevoir les deux sujets, envoyer **10 fr. 60** à M. Alfred Duquesne. Editeur, rue Hautefeuille, 16, à Paris.

35 FRANCS AU LIEU DE **105 FRANCS**

LE PLUS SPLENDIDE OUVRAGE

Qui ait été publié sur la Très-Sainte-Vierge

HISTOIRE ILLUSTRÉE

DE

LA VIERGE

PAR

L'Abbé Félix MASSARD

Licencié en théologie, licencié ès lettres, chanoine honoraire, du clergé de Paris.

Illustrations d'après Claudius JACQUAND

Reproduction des peintures murales de l'église de Saint-Philippe-du-Roule à Paris.

L'Histoire de la Vierge est un véritable chef-d'œuvre, rien n'a été négligé au point de vue des illustrations du texte et de la reliure.

NOTA — L'ouvrage, lorsqu'il a été mis en vente, formait 21 livraisons à 5 fr. et revenait ainsi à 105 fr.

L'ouvrage forme un splendide volume admirablement relié et illustré de 21 magnifiques planches gravées sur acier de *trente-deux centimètres de largeur* sur *cinquante de hauteur*.

Pour recevoir immédiatement, *franco et en caisse*, l'HISTOIRE ILLUSTRÉE DE LA VIERGE, *l'ouvrage complet richement relié*, envoyer un mandat sur la poste de *trente-huit francs* à l'ordre de M. ALFRED DUQUESNE, éditeur, 16, rue Hautefeuille, Paris.

LES
BRIGANDS CÉLÈBRES

UN JOLI VOLUME
D'ENVIRON 400 PAGES AVEC GRAVURES

PRIX : 1 FRANC

Ce volume contient : **Cartouche, Louison Cartouche, Balagny, José Maria, Jack Scheppard, Mandrin, Schinderhannes, Picard, Julie Blasius, Fra-Diavolo**, etc., etc.

Pour recevoir l'ouvrage *franco*, envoyer 1 fr. 25 en timbres-poste à M. ALFRED DUQUESNE, éditeur, 16, rue Hautefeuille, à Paris.

CONSERVATION et BLANCHEUR des D
POUDRE Dentifrice CHARLARD PAR Bont

EAU MIRACULEUSE
Lotion spéciale et Souveraine contre la **CHUTE des CHEVEUX** anti-pelliculaire par excellence elle détruit tous les parasites du cuir chevelu. En employant cette Lotion véritablement miraculeuse, vos cheveux seront toujours jeunes, **ABONDANTS, SOUPLES** et **SOYEUX**. Le Flacon : 8f 85 franco ; Etranger et Colonies, Franc
GRÉBERT, Chimiste, 109, Rue du Bac,

ARGUS D

Fo

Pour être sûr de ne pas laiss abonné à l'**Argus de la Presse**, « q et en fournit les extraits sur n'imp

L'**Argus de la Presse** fournit ques, tout ce qui paraît sur leur co
L'**Argus de la Presse** est le un ouvrage, étudient une questio
S'adresser aux bureaux de l'

L'Argus li

LOUVRE DENTA

EN VENTE A LA LIBRAIRIE UNIVERSELLE
16, RUE HAUTEFEUILLE, A PARIS

LE MONDE
HISTOIRE

Pittoresque, Civile, Militaire, Politique et Religieuse de tous les peuples, depuis la Création jusqu'à nos jours.

COLLABORATEURS

MM. Saint-Prosper, de Courcy, Duponchel, Korff, Belloc, Martin, de Lostalot-Bachoué. — Citations de MM. Amédée Thierry, Michaud, Guizot, Michelet, de Sismondi, Augustin Thierry, Saint-Hilaire, etc., etc.

20 magnifiques volumes grand in-8.

OUVRAGE ILLUSTRÉ

DE 340 PLANCHES GRAVÉES SUR ACIER
Formant 1,055 sujets

Représentant les costumes civils, militaires et religieux, les meubles, vaisseaux, instruments de guerre et de musique, les principaux monuments anciens et modernes, etc.

L'ŒUVRE SE COMPOSE DES HISTOIRES SUIVANTES :

Terre Sainte.	Espagne.	Thibet.	Guatemala.
France.	Portugal.	Perse.	Brésil.
Angleterre.	Belgique.	Arabie.	Pérou.
Allemagne.	Hollande.	Turquie.	Colombie.
Autriche.	Grèce.	Inde.	Chili.
Prusse.	Italie.	Egypte.	Rio de l.
Suisse.	Chine.	Alger, Tunis.	Paraguay.
Russie.	Japon.	Amérique.	Océanie.
Pologne.	Corée.	Etats-Unis.	Malaisie.
Suède.	Ton-Kin.	Antilles.	Australie.
Danemark.	Cochinchine.	Mexique.	Polynésie.

Ce magnifique ouvrage est entièrement terminé; c bibliothèque complète où sont traités les arts, les sciences littéraires, l'histoire politique, civile, militaire et re de tous les peuples, à toutes les époques.

Prix des 20 vol. et des 340 pl. gravées sur acier...
Port.............

Pour recevoir de suite l'ouvrage franco, il suffit d'envoyer 84 en mandat sur la poste, à M. ALFRED DUQUESNE, éd. rue Hautefeuille, à Paris.

www.ingramcontent.com/pod-product-compliance
Lightning Source LLC
Chambersburg PA
CBHW060353170426
43199CB00013B/1851